法学论丛

安徽师范大学
国家级一流本科专业（法学）
建设点系列成果

U0963917

# 案例法学研究

周振杰 郭泽强◎主编

2025年春季卷（总第6辑）

中国法治出版社
CHINA LEGAL PUBLISHING HOUSE

目　录　CONTENTS

## 法学名家讲坛



## 基础理论研究



## 典型案例评析

## 案例实证研究



## 法学教育专题



## 青年法学园地



## 会议综述

# 法学名家讲坛

# 传统法的当代价值

赵晓耕*

## 一、观念的价值——疑疑，亦信也

学法律的都知道法律史这门课在法学学科里面比较边缘。同学们总是想说：我学的是法律，法律通常给人的感觉是一种现实、实务的学科，学习法律史有什么用呢？

我总举这个例子：如果你的同学博闻强识，令人佩服。这个人过目不忘，脑子好，平常什么都玩，考试总比你考得好。其实，大脑的另一个优点恰恰就是忘记，只是我们误以为这是缺点。我们从小到大好多事都忘记了。比如，谁还记得自己第一次尿床呢？但是，上大学第一次谈恋爱到死都记得。举这个例子是说，人的记忆其实是有选择的。

历史是什么呢？历史就是中国过往几千年来的前人，他们一代一代记述、传诵下来的认为值得后人关注的内容。这就是我们今天看到的历史。大家不要以为自己看到的东西太多，其实真的很少。如果有一个人说75年的中华人民共和国史他都很清楚，大家一定不相信，常识告诉我们，这个人有点夸大。回过头来想，我国帝制的2000多年，我们又能够说清楚多少呢？我们可以看看这些法律史教科书，里面的每一页或许都不免有问题。但是，

---

* 赵晓耕，法学博士，中国人民大学法学院教授、博士生导师，研究方向为中国法律史。本文系根据赵晓耕教授于2024年5月29日在安徽师范大学法学院《策略法学大讲堂》第十六期讲座整理而成。

为什么还要读这些历史呢？因为，这是前人流传下来的值得今人汲取的东西。除非你认为前人的努力和辛苦都不值得你关注。

我以为法律史给予法学最大的意义，就在于它是从中国自身的历史维度，给今天大家共同关注的与法律有关的这些内容提供一个很有意义的批判。上大学到底学什么呢？今天获得知识的那个“知”，手段越来越多，有什么疑惑、不明白的，上网一查基本就解决了。但“知识”最关键的是后面的那个“识”。有个成语叫“有识之士”。成为有识之士很难，大学主要就是培养我们用质疑的方式思考问题。我从一个老师那里听到什么是“教授”。他说：“教，教之以问。”我们通常有问题问老师、问同学，这就是“教之以问”；“授”是什么呢？恰恰就是“授之以疑”，告诉同学们哪些是可疑的。学法律史的人都知道，一些对传统法的一般评价，如酷刑、株连，这很容易与古代法相联系。但是，换一个角度设问，现代的法律制度有没有“株连”？你有真的关注到这些问题吗？我们学法律很容易接受一些高大上的价值判断，如“平等”。你理解什么是法律上的平等吗？后面我会给大家举一些例子。

历史其实离我们并不遥远。我们以为有些事离我们已经很遥远，其实不然。孔子讲：“导之以德，齐之以礼”“导之以政，齐之以刑”。这两句话里面有这四个关键字——德、礼、政、刑。传统士大夫都有一个自我期许：“修齐治平”，即我们所知道的“修身、齐家、治国、平天下”。把这两句话的四个关键字拿出来，一一对应反而更准确地帮助我们理解这些词汇的本义。“德”是针对个人的，个人修行评价为“德”，而且针对的是世俗社会的人。中国从来没有这种评价，说传说中的哪个神仙比较缺德。神仙不受世俗伦理价值的评价，所以“德”只跟现实社会的人有关。“礼”强调的是划一。当然一说到传统的礼，由于你大脑里的“平等”的价值观，就会给它一个直观的评价，认为“礼”不好。礼是基于主体身份的不同，“礼有差等”。然而这是一句古语，“差等”这两个字不是我们今天讲的“差别”。“差等”里的“差”是指差别，“等”恰恰是指平等。所以，人们归纳古代的礼是：“等者等，不等者不等。”今天仍然是礼有差等的社会，因为这是一种世俗的常识。我总举这个例子，幼儿园有一个4岁的男孩，虎头虎脑，你忍不住上去摸摸他的头，说“小家伙真有意思”，这很正常。若对面来了一个70岁的老者，我们就不能这么做。所以说这就是一种礼貌，这一点都不神秘。因此，人们对外的这些行为模式，不可能基于不同的主体反而划一。所以，“等者等，不等者不等”这是一个常识问题，不需要过多的理论修饰。下面举一些相关的词汇，大家可以去联想。“德治”是什么呢？媒体上经常有这种说法，“法治”“德治”。大家都依据的是孔子的那句话——“为政以德”。但“为政以德”或许并不是今天所表达的含义。所以看古书时确实要想一想，因为古今的语言修辞表达不可简单置换。比如，孔子还提到“刑罚不中，则民无所措手足”。我们以为这就是对应今天刑事法里边的“刑罚”，其实不对。法律史的常识告诉我们，这里的“刑”对应的是五刑，“罚”对应的是五罚。

法学学说，古代或许不是没有，只是没有现代的概念表达。例如，“部门法”的区别，你们质疑过吗，这些区别的理论是从哪里来的？凭什么相信这套理论？可以说一下你的评价标准吗？法律人一个最不好的习惯就是发明概念，本来人们寻求的是对一个概念的解答，结果他就不告诉你，他提出另一个概念。你说这个苹果为什么叫作苹果，他不给你解释，他说苹果属于水果。比如，公法与私法的理论。区别最有效的手段就是看它遵循的处罚原则，公法遵循的是惩罚性赔偿原则，私法必须坚守补偿性赔偿原则。但是，现在真的是这样的吗？侵权法主张惩罚性赔偿，刑事法主张认罪认罚，这套理论就是源自普通法的辩诉交易。刑事和解的背后就是加害人对被害人给予合理的补偿进而减轻他的罪责。所以，我们传统上以为的区别部门法的最根本的理论标准其实越来越不成立。而且可以发现越晚近的法律，从形式上越是典型的诸法合体，甚至连程序法和实体法都难以区别。比如，破产法是实体法吗，它有大量的程序规则。所以，那些所谓不可置疑的原则其实都可以去怀疑，但前提是要了解你所批判怀疑的对象。就好比研究《红楼梦》，你连《红楼梦》都不读一遍，读的都是评价批判《红楼梦》的文章，这怎么行？所以，法科生最重要的还是背法条，不然，我们还有什么交流的标准呢？你可以不相信，但你至少看一看，不然你凭什么不信？

## 二、法律的逻辑表达——植根于民众的价值判断

我们知道中国人善于形象思维。我们头脑当中很快会出现对应的形象，西方人在某种程度上也是如此，因为通俗易懂而且很深刻。

### （一）文化与法律

西方的司法文化形象之一是司法女神。司法女神，首先是个女性，这不符合中国传统。西方选择女性，可是不要产生误解，认为西方历来尊重女性，那是不真实的。西方女子有选举权，从成文的法律制度上讲，是第二次世界大战之后的事了。我们共产党人在江西成立中华苏维埃共和国，颁布了《中华苏维埃共和国宪法大纲》，对应有《选举法》，在20世纪30年代就赋予了女子选举权。西方国家给予女子宪法上的选举权利的时间点很多是第二次世界大战前后，而且大多是20世纪50年代的事情。所以不要一看到古老的司法女神就联想西方文化多么的先进。更有意思的是，司法女神的眼睛是被蒙上的。这与中国传统不同，我们形容代表法律的那些人物形象都是双目圆睁，如钟馗、包拯。古代县衙上一定会挂着一块“明镜高悬”匾。我们无论如何都不能把眼睛蒙上。但西方人为什么要这样设计？其实这份智慧中国人早就有了。因为现实社会中总有不堪的事，我们寄予司法女神的应该是她内心只有法律。所以中国有一种智慧的表达叫“眼不见为净”。更有意思的是，古埃及的司法之神也是女性。这或许可以解释西方选择女性来代表这个形象的历史文化渊源。司法女神头上插有羽毛，在差不多14世纪以前，有一个共通的服饰现象：官越大的人，头上插的羽毛越多。这或许又是一种文化渊源。下面这幅古埃及的《亚尼的死者之书》（图1）展现得更形象。

天平一端放着死者的一颗心，而天平的另一端是司法女神头上的那根羽毛。这告诉我们要达到平衡真的不容易。

北京的明十三陵神路上的一种石像生叫作“廌”，古代的“灋”字最重要的部分就是这个字。它的形象与源自西方的司法女神，可谓反差距大。

图1　亚尼的死者之书

## （二）文字与法律

学法律的人一定要注意中国的文字。文字对我们的影响很大。汉字的特点是象形。“册”这个字，就是一捆竹简中间穿一根绳，这个竹简看的时候展开，看完了便于收存卷起来，所以书分卷。2000年前离我们年代久远，好多事情真的不好理解。2000年前写字是个职业，今天写字是一项技能。对于我这个年龄的人的父辈，开车是个职业，而今天开车是一项技能。甲骨文是今天中国人发现的能证明我们有文字文明的最早的实物证明。按照正常的逻辑，发展到这个水平，此前一定有一个漫长的进步演化的过程。但是，甲骨文并不是另类，大家不要存在误解。在人类文明史上，另一个特点就是共通性。如苏美尔文字，除非是专门研究甲骨文的，否则把这两类文字混杂在一起，大家并不一定能区分开来。要说象形，埃及的古文字比我们的还要象形。两河流域的楔形文字和我们的甲骨文也很类似。所以，象形并不意味着落后。

为什么说文字和法律有关呢？请看这句话：我没说他偷了这东西。此句的确切含义为何？我们从中可以体会到语言的不确定性。其中“东西”一词，拆开是两个简单的方位词，放在一起构成了不定代词。我们从小都讲吃东西、看东西、买东西，但绝不吃“南北”。为什么用“东西”来表达？因为古代城市通常有东西两个市集。今天北京有两个商业中心，一个东单，一个西单。所以语言总是越使用越精练。因此，我们到东西市去买卖交易，就变成了买东西。汉字的优点太多了，而且汉字会在不同的历史时期形成一种文化现象。比如，清末，如果罪大恶极的人被绑赴刑场，他们脖子上的斩签上都会有添笔，如电影《投名状》中的张文祥，他的名字中的“文”字就被改写成“汶”字，意指此人属山泽草寇。为什么会这样？因为刑场就是普法的现场，人们之所以做这样的修饰是告诉那些围观的人，这些被斩的人不是好人。汉字不好学，因为它还有音。

汉字的优点真的很多，如我们再看这个字“劓”，古代的刑罚，只要有汉字的基本识认基础，猜都猜得到这个字的意思是割鼻子。猜猜大写字母A是什么意思？猜不出来。所以我们的文字和字母相比真的有很大的不同。很多人的英语都很好，你会发现这样一个规律，把一段中文翻译成英文，篇幅一般会增加。如果把一段古汉语翻译成英文，那篇幅就更长了。我们的文字另一大特点是千百年来一脉相承，今天仍然可以识认。一个五六岁的小朋友可以给你背一首唐诗，而那是1000多年前的汉字记载下来的。以英语为母语的人，古时的剧本可能一句都读不了，因为古英语已经称为另外一种专门学问。所以，凭什么我们的文化可以传承，这要感谢秦始皇的“书同文”。不要小看这一点，认为仅仅是文字，文字背后就是文化，文化就会产生一系列的价值观。

我们讲法理，说到“法”字，往往老师给我们讲汉代的《说文解字》，如“法从水，平之如水”，有公平、平等之意。你的大脑就抽象出平等、公平等名词。其实不必那么复杂，从生活经验常识中，只要注意观察，水还有一个更普遍的特性，即“水往低处流”。这恰恰是传统法对法律的一个最深刻的价值判断，凡是和法律有关的没什么好事，更多的是一些下作不堪的事情。《中华人民共和国婚姻法》[①]里规定结婚的条文屈指可数，剩下那些条文都规定了什么？好好读吧。所以，我常和法学专业的同学们调侃：学过法律的人，当我们回忆起来，都会深深地感悟到从学法律的那天开始，我们就变得再不像从前那么纯洁了。学习刑法，刑法差不多有500个罪名，为了学习，要挨个背诵，你那颗纯洁的心就被“污染”了近500次。

我们都学了证据法，证据往往强调的是事实。尼采曾经说过一句话：“没

① 《中华人民共和国婚姻法》已废止，现相关规定见《中华人民共和国民法典》。

有事实，只有诠释。”看看现实的法律文本。大家学习法律史不是只关注《唐律》，把500多条都背下来，其实这远远不够。学法律史的可能要辛苦一点，还要关注当下的法律问题。

法律强调平等，但是平等的背后是什么呢？《中华人民共和国民法典》（以下简称《民法典》）第4条规定主体平等。合同讲格式条款，任何提供格式条款的一方不得拒绝对方就这些条款之外自行约定，以此实现主体平等。在现实生活当中，到银行办理业务，大家面对的都是格式条款。银行给你一个单子，你只需要填写空白的地方，剩下的都是格式条款，你能不能再自行约定两条？谁有成功的经验？一个都没有。银行为什么不买账？因为上位法规定主体平等，银行认为它与你平等，不能强迫它接受你的新增约定条款，不满意你可以找其他银行。但生活的经验告诉你，所有银行都是这样的格式文本。因此，法律条文本身的平等在此变成了一个行业的垄断。

刑法的常识告诉我们现在每个财产类罪名中，都有一个定罪的数字。比如说，一个盗窃的罪名，按照中国不同的地域，定罪标准基本是1000元至3000元，超出这个范围可以定罪，使用刑罚。老百姓认为道德操守应该更高一点的公务员，他们的受贿罪的定罪标准却是3万元至20万元。我们都有生活常识，1000元到3000元、3万元到20万元，差别巨大；老百姓看到这样的设计，他会认为是不平等的，因为这差别太大了。但是，法律人的思维逻辑很特别，他们说这是不同的罪，如果一个官员盗窃，数额达到3000元，也把他判了，没有什么不平等的。关键是我们没有感觉到这有什么问题。然而这种无感才是问题的关键。为什么会没有感觉？刑法你一定学过，这些罪名的定罪标准你也都了解，只是你没有感觉到这里有什么不平等，满脑子想的是中国古代法才会多么的不平等。现在我们用历史比较的方法和视角，看看当下的法律文本是怎样规定的，这才是法律史学的批判意义与法学的方法。

### （三）信仰与法律

法理学让我们听说了这样一句话：法律应该被信仰。这背后也是法律文本表达的一个逻辑悖论。

《左传》里有一句话，希望大家可以记住——“人弃常则妖兴”。回忆一下20多年来媒体反复炒作、广为关注、很轰动的那些案件，从法律专业的角度重新检讨评价，并没有一个疑难案件，那为什么社会如此关注呢？因为它反常，社会上的正常人不能理解。

中国古人有他们的智慧。比如，皇权是一个很抽象的概念，今天我们也不好解释。但是，古代为什么能够让百姓知道皇权的至高无上呢？比如，故宫的三大殿，三大殿代表皇权的就是太和殿。太和殿的间架结构是“面宽九间，进深五间”。中国人都会联想到一个成语“九五至尊”，就是用这样的办法，很直观吧？而且代表皇权的三大殿，坐落在一个皇天后土的“土”字形台基之上，这正是天人合一的价值观。《礼记》记载“礼从宜，使从俗”，强调的就是礼从俗。比如，《唐律》规定，借贷合同分为两类：一类有利息；另一类无利息。其实汉字是很讲究的，“借”通常都是没利息的，“贷”则是有利息的。中国人至今都做这种表达。法律更严谨，所以针对这种区别用了两个固定的词汇，没有利息的叫作“负债”，有利息的叫作“出举”，自唐以后对应的就是这样的专业概念。“出举”因为有利息，又叫“举息”“出息”。

古代法律同样有很多专业概念，从法律的角度讲非常专业。比如，“十恶”，“十恶”对应的原则是“十恶不赦”，这十种犯罪是不能赦免的。这是非常专业的古代罪名体系，但是它却衍化成了传统世俗社会的一个成语，斗大的字都不识的百姓可以讲“十恶不赦”。更让我们吃惊的是“大逆不道”，这是个成语，它更是“十恶”里面两个具体的罪名。

当我们讲到古代法律时，不要仅仅关注一般的价值判断，更需要的是法律人的比较方法，也就是关注法律条文。中国古代把财产犯罪分成六类，其中有两类是和官员受贿犯罪有关的，枉法赃与不枉法赃。《唐律》在逻辑上明确说明受贿官员分两类人：一类是“受财枉法”，即收受他人的贿赂为他人谋取不正当的利益；另一类是“受财不枉法”，仍然是受贿。罪名相同只是量刑不同而已。再如，“自首”，《唐律》中的自首有一个很好的原则——“自首不实不尽者”仍然是自首。为什么自首？什么人可能自首？积年老贼会自首吗？

大概率想都不要想。往往是初次犯罪且有悔罪意图的人可能自首。由于种种主客观原因，他第一次甚至是第二次都未必能充分把他的犯罪行为完全准确描述出来。所以古人对《唐律》的评价为“严而不厉”，它的逻辑很严谨。“自首”体现的是“不厉”，它很厚道，符合社会的人性。还如，唐代的小偷偷了两头牛，不管他出于什么原因去自首，他说偷了一只羊，明明偷的是牛却说是羊，这是不实；偷的是两头牛却说是一只羊，这是不尽。但即使如此，一旦最终定罪，因为说的是羊，最终按照一只羊的市场价格扣除所得赃物的价格，在量刑上予以减免，即这一部分完全适用自首原则。这些古人的经验与智慧至少能让我们多一个参照，至少能让我们对现实的这些法律文本有一份批判性的思考。

我们都知道古代法律对官员都有一套维护的制度，如“八议”。但是，不要忘了，在整部《唐律》以及之后的王朝法典当中，它对官员这类主体的条文，它的惩戒和宽宥整体上都是平衡的。与之相反，唐律规定“不枉法赃”也比盗窃罪的处罚重三等，盗窃没有死罪而“监临主司枉法”有死罪。有人说司法实践是另一回事，这是一个文本与实践存在差别的问题。我们仅就法律文本本身的逻辑来分析。所以说，不要一谈到法律上的不平等就想到古代法。当今的一些受贿官员越来越老道，在任时对贿赂说“不”，退休之后到行贿者的公司当个独立董事，多发些工资和保险。江苏的一个基层法院法官把这些行为称为“期权腐败”。但是《唐律》却表述得非常通俗易懂——“事后受财”。我们不应该用这种类似的法律表达来让老百姓更加认同吗？今天的刑法的很多概念，我们觉得很专业，其实它体现的法律关系，古代的《唐律》早就有涉及。我无意说这些概念的归纳总结没有意义，只是想告诉大家不要仅仅看到这些概念，进而否定我们自身的法律传统，或许我们可以找到更好的表达。比如，行政法上也有一对概念——“政府采购”和“政府购买”。这在行政法上是两个完全不同的法律概念，但是对于老百姓来讲，最终有多少人能够区别“采购”和“购买”？苏轼有个评价很恰当：“夫详于小，必略于大，其文密者，其实必疏。”这都是经验。所以法律不一定是越多越好。

## 三、明德慎罚——道德的法律化

《礼记·大学》第一句就是“大学之道，在明明德，在亲民，在止于至善。”什么叫“明明德”？法律史中讲到西周时期的法律思想，有重要的八个字：“以德配天，明德慎罚。”老师通常解释“明德”就是统治者有义务向社会民众彰明他作为统治者的道德，就是他配作为一名统治者。但是我不太认同过往将“明明德”也理解为“彰显”，如果是这样的话，“明德”二字就够了。所以它的意思在我看来，应该是要求统治者明白，如何去彰明道德，即明白不要道德、法律不分，更不能将道德视为法律。

举一个例子，比如说拾得遗失物。法律调整的是社会普遍的行为现象，不会针对个别现象形成法律。按照民法的解释逻辑，拾得遗失物，其实是对我们每个个体财产失于控制的一个补救。用通俗的话说，就是你有一件东西丢了，你当然希望把它找回来，自己有能力当时就可以找回来了，没找到就寄希望于其他主体。这种希望能实现的第一个环节就是，客观上有人捡到，进而法律基于公平原则形成一套规则来鼓励这个人还给你，但是谁又愿意白干这件事呢？这就需要一个合理的回报。那么现实当中可能就会形成一个争议，民法设定这个原则和条文就是给大家的这种潜在的争议制定一套规则，这个规则的立足点就是一般民法的原则——主体之间平等，合理补偿。过高的道德追求实际上是不正常的。清律是这样规定的：“凡得遗失之物，限五日内送官。”其实唐律和清律已经发生了变化，这个变化就在于“送官”。在宋代以前，如果你捡到别人的东西，法律规定得很简单，按照今天的说法就是“交公”，因为不是你的，公家妥善保管，等待原所有人出现，公家收取的是保管费。但是明代以后的公权力在不断地收缩。由于社会本身的制度、财政税收等原因，往往“皇权不下县”。与民间所谓细故直接相关的事情，皇权既没有能力管，也懒得管。所以到《大清律·户律》才有这样的规定：捡拾他人物品的，如果超过了认领的期限，就归拾得人所有，30日内无人认领的全归拾得人。如果在30日内，原所有人出现，一半给予得物人充赏。这与今天的民法理论相关，但有差别，这是一种民事权利。

总体而言，研究中国传统法律，对我们当今不断认识法治、完善法治是不无裨益的。

## >> 互动环节

问题1：赵老师，感谢您给我们大家带来的精彩讲座！想请问您一下，传统分产允许父母生前分产，也存在父母死后的分产，但民国时期将分产退出继承编，且将父母生前的分产形式重构为赠与的民事法律关系。然而生前析分与死后析分是一体的，因为近代引入西方继承的死因行为将两个发生在不同时间段的分家析产分别评价是否合适？

赵晓耕：我按照你的理解来谈谈我的看法。传统社会确实存在刚刚你所提到的问题。因为我们有一个词叫“分家析产”，它实际指的是在帝制社会千百年来恪守一个原则，就是尊长在世时，不能分割财产。到明代的中后期，法律和实际生活就存在差别。再往前追溯到北宋已经有了这样一个变化，而这个变化就是刚才所提到的现象，就是父母在的时候，因为传统社会在正常情况下的家庭都是多子女的，一旦这个家庭长子成家之后，往往就会分家。于公于私，大的家族很难维系，一个正常的做法就是，家里面的长子一旦成家就分出去，最直接的就是分配财产。所以这里面又涉及一个概念就是“继承”。中国古代的继承和今天所讲的继承的差别太大了。按照西方人的习惯，成婚成家就意味着独立，独立就意味着与原来父亲的家庭没有人身财产关系。但是在中国古代是不可以不给其一笔财产的，父亲不是财产的所有人，是基于名分，按照今天的财产理论，父亲只是家庭财产的管理者，所以基于这种不同的主体逻辑关系使得民国之后的法律规则和清末以来仍然在民间的这些习惯就产生了冲突，就引起了民间许多不必要的争议。民国时期个案当中体现出来一个最突出的特点是，从形式上它严格按照法典，这一点都不含糊，可是它又要照顾到各地不同的习惯，所以就形成许多从民国留存到今天的一些典型的案例。

问题2：赵老师，您好！请问您如何看待立法活动的时代性？比如，您提到《唐律疏议》用词非常凝练，它是不是因为诞生于社会结构比较稳定的农耕社会，它可能有长达1000多年的时间来沉淀，但是现代我们常说是大变革时代，经济高速发展，是否只能通过法律工具或者立法原则来满足这个时代的法治要求？

赵晓耕：凭我的能力可能回答不了你的问题。因为你刚才所提到的问题涉及宏大的理论问题，那些我真的不擅长。理论我难以把握。好在你问我有什么看法，人都是有看法的，我的看法是法律是这个社会相对稳定的一套规则。法律不应该朝令夕改，也不应该追求未来的法律关系。我个人认为法律做不到这一点，如果谁能证明法律能够实现这一功能，我并不反对。我习得的法律规范的这种理论，就是法律天生就是滞后的。我在法理上不否认，法律对社会有某种引导性。但是这种引导性是基于现实中人们承认的或者是普遍认同的行为规则的一种期望，前提是这种规范本身不应该是超前的。

# 日本未成年人犯罪的现状与惩治

周振杰*

## 一、引言

2021年3月1日开始实施的《中华人民共和国刑法修正案（十一）》把刑事责任年龄降到12周岁，以遏制犯罪低龄化的现象。但从2024年媒体集中报道的几起未成年人犯罪案件来看，如邯郸三少年杀人案、甘肃13岁少年杀害女童案，降低刑事责任年龄并未明显改善未成年人犯罪情况，这说明降低刑事责任年龄的路径是存在一定问题的。据报道，最高人民检察院已经核准追究邯郸三少年杀人案中12周岁到14周岁之间未成年人的刑事责任。截至2024年4月21日，根据最高人民法院的通报，全国法院已经审结4件12周岁到14周岁未成年人杀人伤人案件，并都追究了刑事责任。

未成年人犯罪不仅是中国的问题，也是很多国家面临的问题。2023年，日本司法省发布的《犯罪白皮书》（以下简称2023年犯罪白皮书）的主题就是非行少年与成长环境。本文将根据2023年犯罪白皮书公布的事实与数据，介绍日本未成年人犯罪现状和日本对未成年人犯罪惩治情况，然后对比我国的未成年人犯罪治理实际情况，并就我国的未成年人犯罪治理做一些思考。

---

* 周振杰，法学博士，北京理工大学法学院教授、博士生导师，研究方向为刑法学。本文系根据周振杰教授2024年4月21日在安徽师范大学第十六届研究生科技文化艺术节“学海”系列论坛的讲座整理而成。

## 二、日本未成年人犯罪现状

2023年犯罪白皮书涵盖了以2020年为中心的近期少年犯罪趋势和罪犯处遇的实际情况。在谈到未成年人违法犯罪的时候，日本有非行少年的固定概念，非行少年包括犯罪少年、触法少年、虞犯少年三类。根据日本刑法和少年法的规定，犯罪少年是指14周岁以上，实施了刑法规定的犯罪行为的少年。这里的刑法是指广义上的刑法，不仅是刑法典，还有单行刑法和特别刑法。触法少年，是指触犯刑法但因没有达到14周岁，刑法不予处罚的少年。虞犯少年，则是指12周岁以上，尚未实施但有可能实施犯罪行为的少年，如经常实施小额盗窃、不服管教、不上学混社会的少年。下文首先根据2023年犯罪白皮书提供的数据，对日本未成年人犯罪现状进行梳理和展示。

### （一）刑法犯趋势

少年刑法犯是指由少年实施的日本刑法典和部分特别法规定的犯罪行为。如图1所示，从2003年（平成15年）开始上升，到2008年（平成20年）之后，犯罪案件数量还有检举人员数量①和少年人口比②一直处于下降的趋势。再加上交通法规定的危险驾驶致死罪、危险过失驾驶致死伤罪两个罪名，从2008年开始总体为下降趋势。

---

① 犯罪学上有一个概念叫犯罪黑数，如实际上可能发生了500个案件，但我们知道的只有300个案件。在这300个案件中，也未必每一个案件都能锁定犯罪嫌疑人。检举案件，就是已经锁定了犯罪嫌疑人的案件。

② 有时候未成年人犯罪的绝对人数减少，但是比例上升，说明情况没有减缓。例如，2020年有1000个少年犯罪，但当时的未成年人口只有1万人，比例是1/10，但如果到2024年，有1500个犯罪少年，绝对人数增加，但未成年人有10万人，比例相对降低，这说明这几年犯罪率降低。所以还有一个人口比的问题。

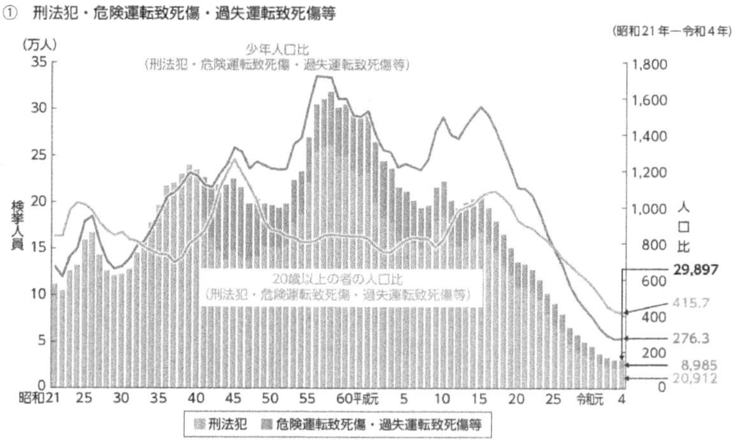


**图1　少年刑法犯等的检举人员·人口比变化①**

## （二）按特征划分的趋势

### 1.性别情况

从性别的角度来看，总体而言，如图2所示，女性犯罪要比男性犯罪少，但从人口比的角度来讲，截至2022年（令和4年），女性下降比较平稳，但男性在2022年的时候有回升。

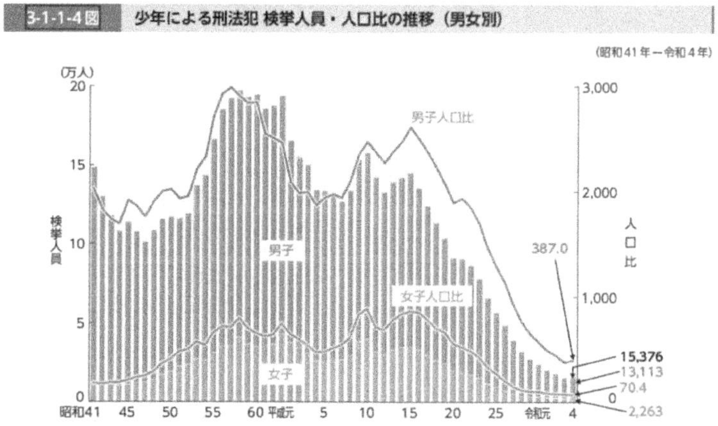


**图2　少年刑法犯检举人员·人口比的变化②**

① 来源：2023年犯罪白皮书，第115页。

② 来源：2023年犯罪白皮书，第117页。

### 2. 学业情况和就业情况

2022年少年犯的总数是14877人，如图3所示，其中初中生（学生）和高中生（生徒）占68.2%，学生以外的占31.8%。在犯罪少年中，学生居多，其中高中生居多，可以看出学校的教育还是存在一定问题的。

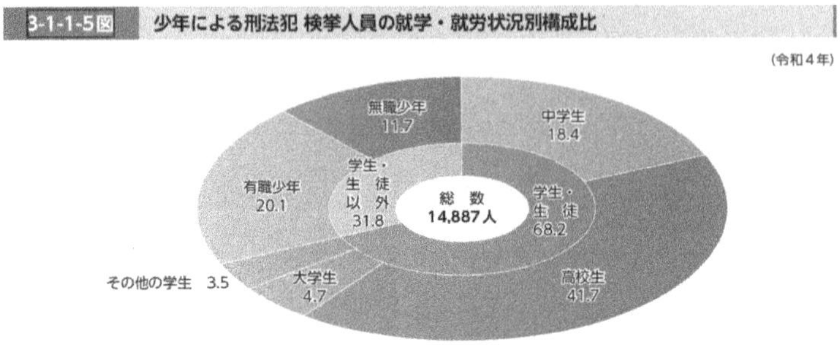


**图3　少年刑法犯检举人员的就学、工作结构情况**[①]

### 3. 主要罪名分布

从罪名的角度而言，如表1所示，犯罪人数最多的是盗窃罪。盗窃数额通常不是很大，如在街上推走自行车就构成盗窃罪，人数超过1000人的，还有伤害、暴行等犯罪。

**表1　少年刑法犯检举人员少年比例（含罪名与性别分布）**[②]

（令和4年）

| 罪　名 | 総　数 | | 男　子 | 女　子 | 女子比 | 少年比 |
|---|---|---|---|---|---|---|
| 総　数 | 21,401 | (100.0) | 17,927 | 3,474 | 16.2 | 12.2 |
| 殺　人 | 55 | (0.3) | 36 | 19 | 34.5 | 7.0 |
| 強　盗 | 245 | (1.1) | 231 | 14 | 5.7 | 18.5 |
| 放　火 | 79 | (0.4) | 68 | 11 | 13.9 | 13.8 |
| 強制性交等 | 220 | (1.0) | 217 | 3 | 1.4 | 16.0 |
| 暴　行 | 1,461 | (6.8) | 1,299 | 162 | 11.1 | 5.9 |
| 傷　害 | 1,942 | (9.1) | 1,754 | 188 | 9.7 | 10.8 |
| 恐　喝 | 320 | (1.5) | 276 | 44 | 13.8 | 27.0 |
| 窃　盗 | 11,159 | (52.1) | 8,766 | 2,393 | 21.4 | 13.5 |
| 詐　欺 | 836 | (3.9) | 676 | 160 | 19.1 | 7.9 |
| 横　領 | 1,372 | (6.4) | 1,224 | 148 | 10.8 | 14.5 |
| 遺失物等横領 | 1,356 | (6.3) | 1,211 | 145 | 10.7 | 15.9 |
| 強制わいせつ | 485 | (2.3) | 481 | 4 | 0.8 | 15.1 |
| 住居侵入 | 933 | (4.4) | 888 | 45 | 4.8 | 26.3 |
| 器物損壊 | 956 | (4.5) | 854 | 102 | 10.7 | 18.8 |
| その他 | 1,338 | (6.3) | 1,157 | 181 | 13.5 | 10.2 |

① 来源：2023年犯罪白皮书，第118页。

② 来源：2023年犯罪白皮书，第118页。

### 4.共同犯罪的情况

在图4中，每一类从左往右不同颜色依次是单独实施犯罪、2人实施犯罪、3人实施犯罪、4人以上实施犯罪。明显可以看出，在少年犯中，大部分都是单独实施犯罪，只有抢劫罪、敲诈勒索罪和诈骗罪的共犯比较多。所以在未成年人犯罪中，虽然有恶性犯罪，但主要还是财产犯，尤其是以盗窃以及同学之间的敲诈居多。

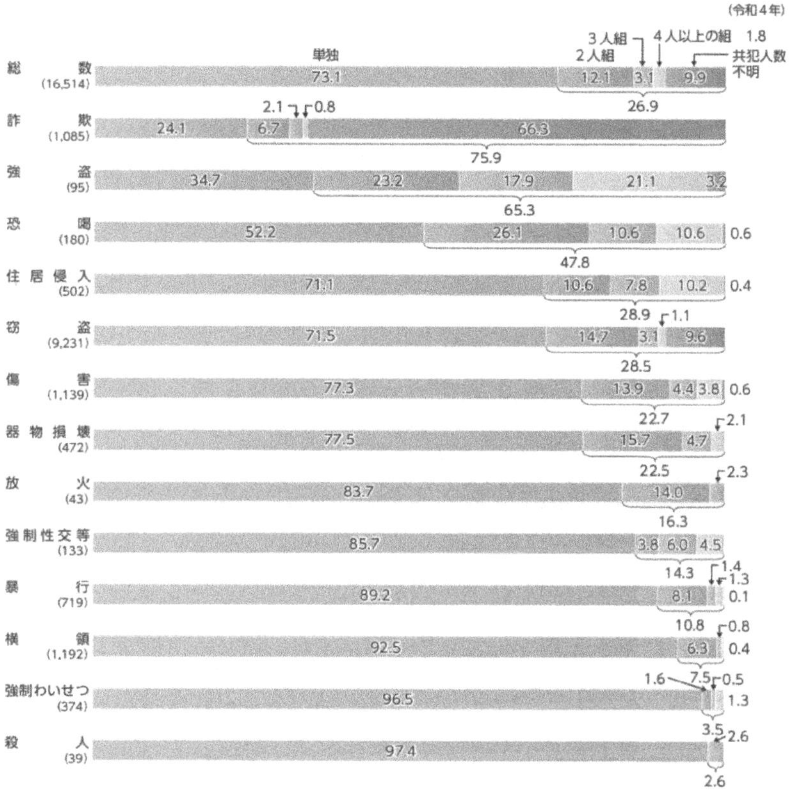


**图4 仅由少年实施的刑法犯中检举案件的共犯率共犯人数构成情况（罪名别）**[①]

---

① 来源：2023年犯罪白皮书，第119页。

## 三、日本未成年人犯罪治理情况

### （一）日本未成年人犯罪立法变迁

从罪刑法定的角度来讲，了解日本未成年人犯罪治理情况，首先要观察日本的法律是如何规定的。日本少年法的立法发展起步比较早，大概可以分为三个阶段：第一个阶段是1926年至1988年，即昭和时期；第二个阶段是1989年至2018年，即平成时期；第三个阶段是2019年至今，即令和时期。

#### 1.第一个阶段：昭和时期（1926—1988年）

在1926年到1988年之间，日本的第一部代表立法是1947年的《儿童福祉法》。根据《儿童福祉法》的规定，一部分非行少年不进入司法系统，会被移送到少年福利机构去。这部法律相当于被废除的《少年教育法》和旧《儿童虐待防止法》。

第二部重要的法律是1948年的旧《少年法》，主要内容有四个方面。第一，把《少年法》的适用年龄从18周岁提高到20周岁。第二，设立新的家庭裁判所和家事团队。家庭裁判所可以决定对少年适用保护处分还是适用刑事处分。第三，规定少年可以就保护处分向高等法院上诉，因为保护处分不是刑罚，法院判决之后能否上诉，当时可能是一个不明确的问题，但是法律规定可以上诉。第四，保留了对16周岁以上的少年处以刑事处分，同时将判处死刑和无期徒刑的年龄从犯罪时16周岁提高到18周岁，也即，将适用死刑和无期徒刑的范围缩小。

1948年日本通过了《少年院法》，在对少年的处分中，进少年院是比较严重的处分。这部法律就规定设立初等、中等、高等以及医疗四种少年院。根据非行少年的恶性程度以及是否有疾病等情节，决定进哪一种少年院。同时，根据该法，新设少年观护所，作为对少年采取观护措施的场所。此外，为鉴别少年的资质，设立少年鉴别所。少年鉴别，主要是在确定非行少年后抓起来就要决定怎么处理时，根据非行少年的家庭情况、社会情况和本人情况进行综合调查，现在也叫审前调查。1950年，日本把二者合二为一，成立少年保护鉴别所，1952年6月，在少年鉴别所与家庭裁判所里设置调查官，专门负责调查相关情况。1977年，日本将少年院中的处遇分为长期处遇与短期处遇，进行分批分类管理。

1949年，《犯罪者预防更生法》对保护观察做了部分调整。1953年和1954年，刑法规定对18周岁以上的人可以适用缓刑，附加保护观察。1977年，日本通过立法，规定了违反《交通法》的少年犯处遇，在全国开始实施交通短期保护观察制度。

2.第二个阶段：平成时期（1989—2018年）

1995年、1997年、1999年、2000年、2003年、2008年、2010年、2011年、2013年以及2014年，日本对《少年法》进行了多次修改。2000年的《少年法部分修正案》将刑事处分年龄从16周岁降到14周岁，规定在故意导致被害人死亡的案件中，16周岁以上的少年原则上必须移送检察官。家事法院逆向移送原则，是指移送到检察官，再起诉到法院去审判，就不是家事法院审判。同时，日本修正了少年审判的事实认定程序，引入裁定合议制度，国选指定律师、指定检察官去参加，并延长了保护观察期限。上诉处理规定的保护处分结束之后，当事人如果对保护处分有异议，可以申请救济。现在的救济程序应该有两个：一个是直接向日本的法务大臣去申诉；另一个是向少年院院长申请救济。

2007年的《少年法部分修正案》增加了一个处罚少年的调查程序，也即，虽然12周岁的少年实施的违法行为不是犯罪，但也不能对之置之不理，可以将违法少年移送到少年院去进行改造。为提高对保护观察者的效果，该修正案规定了违反秩序的惩罚措施。例如，在少年院违反了少年院的秩序，可以对其训诫，还可以让其反思。这里的反思，是指单独关起来进行反思。在当时规定的特别重大的案件里，经少年鉴别所的调查，家庭裁判所可以指定国选参与人。《更生保护法》新增了听取被害人意见和感情传达的制度，即在未成年人犯罪中必须注重被害人的情况，听取被害人的想法和诉求。这一制度到2008年再次强化，如增加了听取被害人意见制度，允许被害人旁听少年审判。

2012年《少年法部分修正案》扩大了不定期刑的案件范围，提高了不定期刑的上限和下限。我们通常认为，不定期刑违反罪刑法定原则，但就此还要研究不定期刑的目的。日本少年法规定了不定期刑，如说判3年，给一个3年期的上限，还有一个下限，比如说过半年之后，认为罪犯已经改造好，刑罚执行就结束，提高上限和下限意味着处罚的程度是提高还是降低。比如说，本来下限是6个月，现在上限提高到8个月，处罚力度是增大的，和刚才的降低刑事处分年龄就可以对应起来，国家处罚的态度也更加严厉，跟我国现在的做法是一样的。

2014年，《少年院法》将少年院矫正教育制度法定化，充实了社会复归的支持，强化了少年鉴别所的功能，以预防少年犯再次实施违法行为。

**3.第三个阶段：令和时期（2019年至今）**

2021年通过的《少年法部分修正案》，将18周岁和19周岁的人规定为特定少年，并增设了与17周岁以下少年不同的特殊规定。根据日本少年法的规定，不满20周岁者为少年，少年犯罪的案件由家事法院管辖。家事法院经过调查与审理，在认为适当之际可以处以保护处分，如送进少年院、移送少年福利资源机构等。如果家庭法院认为案中的行为构成可判处死刑、惩役或监禁之罪，而且是需要判处刑罚的时候，可以移送给检察官。逆向移送是指，家事法院认为案中行为构成可判处死刑、惩役或禁锢之罪，需课以刑罚的，再移送给检察官。根据《少年法》第52条的规定，如果应对少年处以有期禁锢或者惩役，可以在处断刑的范围内，同时宣告最高刑和最低刑，后者应在不少于最高刑1/2的范围内（如果最高刑期低于10年，则在最高刑期以下、5年以上）确定，但是最高刑期不得超过15年，最低刑期不得超过10年。同条第2款继而规定，就上述最低刑，如果为矫治目的所必要，可以在低于处断刑的1/2和低于最高刑的1/2的范围内确定。

犯罪少年、触法少年和虞犯少年的处理程序。如果是犯罪少年的话，移送检察厅，让检察厅来处理。检察厅有两种处理方法：一种是移送法院起诉；另一种是把非行少年移送到家庭裁判所，由家庭裁判所来处理。移送到法院之后，法院有三种处理方法：第一种就是处以保护处分；第二种是申告无罪或者处以罚金；第三种要么是全部缓刑，判3年全部缓刑执行，要么部分缓刑，判3年之后，执行1年，剩下的两年部分不执行。这是犯罪少年。触法少年直接移送到家庭法院。虞犯少年先送到儿童刑法所，判断是否需要处理，有的直接移送到少年福利机构，有的移送到家事法院来进行处理。

逆向移送是指如果认为少年实施的行为可能判处死刑、无期徒刑，检察官将其送回检察厅，检察厅要往儿童法院移送。首先，如果需要的话，可以由少年鉴别所进行鉴别。如果认为应选择移送、不处分的，不开始审判，再将其送回。整体处于保护处分的这部分人，有的送到少年院，其实少年院是保护手段里面最严重的一种，保护观察所是对判缓刑的进行保护观察的。首先肯定是刑事处分，其实就是刑法里面规定的那些行政处分、罚款。

刑事处分之外的保护处分的性质是不是刑罚，在理论上存在争议。有的观点认为，对少年的保护观察类似于保安处分。在刑法理论上就刑罚和保安处分一直存在一元说与二元说的区别。一元说就是刑罚和保安处分是一样的。二元说认为刑罚和保安处分是有区分的，刑罚针对的是已然之罪，保安处分针对的是未然之罪。笔者认为，保安处分是为了保护社会安全，是惩治的性质，但保护处分不同。虽然保护处分也有剥夺自由和限制自由的内容，但主要目的是保护人的权利。在理论上来讲保护处分是对少年的保护，主要目的在于改造未成年人。

根据日本《少年法》第24条、第25条规定，对少年可以采取的具体保护措施，主要是保护观察。保护观察像缓刑一样，有监督考察。保护观察移送儿童自立支援或者养护设施。移送少年院是比较重的保护措施。然后就是没收构成刑法规定的物品等。同时，在决定是否给予保护处分之际，可以由家庭法院的调查官在一定的期间内对非行少年进行观察，命令非行少年遵守规定的事项，或者附条件地交由监护人管理，或者委托适当的个人、团体或者设施进行辅导。

移送少年院是比较重的一种保护处分，其历史可以追溯到20世纪初，最初被称为矫正院，最早的两个矫正院，一个在多摩，另一个在浪速。少年院的主要目的是收容家庭裁判所决定移送的少年，不是处罚，而是保护少年的权益，让少年健康成长。到2023年4月，日本共有44家少年院，现在分为5种。前两种收留的少年都是身心没有显著障碍的，第三种是收留身心有障碍的，第四种就是收容在少年院执行刑罚，第五种是收容被附加保护观察的少年。在进入少年院的人中，男女比例不太一样。2010年进入少年院的有6052人，人数最多。之后一直减少。2022年有1332人。2021年相比减少3.3%，是1950年之后的最低值，但是入院的女性人数增加1个百分点。[①]

少年院的主要内容是矫正教育。矫正教育根据少年的情况分为三级，分类进行管理。矫正教育的主要内容之一是生活指导，包括基本生活训练、问题行为指导、治疗指导、心理理解指导、调整社会关系以及人生规划。在2020年到2023年4年间，接受与被害人换位思考的有41人，接受防止药物非行的有299人，接受预防暴力指导的有236人，接受家庭关系指导的有250人。[②]矫正教育的主要内容之二是职业指导，传授有用的职业知识与技能，提高劳动的意愿。实际上就是职业能力培训，分为职业生活设计指导和职业能力开发指导。在2022年出院的人中，获得焊接土木建筑等各类资格的达到1000多人[③]。矫正教育的主要内容之三是教科指导，即提高一些学历教育、知识教育。比如，在2022年出院的少年中，决定进入初中或高中学习的有11人，在院期间获得初中课程结业证明的有47人。[④]然后还有体育指导，通过各种体育活动提高体力，培养守法意识和合作意识以及自主自律协作意识。关于少年院的管理，现在日本成立了一个少年院视察委员会，外部委员有7任委员是由法务大臣任命的。其次是少年院的健康卫生医疗。到2023年4月，日本有两个专门提供医疗的少年院。

至于纪律和维持的部分：第一个是训诫，在少年院里面违反纪律，院长可以训诫；第二个是20日以内的反思。2023年6月，日本修订了刑事诉讼法，

---

① 来源：2023年犯罪白皮书，第146页。
② 来源：2023年犯罪白皮书，第152页。
③ 来源：2023年犯罪白皮书，第153页。
④ 来源：2023年犯罪白皮书，第153页。

把脱逃罪的主体扩大到根据法令被拘禁的人。如此，在少年院里逃跑也属于脱逃罪，扩大了处罚范围。不服申诉有两个途径：第一个是向法务大臣申请救济；第二个是向院长提出申诉或者向检察官提出申诉。

### （二）日本未成年人犯罪治理的特点

回顾日本未成年人犯罪立法的变迁，可以总结出日本未成年人犯罪治理有六个重要的特点。

一是原则化。要保护非行少年的权益，同时要严肃对待少年的不良行为。比如，日本的特定未成年人是可以判死刑的，并不是对未成年人一律罚款，该严肃对待的情形必须严肃对待。

二是独立化。处理非行少年的机构和人员在该程序中都是相对独立的，比如，有少年警察、处理非行少年的家庭法院。

三是专业化。比如，少年审判执行机构，尤其是家庭法院，审判人员非常专业。因为少年有自己的特点，少年与成年人并不相同。一个好法官既能够把法律知识学得非常好，也能把少年的问题处理得很好。

四是协同化。协同化不仅是在司法系统内部，还有社会各个机构的协同联动。

五是平衡化。平衡惩罚和保护的需要，而且要平衡被害人的权益。日本立法增加了听取被害人的意见的制度，如未成年人实施犯罪，只保护未成年犯罪人，不保护被害人的话，很有可能会出现两种结果：第一种是被害人以后有了心理阴影；第二种是被害人可能变成施害人。

六是透明化。处理好需要与不需要保密的界限。比如白皮书中的统计数据等公开之后，能够让国民知道实际情况，应对现在的状况。

## 四、对我国未成年人犯罪治理的启示

将上述六个特点和中国未成年人犯罪治理现状相比较，可以给我国未来的未成年人犯罪治理带来许多启示。

第一，原则化。以下用案例说明要严肃处理未成年人犯罪。被告人王某某知道崔某某是未成年人，仍通过凌某某介绍崔某某向他人卖淫4次。被告人王某某被抓获后如实供述犯罪事实。被告人实施强迫卖淫行为时已满14周岁不满16周岁。一种观点认为，根据《中华人民共和国刑法》（以下简称《刑法》）第358条规定，强迫卖淫罪是判处5年以上10年以下有期徒刑，情节严重的是10年以上有期徒刑或者无期徒刑，有强奸行为的数罪并罚。根据司法解释，强迫不满14周岁的幼女卖淫属于情节严重，此案就属于情节严重的案件。但是强奸罪处3年以上10年以下有期徒刑，这样比较的话，此案不属于强奸罪升档的情形，所以应该算强迫卖淫罪的牵连犯。再根据我国《刑法》第17条规定，强迫卖淫罪不在该条规定的8类犯罪中，所以结论是不宜定罪。就这个问题，笔者认为根据我国《刑法》第358条规定，强迫不满14周岁的幼女卖淫的属于情节严重。从行为的角度来讲，这里面可能有数个行为，如强迫卖淫行为和强奸行为。这两个行为当然构成牵连犯。如果强迫卖淫不构成犯罪而强奸构成犯罪的话，可以直接以强奸来处理。

第二，专业化。2004年在云南盘龙区有一个“司法分流”项目，盘龙区人民政府在英国救助儿童基金会的资助下进行，创立了如单亲家庭、留守少年的帮扶和教育，合适成年人等制度。2006年笔者去调研的时候，当地效果很好，但也反馈存在一些问题：其一，协调各个部门难度比较大。其二，需要的人员专业度太高，比如说合适成年人不是每个人都能胜任的，因为合适成年人要有耐心、循循善诱，让未成年人愿意与工作人员交流。现在我国有未检厅，也成立了少年法庭，或者是少年审判庭，但从现状来看，还需要推进专业化建设。2020年《最高人民检察院关于加强新时代未成年人检察工作的意见》也提出，专业化统一办理涉未成年人案件，专业化、规范化建设未成年人检察组织。

第三，协同化。现在我国各地的法院都有自己的做法。比如1984年，上海市率先成立上海少年法庭。2022年最高人民检察院未成年人检察工作报告提到，未成年人保护法律制度尚未充分落实，一些网络乱象诱发甚至教唆犯罪。如何让网络公司参与未成年人网络犯罪治理也成为一个问题。

第四，平衡化。保护未成年犯罪人的同时要保护被害人。不能谈到未检工作，只保护未成年犯罪人，而忽视被害人的利益。同时，虽然未成年被害人比较多，但未成年人案件里边的成年人被害人利益也需要重视和保护。例如，在某个案例中，一名22岁的男子被4名14周岁到16周岁的未成年人殴打致重伤，却不敢反抗。因为反抗之后，成年被害人就会变成犯罪人。那为什么打人的未成年人不是犯罪人？现在出现有的人专门养着不良少年，利用不良少年去实施违法行为，以逃避刑事责任，甚至出现了把这些未成年人出租的现象。所以，现在强调的是未成年犯罪人的权利，而忽视被害人。有错不惩，只会让未成年人肆无忌惮，没有任何是非对错观，没有法律意识。这是严重的问题。在另一个案例中，13周岁男孩强奸10周岁女孩后将其杀害抛尸，然后家人带着男孩离开当地，保护未成年施害人和保护被害人家庭的权益在此就出现了冲突。在惩治过程中，不但要考虑怎么培养未成年犯罪人的法律意识，还要考虑父母和学校的责任问题。在美国的一个案例中，一个15周岁的未成年人在学校枪杀4人，打伤7人，被判终身监禁，其父母也分别被判处10年至15年监禁。

第五，透明化。我们常常能看到地方和中央公布的未成年人相关数据，如侵害未成年人合法权益案件统计数据。未成年人相关信息应该怎么去处理，当然应慎重。但不能全部隐藏，否则对犯罪预防是非常不利的。我国可以公开一些可以公开的信息，让民众做好防范。刑法学中的实证学派其实来源于对案件数据的统计。有一个比利时的统计学家受聘到巴黎的警察局去做犯罪统计，他发现在特定的时期、特定的地域、特定的几类犯罪发生率特别高，就把这个信息告诉警察局，建议有针对性地去采取措施，比如说夏天在某个地方性骚扰比较多，就提示民众要注意，在特定时期进行防范。所以，公开可以公开的信息，有利于犯罪预防，也有利于惩治。

综上，我们应当认真严肃地对待和矫治未成年犯罪人，尤其是，要注意惩治与保护未成年犯罪人的平衡、保护未成年犯罪人与未成年被害人的平衡等问题。

## 提问互动环节

问题1：周老师您好，刚才您讲到了原则之一的平衡化，就是平衡犯罪人与被害人的权益，在中国的刑诉上有一个制度是未成年附条件不起诉，对可能被判处1年以下有悔罪表现的未成年犯罪嫌疑人，可能采取不起诉决定，这里就会涉及一个被害人愿不愿意让犯罪嫌疑人去适用这个制度的问题，被害人就经常会去申诉，而适用这个制度的检察官就会有这样的想法，就是不适用这个制度，因为它很麻烦，有被害人的关系在这里，这是否也涉及周院长讲到的平衡化这一点？

周振杰：非常感谢你的问题。前面讲到的附条件不起诉，根据《中华人民共和国刑事诉讼法》第177条规定，是有一定条件的，包含监督在里面，这其实也是一种处罚。另外，在1年以下附条件不起诉的场合，根据现在的规定，即使起诉，符合缓刑规定的未成年人也应当被宣告缓刑，也就是你即使起诉了，他还是要缓刑。在这一点上，我觉得也体现了我们需要平衡未成年被害人和未成年犯罪人各自的诉求和利益的要求。

问题2：周老师您好，我的问题是，对于正常成长轨迹下的孩子，他们的教育责任一般都是家庭本位，但是像我们今天谈到的这些罪错少年，我们在他们身上投入了很多的司法资源，那么在社会资源投入这一方面，会不会在两者之间存在不公平呢？如果存在的话，有没有什么办法可以平衡一下？

周振杰：这个问题我只讲一个方面，稍后请张磊老师回答你的问题。我讲怎么平衡资源，资源的平衡是很重要的一个方面。对于未成年犯罪人，我们有三个点可以讲：第一个是他的罪错社会有没有责任，如果社会有责任的话，我们有没有责任去弥补。第二个是即使未成年人犯了错误，他仍然是社会的一员，是吧？如果我们不管他的话，他是不是会犯更大的错误？到时候我们会不会有更大的损失？第三个是我们的这资源投入的回报会不会更有利？你想想，罪错未成年人毕竟是少数，其实我们投入的大量资源还是发挥了重要的正面作用的。因为这个问题我已经多少年不研究了，下面请张磊老师解答一下。

张磊：我就仅回答刚才这位同学的一个问题。美国犯罪学家马汶•沃尔夫冈曾经做过一项长期跟踪调查，提出了关于犯罪的“6%定律”，他说如果不能很好地管控那些曾经犯过罪的少年，等他们成年以后，他们中约有6%以上的人会成为累犯，并且可能犯下所在社区50%以上的重罪，国家和社会将会为之付出更为沉重的代价。[①]这说明什么？这说明对于这少部分的未成年人，如果我们不投入更多的司法资源的话，那么我们可能遭受到的这种危害会更加严重。所以这就是刚才周院长所说的，我们的投入要看回报率，这项投入回报率是很高的，值得我们去做这样的投入。

另外，我也想分享一个真实的案例，因为我一直在司法局的社区矫正中心做社区矫正对象的帮扶工作。昨天我参加了一场特殊的婚礼，新娘是一个青年矫正对象，20多岁，她的身份特别特殊，她从小是一个孤儿，被遗弃之后一对老年夫妇收养了，14岁时，她的奶奶因为车祸意外去世，后来她跟养父母在一起也融入不进去，导致长大后缺爱，于是就谈恋爱寻找爱。她15岁离开家庭，怀孕后生了一个孩子，后来就辍学，这个孩子也被男朋友的妈妈抱回去抚养了。她后来到芜湖打工，结果遇人不淑，一任又一任的男朋友对她总是抱着玩一玩的心态，她不断地被抛弃。去年上半年，她流产了两次。她为什么犯罪？是因为她有一个男朋友带她挣钱，结果构成了帮信罪，把自己的银行卡给别人做犯罪资金的转入和转出。我们该怎么对待这样一个女性？后来我就动用了我们法学院社工专业的同学一起做帮扶。第一步就是帮助疏导她的思想，给她信心，帮她做职业规划。她本来特别有违法犯罪的倾向，结果在帮扶之下，她没有违法犯罪，去年下半年她找了本村的一个男孩做男朋友，然后就顺利结婚了。所以我觉得特别的欣慰，因为我们的帮扶是有效果的。这也证明了我们社会对这些违法犯罪的青少年的帮助是有效的，他们值得我们的投入。

---

① 张寒玉、张亚力、杨迪：《重罪未成年人重返社会问题研究——以云南司法实务为视角》，载《青少年犯罪问题》，2018年第3期。

# 基础理论研究

# 发展新质生产力背景下的消费券发放政策研究

王宇松　宫红玉[*]

**摘　要：**消费券作为一项刺激消费、促进企业发展的经济政策，绝不应是一项短暂应急的经济政策，在常态化背景下也应将其作为一项不断激活市场活力的常规政策予以重视。作为一种经济调控政策，消费券与传统的财政补贴、政府采购政策相比具有更多优越性，它是通过刺激消费者消费的方式推动经济稳定增长，科学的消费券制度几乎不会影响市场机制的有效运行，还可以有效减少寻租、造假等行为，有益于培育生产性企业家精神，助力新质生产力发展。但当前我国的消费券发放制度在发放程序、发放标准、适用对象等方面都还存在一些不足，容易诱发非生产性、破坏性企业家精神的配置，不利于新质生产力发展，因此，我们应完善上述不足，充分释放消费券发放政策的积极效应。

**关键词：**消费券；财政补贴；新质生产力

## 一、引言

我国已经进入中国式现代化建设的关键时期，社会主义市场经济发展也

---

* 王宇松，法学博士，安徽师范大学法学院副教授、安徽师范大学经济法研究所所长，研究方向为经济法基础理论、资本财产权理论。宫红玉，安徽师范大学法学院2021级民商法学硕士研究生，研究方向为经济法学。本文为安徽司法行政调研课题（重点）“新质生产力背景下营商环境法治化建设研究”（SFXZ24A05）和安徽师范大学博士启动基金项目（重点）“资本财产权时代市场主体权利实现机制研究”（2016XJJ102）的阶段性研究成果。

已经进入一个新的历史时期，传统的投资驱动、要素驱动的发展模式已经不能适应我国高质量发展的需要，在西方国家对我国实施全面技术围堵、打压的背景下，发展新质生产力，助力高质量发展，已成为我国社会主义事业进一步发展的必然选择。新质生产力的一个突出特征是迭代创新更加频繁，即重大的技术创新、管理创新、生产方式创新、商业模式创新等更加频繁。发展新质生产力是我们党和政府打破西方围堵，带领中华民族重新崛起作出的英明决策，但这也对政府、企业、个人间的分工合作创造社会财富提出了更高要求，对弘扬企业家精神提出了更高要求。根据马克思总结的资本总公式G–W–G′ 可以看出，企业持续不断的创新活力来自“W–G′ ”这一惊险一跃成功后获得的利润激励，而一个社会生产力的持续发展，利润率始终是需要被关注的中心。相比传统的财政补贴、政府采购等经济调控政策，消费券作为一种新型经济调控政策，在有效调动政府和个人经济力量参与提升企业利润创造活动的同时，还可以最大限度地减少传统经济调控政策带来的各种潜在的附带危害。但将消费券作为一种常态化的经济调控政策来研究的学者少之又少，因此，本文在对消费券发展历史进行必要梳理的基础上，针对我国消费券发放过程中存在的问题和不足提出具体的完善建议，助力我国新质生产力的健康、持续、稳定发展。

## 二、消费券制度的产生与发展

消费券的本质是一种财政转移支付方式，最早是应用或出现在一国整体经济大环境不景气、居民消费支出大幅度下降的时期，由政府部门向居民发放消费专用券，领取到消费券的居民可以在该消费券的使用时间期限内到规定的商家购买相应领域的产品或服务，享受政府提供的福利。消费券政策也是近年来各国在经济下行时期经常采取的一种重要的逆周期调节手段，具有一定的发展历史。

### （一）消费券的含义

对于消费券的含义，查阅国内相关文献，主要有以下几种：韩芳认为消费券是以信用货币为表现形式的“政府购买”和政府转移支付，通过信用货币拥有的支付功能实现了政府买单、百姓消费，同时刺激了潜在的消费需求，拉动经济发展，也有利于产业结构调整，是一种积极的财政政策；①张诗宇认为消费券是地方政府在金融危机之际确保城镇低收入者生活水平不至于进一步下降的一种保障措施，它符合政府主持社会公平正义的准则，也符合公共财政的价值取向；②王浦劬认为政府消费券是有价证券，可以视作现金的一种；③项显生认为政府消费券实质是政府购买合同的形态之一，其属于“直接资助”类别下的一种方式；④董克用认为政府消费券是一种凭单，政府向符合规定条件的公共服务对象发放凭单（消费券），由公共服务消费者选择服务提供方，并向服务提供方交付凭单，提供者继而向主管部门要求兑现资金；⑤魏玮、陈荣认为政府消费券是一种专用券，具有不可兑现、一次性使用、不找零的特点；⑥张笑然、薛前强认为政府消费券是指政府为了促进社会消费，拉动经济增长，利用财政资金给予企业和商家一定的补贴，通过网络平台发放或是政府现场发放、网上发放给消费者，用于购买某种类商品的消费券。⑦

简言之，消费券发放是一种刺激消费需求、拉动经济增长的财政转移支付手段，由政府向不特定公众发放，并附加一定使用条件，如限用时间、限

---

① 韩芳：《关于政府发放消费券的若干思考》，载《中共四川省委党校学报》2009年第3期。

② 张诗宇：《浅议政府发放消费券》，载《地方财政研究》2009年第4期。

③ 王浦劬、［美］莱斯特·M.萨拉蒙等：《政府向社会组织购买公共服务研究：中国与全球经验分析》，北京大学出版社2010年版，第20—22页。

④ 项显生：《政府购买公共服务的法律问题研究》，北京大学出版社2017年版，第47—50页。

⑤ 董克用、魏娜主编：《迈向2030：中国公共服务现代化》，中国人民大学出版社2018年版，第30页。

⑥ 魏玮、陈荣：《消费券作用分析及对政府发放消费券的综合建议》，载《消费导刊》2010年第4期。

⑦ 张笑然、薛前强：《政府类消费券功能检视与法律问题剖析》，载《南海法学》2021年第3期。

用商家、限用平台等。

### （二）国内消费券的产生与发展

现有资料显示，在我国，最早发放消费券的是台湾地区和成都市。为了应对经济低迷，2008年我国台湾地区出台振兴经济消费券发放特别条例。同年，我国经济受到美国金融危机以及世界经济整体衰退的双重影响，整体经济出现低迷。2008年12月，成都市民政局为了救济困难群体，针对城乡低保、农村五保以及城乡特殊困难群体，制订了一项3791万元的消费券发放方案，主要资金由市和县调节基金共同承担，每位发放对象从中可领取两张面值50元的消费券，这是我国大陆地区首次实行消费券政策。①

2009年发放消费券的代表性城市是杭州市。当时杭州市的消费券计划使其成为当时全国范围内消费券发放资金最多、种类最多的城市。杭州市的消费券发放群体主要是无收入和低收入人群，消费券种类包括商品消费券、文化娱乐消费券、体育消费券、旅游消费券、政府消费券、培训消费券、社会消费券、转移性消费券、教育消费券、旅游消费券等。②

金融危机之后，整体经济逐步恢复，消费券也不再作为一项促进经济发展的政策来推动。直到2020年，我国为刺激居民消费、拉动内需、恢复经济发展，消费券再次被发放，有效地提振了市场信心，实践中其促进经济发展的作用再次被充分显现。

与2008年、2009年为了应对金融危机冲击而发放消费券相比，我国此次发放消费券的规模更大、覆盖范围更广、惠及人群更多。首先，在消费券的发放规模方面，我国选择发放数字消费券，将网络平台与消费券发放相结合，而不是现金补贴，这大大增加了消费券的发放规模，不再仅限于特殊群体领取，消费券领受群体包括本地区全体居民，甚至外地居民于本地旅游时也可

① 孙杰：《消费券对刺激消费的实证研究》，浙江大学2012年硕士学位论文。

② 刘长喜：《新发展格局视野中的消费券发放问题与重构研究》，载《上海对外经贸大学学报》2021年第2期。

领取，同时电子消费券的方式也更便于领取。在数字经济时代，数字消费券更能够提高居民购买力，促进资金流通、增加交易数量，若是发放现金补贴，居民出于储蓄心理，可能会更倾向于将补贴用于储蓄，反而不会进行消费，这就容易违背发放消费券的初衷。其次，在消费券覆盖范围方面，大多数省市在发放消费券的初期阶段选择了餐饮行业和旅游业，主要是由于这两个行业受到的冲击最显而易见；此后，各省市注意到居民消费需求领域正在不断拓展，于是又在餐饮业、旅游业的基础上增加了健身体育、娱乐项目、教育领域以及汽车销售领域、家电领域、电子产品领域等。最后，在消费券的资金来源方面，不再仅仅局限于政府资金，而是采用政府主导、政企合作的方式。政府消费券属于财政补助，其实质是由国家拨款补助消费者，通常情况下，经济发展水平越高的地区，消费券的发放比例就会越高。政企合作的模式，往往是由政府牵头、企业协同合作，线上和线下同时发力。[①]毕竟仅靠国家的财政支持是远远不够的，因而，随着消费券的发展，参与补贴的企业也开始逐渐增多。

### （三）国外消费券的产生与发展

消费券作为经济调控措施已出现于世界各国，而最早出现的国家是德国。1933年，为应对经济不景气的问题，德国政府推出了消费券计划，每周给居民发放小额日用品消费券，甚至在企业推行替代部分工人工资的消费券。[②]

1939年，美国曾推出“食品券”计划。全球经济大萧条后，大批工人失业，工人失业导致收入降低，而收入降低又导致居民购买力降低，进而导致更多企业破产、工人失业，形成经济恶性循环。为扭转这一趋势，美国推出“食品券”计划。[③]该计划的目的是改善低收入居民的营养状况，因此该“食

---

① 刘长喜：《新发展格局视野中的消费券发放问题与重构研究》，载《上海对外经贸大学学报》2021年第2期。

② 刘长喜：《新发展格局视野中的消费券发放问题与重构研究》，载《上海对外经贸大学学报》2021年第2期。

③ 孙杰：《消费券对刺激消费的实证研究》，浙江大学2012年硕士学位论文。

品券”的领取群体受到限制，只有每月纯收入少于法定标准的民众才可以申请食品消费券，这些消费券只能在特定商店中使用，且只能用于购买面包、谷物、水果、蔬菜、家禽和奶类等食品。

1999年，为促进国家经济发展，日本推出了“地域振兴券”，在价值取向和功能追求上与当前各国政府发放的消费券更加相近。地域振兴券面向15岁以下、65岁以上的居民群体，主要目的是降低家庭养育子女的负担、降低中低阶层老年人的负担，以此提高全国的生育率，通过刺激消费增长，来振兴和促进国内经济增长。

2009年，泰国为应对金融危机，针对低收入群体启动了总额达189亿泰铢的消费券发放计划。符合发放条件的居民每人可领取面值为2000泰铢（约60美元）的消费券，这种消费券在当地被称为“救国支票”。

与我国情形相似，世界各国对于消费券发放大多局限于经济萧条时期，而没有将其作为一项长期的经济调控措施予以重视，因此在金融危机过后，世界各国也很少出现消费券一词。直至2020年，消费券再次出现于世界各国。2020年，韩国为促进经济发展，其中央政府发布消费券政策，形式包括纸质消费券以及预付卡两种，主要面对收入低于中位数的家庭，该群体可以从中央政府获得消费券，部分居民还可以同时从其所在市或地区政府获得额外的消费券，但是消费券附有一定的使用限制，如消费券只能在接受者居住的区域内有效、只能适用于特定行业的商品。同年，新加坡政府推出“重新探索新加坡”的消费券计划，该计划的主要目的是鼓励民众在国内旅游，以支持新加坡当地的旅游业、商业以及间接增加工作岗位，该计划面向的群体是新加坡18周岁及以上的公民，覆盖群体较广，同时也制定了该消费券的使用限制，即该消费券使用期限为半年，并且只能用于个人，不得转让或代为领取，每次交易仅限一人使用，不可将其与他人组合使用。[①]

① 朱丽惠：《我国消费券政策效果评价与影响因素研究》，桂林电子科技大学2022年硕士学位论文。

## 三、消费券制度在助力新质生产力发展中的独特作用

相对于面向企业发放财政补贴、政府采购等传统经济调控措施，消费券制度在助力新质生产力发展中具有许多独特作用。作为一种调控市场供求关系的经济措施，它不仅可以在几乎不影响市场机制的前提下，短期内快速拉动消费，提振市场信心，促进经济增长，还可以最大限度减少传统经济调控措施带给市场的各种不利后果，减少政府对市场的不当干预，赋予市场主体更多的自由权利，有效弘扬企业家精神，保障一国经济社会在健康稳定的运行秩序中高质量发展。

### （一）不易损害市场公平竞争机制运行

公平的市场竞争秩序是弘扬企业家精神，促进创新的核心保障，它可以让每个个体在追求私利的过程中，不断促进公益发展。根据资本总公式G–W–G′ 可以发现，一个企业要想在与其他企业和消费者博弈竞争中胜出，必须比同行更善于实现“W–G′ ”这惊险一跃，即要获得更多消费者的认可和购买。在公平的市场竞争中，要比同行获得更多消费者的认可和购买，只有在同等质量性能下，产品价格比同类产品低；在同等价格下，质量性能比同类产品更优。在土地、资本、劳动力等传统生产要素潜力已经挖掘殆尽的情况下，企业只有依靠挖掘知识、企业家精神、数据这些新的生产要素的潜力，而这正是新质生产力发展的表现。[①]可见，要有效发挥公平竞争机制，促进企业创新发展，只有让消费者牢牢把控有关企业产品竞争力的评价权。但各种传统经济调控政策都容易让政府把控住有关企业竞争力的评价权，对公平的市场竞争机制的运行造成一定程度的损害。比如，传统的产业补贴政策中，消费者几乎没有机会参与有关企业产品竞争力的评价。这就容易让少部分善于钻营的企业获得财政补贴，进而获得不正当的竞争优势，而有些埋头

---

① 林李钰：《论发放消费券、现金对宏观经济的影响》，载《中国市场》2024年第20期。

从事技术研发、优化管理的企业却拿不到相应的财政补贴，从而处于不利的竞争地位。这就容易形成逆向鼓励，即企业将大量精力放到拿财政补贴上去，而不是投入研发创新中，这显然不利于新质生产力的发展。

而将消费券发放给消费者则几乎不会对公平的市场竞争机制造成损害。消费者基于自身私利考虑，一定会货比三家，尽其最大可能选出物美价廉的商品，即同等质量性能下，商品价格比同类低；同等价格下，商品质量性能比同类优。能做到这点的企业，在公平竞争的环境下，往往都是最擅长创新的企业。竞争机制的精密之处就在于让人们基于私利出发，促进公益发展。在完善的制度体系和实施体系保障下，消费券的发放就可以近乎完美地演绎竞争机制的精密功能。而且相较于传统的财政补贴，在消费券模式下，对企业是否具有竞争力、发展潜力的识别，是由千千万万的消费者进行的，企业如果不是通过创新发展，以当时最低的成本来创造社会财富服务消费者，而是通过其他方式企图蒙混过关，是非常难以得逞的。且消费者基于自身私利的追求，有持续不断地动力来识别企业的竞争力、发展潜力，相对于其他财政补贴发放由政府承担这些识别任务，可节省大量代理成本、监督成本。此外，消费者是完全基于自身私利，企业企图通过寻租来影响识别工作很难奏效。在其背景下，企业要赚取更多的利润，就要不断投入研发、优化管理、提供服务质量来赢得消费者，以此打开市场、增加销量，从而赚取利润。有学者指出，消费券的应用间接地促进了产品质量、服务质量的提升，减少了生产者、销售者以次充好的恶性行为，进而起到整顿市场的积极作用，不断促进商户之间、平台之间的公平竞争。[①]这当然也就有助于新质生产力的发展。

### （二）不易破坏价格机制运行

价格机制在市场机制中一直居于核心地位。它不仅可以告诉企业生产什么、如何生产、生产多少，还可以发现最有价值的创新点，将最有创新力的企业选择出来。价格机制运行得越稳健，传递的价格信号越准确，企业家在

---

① 闫海、肖虎：《我国政府消费券法制的原则、实践与构建》，载《地方财政研究》2022年第12期。

价格信号中就越容易发现价值、创造价值，准确确定生产什么、如何生产、生产多少，再依据生产成本确定价格。消费者根据企业确定的销售价格、自己的需求、期望价格，就容易将善于创新的企业选出来。

传统的财政补贴主要是补贴给企业，如果一个本来不善于或不专注于创新的企业，因无法采用先进技术、先进管理、先进生产工艺等，不能生产出价格更低、质量性能更优的产品，却获得了财政补贴，它就可以通过财政弥补来补贴自己的成本劣势，本应被市场淘汰的企业就不容易被淘汰。更为严重的是它的价格传递的是一种扭曲的信号，容易误导消费者和其他企业的决策行为，破坏价格机制健康稳定运行。

消费券的受领群体是消费者，虽然消费券增强了消费者的购买能力，但消费券毕竟只构成消费者所购商品需付价款的一部分，甚至只是一小部分，消费者自己仍然要支付大部分价款，仍然只会购买自己所需的产品以及服务。基于私利，消费者仍然会货比三家，尽最大可能以最少的钱购买最多的商品。消费者领取消费券、使用消费券的过程中，消费券的受领数据、使用数据仍然能够反映消费者的真实消费需求。根据这一真实需求，相关的企业就可以制订科学的计划，如生产企业可以根据产品销售价格制订相对客观的生产计划、销售企业根据销售价格制订进货计划。同时，那些不善于或不专注于创新的企业，仍然会通过消费者的选择被淘汰出局。更为重要的是，消费券在几乎不影响价格机制运行的前提下，提升了消费者的购买力，特别是一些经济收入水平低的消费者，从而让市场获得持久活力，不断激发企业创新发展。

### （三）便于理顺政府与市场关系

在以交换价值为基础的资本类财产法构建的社会化大生产体系中，政府深度参与市场经济的运行，理顺政府与市场的关系，一直是社会化大生产体系有效稳健运行的关键。其中的竞争机制、价格机制运行环节，是政府与市场关系最难以理顺的地方，经常出现政府及其工作人员在这些环节中的“错位、缺位、越位”行为，扰乱竞争机制和价格机制的有效运行。回顾上文的分析我们可以发现，在传统的财政补贴中，无论是在竞争机制还是价格机制的运行中，即使撇开寻租行为，也容易出现政府及其工作人员因理性不足，不当发放财政补贴，特别是在发放对象的选择上，进而影响竞争机制和价格机制功能的发挥。这不仅容易导致不公平竞争，也容易导致价格信号无法传递真实的供求关系，甚至出现价格信号紊乱，造成企业通过研发创新的竞争热情受到削弱，生产经营决策不够准确，市场机制运行不畅，资源配置效率低下。这也是我国政府一再强调让市场在资源配置中起决定性作用的原因。[①]

消费券发放政策虽由政府制定，但是其受领群体是不特定多数的消费者。消费者基于自利的本性对商品挑三拣四，始终会追求用最少的钱购买最好的商品，他们的购买行为一般都是真实消费需求的反映，他们愿意付出的价格是商品供求关系直接而真实的反映。企业要想让领取了消费券的消费者购买自己的产品，仍然得依靠自己的不断研发提升创新能力，以实现同等质量性能产品价格更低，同等价格产品质量性能更优越来换取消费者认可。这样就几乎不会影响到竞争机制和价格机制的运行。政府要想引导企业向某个有前景的产业方向发展，或者做大做强某个产业，只要依据科学的测算标准，向消费者发放一定量限购这个产业产品的消费券就行了，而无须直接参与到市场中对具体企业发展状况进行甄别，选择发放对象，将这一甄别工作交给最善于这项工作的消费者。[②]企业要想拿到这些消费券，不是去找政府及其官员，而应遵循市场机制的运行规律，通过技术创新提升产品竞争力以得到消费者的认可。在这种情形下，政府与市场之间的关系就相对比较容易理顺，企业家也可以专心研发创新，有助于新质生产力的发展。

### （四）减少腐败行为发生

在传统的财政补贴发放中腐败往往更易发生。传统的财政补贴是由政府部门直接补贴给企业，具体发放给哪些企业，发放多少，往往由负责具体发放工作的少数人员确定。这就使得在补贴发放政策制定不够完善、监督不够

---

① 林李钰：《论发放消费券、现金对宏观经济的影响》，载《中国市场》2024年第20期。

② 陈晨、曹淇、黄昕等：《消费券发放对刺激经济增长的思考》，载《时代经贸》2024年第6期。

到位时，特别容易被一些投机取巧的企业盯上，想方设法贿赂负责财政补贴具体发放的工作人员，导致少数经不住金钱诱惑的工作人员违规发放财政补贴。针对发放补贴制定的各种条件和标准要求，有些企业会弄虚作假，找一些专业机构一同造假，蒙混过关，以获得数额可观的财政补贴。这不仅导致大量国家财政资金损失，也让那些真正埋头踏踏实实从事创新研发的企业遭受不公。

消费券作为政府拉动消费的一种经济调控措施，在其发放政策的制定和具体发放过程中也有大量政府工作人员参与，也会存在特别容易产生寻租行为的环节，如适用商户确定、领取平台确定等，但消费券的直接发放对象是不特定多数的消费者，最终消费券在哪个商家消费，消费多少，还是由消费者来决定。当前的消费券发放，大多数是不确定具体的商家，随着制度的完善，未来的发展更不可能确定具体的商家。退一步假设，即使确定具体的商家，也不可能只确定一两家，而是多家。在此假设下，如果纳入消费券使用名单商家的产品没有竞争力，最终仍然无法得到消费者的认可。这就使得商家寻租的成本极其高昂，但收益却非常不确定，阻碍了商家寻租的冲动和积极性，进而减少腐败行为的发生。

### （五）有利于弘扬生产性企业家精神

美国学者威廉·鲍莫尔在1990年开创性地提出企业家精神差异化配置理论，指出企业家精神分为三种：生产性企业精神（崇尚财富创造、技术创新、正式制度）、非生产性企业家精神（崇尚寻租、再分配、潜规则）、破坏性企业精神（崇尚权力寻租、掠夺）。现有的经济学、管理学研究成果都显示：生产性企业家精神是创新发展的核心要素，当然也就是发展新质生产力的核心要素。在上文的分析中我们可以发现，在传统的财政补贴方式中，补贴直接发放给企业，如果能拿到财政补贴，企业就能低成本的获得利润和竞争优势，而不需要埋下头去从事科研研发，在法治不够健全的国家中，就很容易诱发企业采取寻租行为。如果这种寻租行为不能得到有效遏制，就会产生极为恶劣的示范效应，诱发更多企业家去效仿，培育出破坏性企业家精神，如果再恶性发展，就很难培育出生产性企业家精神。[①]

消费券发放制度将财政补贴的具体对象选择权交给了消费者。这时只要在消费券发放制度中规定消费券在适用上只区分产品类别，如新能源汽车，而不区分具体生产厂家，任何一个消费者领取了消费券后，都可以用其去任意一家销售该类产品的商家购买，而不管其生产厂家为哪一家。企业要想获得消费者认可，只能埋头专心从事科技研发，提升管理水平，生产出物美价廉的产品。这就使得崇尚寻租、潜规则的非生产性企业精神的生存空间被大大压缩，崇尚权力寻租、掠夺的破坏性企业家精神将难以找到栖息之地，而崇尚财富创造、技术创新、正式制度的生产性企业家精神将获得发展天地。

## 四、我国消费券制度运行中存在的不足

近年来，为拉动本地消费，促进本地经济发展，消费券作为经济调控措施在各省市的适用越来越多。同传统的财政补贴调整措施相比，消费券制度虽具许多优势，但其还是一个相对年轻的制度，不够完善，在实际运行过程中显现出一些问题和不足。

### （一）需要顶层制度的支持

消费券的发放首先是一种财政收入的再分配。国家财政收入属于全民财产，对其进行再分配必须十分严肃，需由处于法律效力位阶较高的法律条文来规范。消费券发放是一项经济调控措施，不仅服务于国家产业政策的落实和全国统一大市场的建设，也服务一国不同地区、不同群体贫富差距的调节，很多情况下都需要在国家层面上进行谋篇布局，必须由国家层面的法律制度来加以调整规范。[②]通过上文对消费券特有优势的分析，可以发现消费券是一

① 王诗佳：《政府消费券发放公平竞争审查制度适用研究》，河南财经政法大学2024年硕士学位论文。

② 孙晋、胡旨钰：《地方政府奖补政策公平竞争审查的困境检视与因应》，载《中国矿业大学学报（社会科学版）》2023年第2期。

个不容易破坏竞争机制和价格机制运行的经济调控措施，但消费券发放需要顶层制度的支持。

通过梳理我国现有的法律文件发现，财政部曾在2009年制定了部门规范性文件《财政部关于规范地方政府消费券发放使用管理的指导意见》，其在2016年因“简政放权”改革等因素被财政部主动废止。当前只有一些间接关联的指导意见，如商务部于2020年发布的《关于统筹推进商务系统消费促进重点工作的指导意见》，国务院于2022年发布的《关于进一步释放消费潜力促进消费持续恢复的意见》。这就使得我国当前的消费券发放政策基本上都是由各省市、各地县政府临时应时而定的，缺少统筹安排和科学规划，很少被纳入国家和地方的财政预算之中。没有上位法的原则性规定作为参考，政府工作人员在制订消费券的相关计划以及发放政策时，就容易导致制订出的内容质量不一，无法对消费券发放行为进行科学、全面的规制。[①]这不仅不利于消费券各项经济功能的有效发挥，也存在较大的不确定性，不利于市场机制的运行，进而也就不利于企业家对市场预期作出科学合理的判断，容易诱发非生产性、破坏性企业家精神的配置，影响新质生产力的发展。

### （二）发放机制设计需要更科学

消费券最初是作为一种兼具民生救济和消费拉动功能的经济调控措施而产生的，这种功能意义主要是由早期的德国、美国等国来确定的。当经济社会陷入困难时，短暂地使用消费券解决燃眉之急，消费券的发放机制可以按照这样的功能追求来设计。但是当消费券作为一种服务产业政策的经济调控措施，促进某个行业、产业高质量创新发展时，按照这样的功能追求设计就不合适了。就我国现有的消费券发放机制设计而言，无论是从民生救济、消费拉动看，还是从服务产业政策看，都需要更科学。

首先是消费券发放的渠道选择。消费券作为一种经济调控措施的突出优

---

① 刘长喜：《新发展格局视野中的消费券发放问题与重构研究》，载《上海对外经贸大学学报》2021年第2期。

势是直接发放给消费者，让消费者在自利的驱动下主动选择优质的企业生产的产品，不影响市场机制的运行。但我国当前许多地方政府的消费券发放渠道选择的是第三方服务平台，即地方政府通过政府采购方式购买第三方平台的发放服务，如京东、美团等平台，这就让消费券发放服务成为一个竞争性市场，争取到发放资格的平台相对于其他平台，不仅获得了流量优势，还可以影响消费者使用消费券时对平台上的不同商家、不同商品种类和类型的选择，甚至明里或暗里限制或误导消费者的选择，这不仅阻碍了市场机制的有效运行，也容易诱发寻租、腐败等问题的出现。

其次是消费券的适用对象选择。当消费券发放仅仅作为一种民生救济，或者拉动消费的临时性措施时，这类消费券的适用对象应该是广泛的，可用其到任意一个商家去购买任何商品，也就是说在适用商家和商品上都不作区分。但我国多数地方政府发放的消费券在适用商家和商品上都有区分，在选择哪些商家、哪些商品适用上，就容易出现违背此类消费券发放应遵循的普惠原则，还容易造成不公，诱发寻租、腐败。因我国的消费券基本上都是由地方政府发放的，仅在发放地的行政区域内可以当作折扣券和抵用券使用，进一步偏离了普惠原则要求。当消费券作为一种实现产业政策的经济措施时，这类消费券的适用对象应该是产业政策具体扶持、培育的产业。这类消费券就只能在购买相关产业中的企业生产的产品时，才可以当作折扣券和抵用券使用。

### （三）监督环节有待完善

虽然说消费券同其他经济调控措施相比有许多独特优势，但经济调控措施也是一项制度安排，需要人去实施，既避免不了人性的天生弱点带来的各种潜在道德风险，也避免不了人类的认知和理性不足带来的判断失误，也就始终不可能是完美的，需要对消费券发放中的各环节进行监督。在我国，由于消费券发放的历史很短，实践中的经验总结还有些不足，消费券发放各环节中的监督也不够到位，阻碍了消费券应用功能的发挥。

消费券的整个发放流程都不同程度存在着监督不到位问题。例如，许多地方政府的消费券发放政策制定没能有效落实合法性审查和公平竞争审查要求。

再如我国当前的消费券发放渠道主要是第三方服务平台，但在第三方服务平台的选择上并没有严格按照《中华人民共和国政府采购法》（以下简称《政府采购法》）来执行，没有建立相应的监督机制。在具体的发放、使用过程中，在消费券适用哪些商家、产品的选择上，同样不够合法规范，存在一些不当行为，甚至出现刷单、套现、倒卖等不法行为，也没有建立相应有效的监督机制。这些监督环节的不到位，不仅影响了消费券发挥经济调控功能，也容易造成不公平竞争，诱发寻租、腐败行为的产生，挫伤企业的创新热情。①

## 五、完善消费券发放政策的对策建议

消费券的特有优势需要在一个较为完善的制度环境下才能真正发挥出来。通过上文的分析，我们可以发现消费券发放政策制度体系存在诸多的不足，不仅影响了消费券应用功能的发挥，也在一定程度上影响到生产性企业精神发挥，进而影响到新质生产力发展，不利于中国式现代化实现。

### （一）补齐顶层制度设计

建议在国家层面制定高位阶的法律规范，补齐消费券发放的顶层制度设计。财政部于2009年制定的《财政部关于规范地方政府消费券发放使用管理的指导意见》，虽然说是首个国家层面的顶层制度设计，如果作为一种临时性的指导规范，有其一定的必要性，但如果将消费券发放政策作为一项长期的经济调控措施，仅由财政部来制定相应规范显然不合适，在2016年的“简政放权”改革中，财政部主动废止这一指导意见，有其合理之处。基于消费券具有的特有优势，我国应由全国人大及其常委会制定法律来补齐顶层制度设计。

全国人大及其常委会在制定规范消费券发放的法律时，可作一些原则性的规定，并依据消费券的不同功能类别分别进行规定。对侧重于民生救济的消费券发放应当规定一些普惠性原则，将具体发放标准、发放对象、发放方

① 刘开升：《政府数字消费券的政策效应实证研究》，载《全国流通经济》2022年第31期。

式赋权地方政府，由地方政府根据本地区状况，特别是财政状况来制定具体的发放政策。对侧重于拉动消费、激活市场活力的短期消费券发放行为，在法条中明确规定不得有害全国统一大市场建设、公平竞争，并对平台的选择、商户的选择、限定消费券使用范围等作一些原则性规定，其他事项也赋权地方政府决定。对侧重于落实产业政策的消费券发放，原则上规定只能由中央政府的相应职能部门来承担，就我国当前的国务院职能部门的架构来看，应当由财政部或国家发展改革委来承担，或者由它们共同承担，发放多少、发放行业的选择也由它们来决定，并对财政部或国家计划与发改委的工作原则、工作内容、绩效考核、责任承担等作一些原则性规定。

（二）优化具体发放机制

消费券的发放机制涉及许多方面，就我国当前的消费券发放机制而言，需要优化的地方有很多，但最为急迫的是消费券发放主体、发放渠道、适用对象的选择。就消费券的发放主体而言，侧重民生救济的消费券发放主体仍然选择地方政府。相对于中央政府，地方政府对本行政区内的民生状况更加了解熟悉，由地方政府负责具体发放事宜，更加准确、高效。侧重于拉动消费、激活市场的短期消费券发放，原则上也应由地方政府负责。但如果这种拉动消费、激活市场是在全国范围内实施，消费券的发放主体也可以选择中央政府的相关职能部门，如财政部。侧重于落实国家产业政策的消费券发放，应当选择中央政府的相关职能部门，就我国当前的国务院组成部门来看，选择财政部和国家发展改革委来共同实施消费券的发放比较合适，它们是我国当前和未来产业政策制定和具体实施的主要单位，相对于其他部委，它们的有效配合可以将消费券助力产业振兴的功能发挥到更加理想的状态。[①]

就消费券的发放渠道而言，原则上都应选择政府的平台来发放，以最大化减少选择第三方服务平台给市场机制运行带来的不利影响；但可以根据消

① 曾燕、康俊卿、王一君：《消费券政策可以有效刺激消费吗？——对消费券政策精准补贴与自筛选特征的微观机制理论分析》，载《计量经济学报》2022年第3期。

费券的类型作适当调整。对侧重于民生救济的消费券和侧重于拉动消费、激活市场的短期消费券，如果确实需要选择第三方服务平台发放，在选择第三方服务平台时，应当严格遵循《政府采购法》要求实施，以防范不公平竞争，坚决杜绝寻租、腐败行为的发生，诱发非生产性和破坏性企业家精神的配置。对侧重于落实国家产业政策的消费券发放，只能通过政府的平台发放。原则上，财政部或国家发展改革委都可以在其政府网站上嵌入一个小程序，专门用来发放消费券。

就消费券的适用对象而言，对侧重于民生救济的消费券，除高档烟酒和各种奢侈品外，其适用的商品类别、商家应不作限定，但消费券发放对象可以限定在一定的行政区域范围内。对侧重于拉动消费、激活市场的短期消费券，其适用的商品类别、商家原则上都不作限定，以防止带来不公平竞争，破坏市场运行机制。如果发放的财政资金来自地方政府，发放的对象可以限定在地方的行政区域内，如果发放的财政资金来自中央，则发放的对象不得限定。对侧重落实国家产业政策的消费券，应由财政部和国家发展改革委根据国家产业发展布局、行业发展状态、国际竞争形势等因素，合理、精准设定消费券使用范围，原则上只能限定商品类别，不得限定商家，发放对象也不得限定，以让市场机制充分发挥作用，促进市场公平竞争，激发生产性企业家精神发挥，助力新质生产力发展。

### （三）强化监督环节

首先是强化消费券发放中的政策制定环节的监督。消费券发放政策的制定程序中必须设置合法性审查程序和公平竞争审查程序，没有通过合法性审查和公平竞争审查的不得出台。地方政府的消费券发放政策制定过程中，还可以考虑邀请学者、消费者、商家、平台等代表参与，必要时，可以通过地方政府网站征求意见，接受监督。

其次是加强消费券发放、使用环节的监督。为避免出现消费券发放、使用过程中的违规不法行为发生，如违规刷单、套现、倒卖等行为，在消费券发放过程中，对于消费者而言，应要求登记真实有效的个人信息，并由专业人员或开发专门的技术手段对领取人账户、身份等信息的真实性进行核验。对于商户而言，则应当要求其提供合法经营的相关文件，并对其真实性进行校验。同时不断加大监控技术的开发运用，如利用大数据技术时刻监测消费券发放、使用过程中的异常数据，以此杜绝薅羊毛、刷单、黄牛、隔空刷码等违反市场秩序的行为，保证发券过程公平、透明、可回溯，提升用户与商户的消费体验。①

## 六、结语

在当前的国内外大环境下，我国需在提振消费信心的前提下，促进企业不断科技创新，实现产业升级，这就需要在提升市场购买力的同时，不破坏市场机制。在健全的制度环境条件下，消费券依据其独特作用，在促进消费增长的同时，可以在最小范围内影响市场竞争机制、价格机制运行，激发生产性企业家精神发挥，助力新质生产力的发展。虽然国内外一些学者认为消费券只是在经济低迷时的一种临时性刺激经济措施，没有必要制定专门的制度。但笔者看来，消费券比传统的财政补贴制度具有更多优势，通过制定和完善消费券发放政策的相关制度，充分挖掘消费券的独特作用，使其成为一项常规性的经济调控措施，可促进生产性企业家精神的生成，让新质生产力的发展获得动力，推动我国经济转向高质量发展轨道。

① 肖岚：《我国消费券试用效果及问题》，载《营销界》2020年第26期。

# 反外国制裁下的民事权益保护

## ——以违约责任为视角

何宏胜[*]

**摘　要：**《中华人民共和国反外国制裁法》(以下简称《反外国制裁法》)规定了我国反制外国制裁的法律依据，其第12条还赋予我国公民、组织维护自身合法权益的救济权利。在制裁与反制裁的特殊环境下，保护我国公民、组织合法权益不受损害，在我国公民、组织维护国家利益时可以免责，将作为研究的角度。遵守外国制裁法令不履行合同义务并以不可抗力为由主张免责，因不涉及外国法适用或者外国法违反我国社会公共利益通过公共秩序保留排除适用。我国公民、组织为抗议、反对损害我国社会公共利益的行为而解除合同，应当鼓励、倡导而无须承担违约责任。

**关键词：**反外国制裁；违约责任；不可抗力；公共秩序保留；社会公共利益

中国以其发展成就打破了一直以来西方主导的经济发展模式和产业结构布局，被美西方视为国际规则的破坏者和秩序的颠覆者。破坏、阻止或者延缓中国经济的发展，与中国经济脱钩，将中国排除出西方主导的国际贸易体

---

*　何宏胜，安徽师范大学法学院讲师，研究方向为国际私法。本文为2021年安徽师范大学校级科学研究项目《中国公共秩序保留制度适用研究》(2021xjxm023)的阶段性研究成果。

系，成为现在西方的“政治正确”。“科学技术是第一生产力”①，通过制裁打压我国科技发展成为目前美西方采用的重要方式，当然，政治、军事、外交等领域一个也没落下。同时一些组织、个人主动或被动地配合美西方的制裁打压，严重损害了我国的国家利益和相关民事主体的合法权益。

为改变这种不利局面，我国开始了反制裁方面的立法。2021年6月10日，第十三届全国人民代表大会常务委员会第二十九次会议表决通过《反外国制裁法》，我国有了统一规范的反外国制裁的正式立法，在应对外国制裁时有了基本的制度基础和规范保障。该法第12条专门规定了民事权益保护内容，赋予了我国公民、组织维护自身权益的救济权。以《反外国制裁法》第12条为契机，我们有必要检讨、探究在制裁与反制裁这样的特殊环境下如何维护我国公民、组织的合法权益，以期对完善我国法律、促进司法与时俱进有所裨益。

## 一、反外国制裁下的民事权益保护及路径选择

### （一）《反外国制裁法》规定民事权益保护的考量

《反外国制裁法》是行政法，其实施主体、执法措施与手段、法律后果等都反映出其行政法属性。外国制裁不仅损害了我国国家利益，干涉了我国内政和主权，也侵害了我国民事主体合法权益，因此《反外国制裁法》第12条特别规定了关于民事权益保护的内容。按照立法惯例，对于一部立法中涉及其他领域的事项往往采用准用性规范的方式规定，《反外国制裁法》作为一部行政性立法，其中涉及民事权益保护部分应当采用准用性规范，这是基于立法的系统性和一致性考虑的。但《反外国制裁法》通过专门条款规定民事权益保护，目的是在反制裁特殊情形下鼓励或强调我国组织、个人应当积极依

① 1988年9月5日，邓小平在会见捷克斯洛伐克总统胡萨克时，提出了“科学技术是第一生产力”的重要论断。

法维护自身合法权益。[①]当然，行政反制与民事求偿的结合强化了反制裁的力度和震慑力。《反外国制裁法》第12条的规定与民法并不冲突，遵循一般法和特别法的适用规则即可。

## （二）民事权益保护的可行路径

民事权益损害，一般由违约和侵权两种原因造成，可以违约或者侵权作为诉请的理由寻求法律的保护。《反外国制裁法》第12条第2款规定："组织和个人违反前款规定，侵害我国公民、组织合法权益的，我国公民、组织可以依法向人民法院提起诉讼，要求其停止侵害、赔偿损失。"根据通常解释和文义解释，得出违反该条款规定只能提起侵权之诉的认识。[②]虽然采用通常的做法并无问题，但有时需要根据具体情况结合其他法律解释方法如系统解释、扩充解释等，以使立法适应复杂社会生活需要并与作为一般法的民法相匹配；同时还要注重司法实践中侵害民事权益的具体表现形态。违反《反外国制裁法》第12条规定出现的可能情形包括无合作关系和有合作关系下对民事权益的侵害，无合作关系的对民事权益的侵害就是典型的侵权，而有合作关系的对民事权益的侵害，表现为以遵守外国制裁法令为由终止合作，此种情况下构成违约，当然也可以构成侵权，此时涉及请求权竞合。从侵害合法权益的实际案例来看，以存在合作关系而终止合作为多；从维护合法权益有效性来看，选择提起违约之诉更有利于我国当事人。因此，突破"侵害"一词的字面含义，具有诸多益处，既体现立法的逻辑周延性、系统性，还能赋予当事人以选择权。故，《反外国制裁法》第12条第2款表述"侵害"一词既可指侵权，也可指违约。[③]至于《反外国制裁法》第12条第1款属于禁止性规定，体现的是国家对执行或协助执行外国制裁的否定态度，并不能由此得出违反该

---

① 沈伟、邵辉：《论阻断诉讼的法律风险及其司法控制》，载《中国应用法学》2022年第2期。

② 沈伟、邵辉：《论阻断诉讼的法律风险及其司法控制》，载《中国应用法学》2022年第2期。

③ 当然，即便《反外国制裁法》第12条第2款就是有关侵权的规定，也不影响在司法实践中基于制裁与反制裁产生的民事争议依照民法相关规定确定为违约或是侵权。

禁止性规定会产生违约。[①]

### （三）违约路径的确定

基于对《反外国制裁法》中民事权益的“侵害”作扩大解释，及根据民法一样可以确定侵权或违约，结合目前制裁与反制裁的特殊时期的实际状况，本文选择从违约责任角度探讨民事权益保护问题。目前与制裁与反制裁关涉的民事纠纷一般表现为与违约相关，但在因外国制裁产生的终止合作的实例中，并没有预期出现相应的违约诉讼案件。原因各有不同，既有合同中的不可抗力条款[②]这个障碍，也有对后续状况好转继续合作的期待和相互包容等考虑，还可能是对诉讼结果预期不好。而损害我国社会公共利益的企业却因我国企业与其终止合作要求我国企业承担违约责任。

面对越发恶劣的国际环境和不断加码的外国制裁，我国公民、组织遭受民事权益损害的情形会越来越多。若不能起诉追究对方承担违约责任，则不利于我国公民、组织维护自身合法权益；若自发维护国家利益却要我国公民、组织自行承担违约后果，则不利于倡导、鼓励我国公民、组织保护国家利益的积极性，不能上下一心、团结一致应对目前的特殊状况。《反外国制裁法》适用条件有限，不能涵盖所有情形，若再限定侵权救济路径，将会大大限制我国公民、组织维护合法权益、保护社会公共利益的有效途径。所以，我们应当重视通过违约路径提供保护的可能性。本文拟以违约责任为切入口探讨可行的解决方案，以期对维护我国公民、组织的合法权益有所裨益，同时将维护国家利益作为抗辩理由，鼓励我国公民、组织积极行动，体现爱国热忱。

---

① 杨永红、杨运涛：《论我国〈反外国制裁法〉第12条中的侵权行为及其责任》，载《国际经济法学刊》2023年第2期。

② 《民法典》第180条第2款规定：“不可抗力是不能预见、不能避免且不能克服的客观情况。”不可抗力在本文中特指国家法律、政策的变更。

## 二、反外国制裁下的违约救济与抗辩现状

在我国目前的反制裁情形下保护我国公民、组织民事权益，包含以违约救济的方式主动诉请法院保护民事权益和以免责抗辩的方式被动保护民事权益两种。因制裁与反制裁措施的实施使正常的经贸往来受到影响甚至中断，交易的当事人之间就合同的履行及违约问题产生纠纷，具体表现形式有以下几种情况。

### （一）中国的外资企业以遵守外国制裁法令为由终止履行合同

在中国设立的中外合资合作经营企业和外资独资企业以遵守美西方国家的强制性法令为由，解除与我国公民、组织的合作，并以不可抗力条款主张免责，为避免违反美西方的制裁措施可能导致的不利后果，却要我国公民、组织承担不履行的后果。

原本正常国际贸易环境下，各国之间的经济往来遵循基本的国际通行规则，各国法律正常适用于对外经济关系中。在涉及合同争议的案件中，一般若存在违约则要承担违约责任，除非出现不可抗力符合免责条件违约方可免除责任。但若是专门针对我国制定歧视性法律，这样的法律并不符合不可抗力适用条件，而外国企业往往以不可抗力为由主张免责，使我公民、组织无法维护自身合法权益承受损失。

### （二）外国企业以遵守外国制裁法令为由终止履行合同

外国企业与我国公民、组织的合作，因制裁面临无法履行时，外国企业还是以不可抗力为由不履行合同，虽然该外国法律政策改变或制裁是专门针对我国，但是从不可抗力条款内容来说，是符合该条款规定的。在这样的情况下，我国公民或组织倍感无奈，无法从根本上解决制裁问题，却要承受由此产生的不利后果。

如荷兰ASML公司以遵循美国制裁法令为由拒绝履行与中国的光刻机买

卖合同。这些外国公司不履行合同义务的理由都是发生了不可抗力。从形式上来看，确实符合不可抗力条款适用条件，其结果意味着外国公司可以免责，而我国企业却遭受损失。

（三）我国公民、组织为维护国家利益终止与外国企业或外资企业合作却不能以不可抗力免责

我国公民、组织为抵制、反对损害我国利益行为而解除与外国企业或外资企业的协议，被诉请承担违约责任时却无法援引不可抗力条款进行抗辩。因为针对外国企业或外资企业实施损害我国国家利益的行为方面，我国并没有制定相应的制裁法令，不符合不可抗力适用条件，外国企业或外资企业就以违约为由向我国公民、组织主张赔偿。热爱国家、维护国家利益是每一个中国人都应有的觉悟并应落实到具体行动上，但因此遭受利益损失不说还要赔偿违约金，这不仅不利于维护国家利益，也打击了我国人民的爱国热忱。而且，这使外国企业或外资企业在损害我国利益时有恃无恐。

## 三、民事权益保护可行路径

在制裁与反制裁的氛围下，要保护民事权益，与正常经贸环境下的做法不可能一致。要充分利用我国民事法律保护体系，使对民事权益的保护落到实处，并完善我国相关法律制度，在缺乏明确具体法律规定的情况下通过社会公共利益制度、在涉外民事领域运用公共秩序保留制度，发挥保护我国当事人合法权益的保障作用。

（一）中国的外资企业不得以遵守外国的制裁法令为由主张免责

在我国设立的外资企业，具有中国国籍，是中国法人，其与中国其他组织、个人之间的民事关系如果产生纠纷的话，属于国内民事纠纷，只能适用中国法律解决，不允许适用外国法律，当然不存在遵守他国禁止性或限制性规定的问题。若外资企业以其股东所属国家甚至第三国基于所谓的国家安全

制定的强制性规范必须遵守、否则将遭受法律制裁为由，终止履行与我国公民、组织的协议，且以不可抗力作为抗辩理由主张免责，这不属于不可抗力适用的情形。即便当事人在合同中明确约定不可抗力条款包含外国的强制性或禁止性规定的适用，也超出了我国法院职责范围，我国法院只负有维护我国国家安全与利益的职责，没有义务维护外国的国家利益。因此，可直接以该合同关系不具有涉外性为由不得适用外国法律；或者以我国法院没有义务维护外国国家利益为由不适用外国法。退一步来说，即便可以适用外国的制裁法令，也因该外国制裁法令存在歧视、打压我国，损害我国国家利益，可以通过公共秩序保留排除该外国法的适用。

### （二）外国企业以遵守外国的制裁法令为由主张免责违反我国的社会公共利益

在我国遭受外国制裁的情况下，外国企业会以遵守外国制裁法令为由终止或解除合同，同样是以不可抗力作为免责理由。对此，因为合同关系的涉外性，首先需要确定法律适用，然后根据合同准据法是我国法律还是外国法律分情况应对。以我国法律作为准据法和以外国法律作为准据法的具体做法是不同的。

第一，在以我国法律作为合同准据法的情况下，无论是否基于当事人选择，都不存在适用外国法律问题。

根据意思自治原则，当事人选择我国法律作为合同准据法，或者在当事人没有选择法律的情况下采用最密切联系原则确定我国法律作为准据法，都表明外国法律不适用，则外国企业遵守外国制裁法令没有依据。即便有些国家会考虑外国的强制性规定，也是在以外国法作为准据法的情况下。此种情形下，参照上述解决我国国内主体违约纠纷的做法。

第二，在以外国法律作为合同准据法的情况下，无论是否基于当事人的选择，外国法的适用都不得违反我国的社会公共利益，否则通过公共秩序保留排除该外国法。

在涉外合同纠纷中，基于意思自治或者最密切联系原则，合同准据法可能指向外国的法律，此时以该外国法作为解决法律纠纷的依据。外国企业则以该外国制裁法令构成不可抗力，合同无法履行且不承担违约责任。因外国制定的制裁法令禁止外国企业与被制裁的我国企业进行合作，构成履行障碍以致履行不能，符合不可抗力构成条件，依据合同条款我国的公民、组织维权几无可能。虽然我国制定了《反外国制裁法》，专门有条款规定我国组织或个人可以维护自身合法权益，但实际上我国已有《民法典》和《涉外民事关系法律适用法》，民事权益保护是有法律依据的。看来造成今天这个局面的，不是法律缺失，而是没有能够结合我国现有法律制度实现对我国公民、组织合法权益的保护。公共秩序保留制度作为维护国家利益的重要制度，其不仅仅限于在婚姻家庭等领域发挥作用，现在逐渐扩展适用范围，在经济领域同样也可以发挥应有的作用。①

在外国法作为准据法的情况下，还要考量外国法适用的结果是否损害我国的社会公共利益，如果有损我国社会公共利益，则外国法不能适用，或者就损害我国社会公共利益的外国法部分条款不适用，代之以我国法律。②外国企业以遵守外国制裁法令触发不可抗力条款为由不履行或者解除合同，如果该外国制裁法令具有针对性和歧视性，我国法院可以该外国制裁法令损害我国社会公共利益为由，依据公共秩序保留排除该法令的适用。在外国企业已经基于该外国制裁法令不履行或解除合同的情况下，我国的公民、组织依法享有获得救济的权利，外国企业应当承担违约责任。当然，这里除该制裁法令不适用外，该外国作为准据法的其他法律规定不影响适用。

外国企业可能以遵循第三国制裁法令为由不履行或者解除合同，并以符合不可抗力主张免责。客观地说，即便是第三国的制裁法令，对其他国家企业也会产生影响，典型的就是西方所谓的“长臂管辖”，迫使其他国家企业“循规蹈矩”。但是，从法律适用的角度来说，既然以外国法作为准据法，就不能适用第三国法律。因此，外国企业的主张不能得到法院支持，其必须为

① 《国际私法学》编写组：《国际私法学》，高等教育出版社2023年版，第193页。

② 杜新丽、宣增益主编：《国际私法》（第6版），中国政法大学出版社2022年版，第106页。

违约承担责任，我国公民、组织的合法权益应当得到维护。

### （三）我国公民、组织可以通过解除合同等方式维护我国的社会公共利益而无须承担违约责任

我国公民、组织在实现个人利益时也要积极维护国家利益，即通过国家或个人的主动行为去制止、打击损害我国利益的行为，不管实施损害行为的是外国企业还是外资企业。作为国家，要针对个人的爱国行为，予以鼓励、表扬和保护，在立法、司法层面体现国家利益不容侵犯的立场和决心。

社会公共利益比较抽象，没有确定的内容，由各国根据自身情况认定，在不同时期不同阶段界定会有不同，但一般可以表现为具体的禁止性规定和抽象的公序良俗。我国可以通过禁止性规定方式将损害我国社会公共利益的主体排除出民事主体范畴，否定其民事行为有效性；也可以灵活运用社会公共利益的弹性内涵，将我国公民、组织终止与损害我国社会公共利益的另一方合作视为维护国家利益的爱国行为，有效且合法，无须承担违约责任。具体来说，主要有以下几种方式：

第一，采用行政制裁令的方式禁止与被我国制裁的对象实施交易。这是我国目前主要采用的方式，如对无视我国国家主权危害我国国家统一的对台军售的相关主体实施的制裁。这种行政制裁令具有针对性强、即时性高的特点，但仅限于针对一些机构及其相关人员。实践中损害我国社会公共利益的还包括外国企业和我国外资企业尤其是外资独资企业，应当将其作为行政制裁令的反制对象。但我国发布的行政制裁令主要用于反制外国制裁，从而使制裁对象范围有限，影响了制裁令作用的发挥。

第二，通过一般性立法保护社会公共利益。我国缺乏这方面的一般性的立法，目前主要是通过行政决定的方式发布制裁令，具有即时性和针对性但缺乏普遍性。例如，《关于对美国军工企业及高级管理人员采取反制措施的决定》（中华人民共和国外交部令第10号，2024年7月12日公布，自2024年7月12日起施行）就是典型的行政制裁令，但禁止交易的对象仅限个人，不包括被制裁的公司，覆盖面不足。通过制定禁止与损害我国国家利益的外国企

业进行交易的一般性立法，我国公民、组织可直接援引一般性立法以损害社会公共利益为由对抗违约诉请。

第三，充分利用社会公共利益抽象、模糊、极富弹性的特点，作为维护我国国家和社会基本利益、道德准则的一般性规定，在没有具体法律条款可以适用的时候，灵活运用社会公共利益制度以体现我国当前的核心关切。在没有具体的法律条款可以适用的情况下，可以运用社会公共利益的弹性内涵，使其适应我国目前特殊时期的需求，体现制裁与反制裁环境下对国家利益的维护。将我国公民、组织基于维护国家利益而实施的抵制、终止合作等爱国行为归入体现社会公共利益范畴。具体而言，可以赋予我国公民、组织以拒绝合作的权利，只要实施了损害我国社会公共利益的行为，就可以拒绝合作。在因拒绝合作被诉至我国法院的情况下，我国公民、组织可以拒绝合作权作为抗辩理由从而免责。对我国裁判机关来说，就需要从维护社会公共利益的高度展现其魄力，通过灵活运用社会公共利益，来适应不同时期不同状况下的维护国家利益的迫切需要，而不应固守机械式理解，产生与社会广泛且朴素的爱国观念背道而驰的现象。

## 四、结语

在当前反外国制裁的大背景下，我国不仅要在立法、行政执法等领域积极应对，以反制裁措施震慑妄图侵害我国利益的行为，从而降低对我国的不利影响和危害，而且需要从维护我国公民、组织的合法权益角度，赋予我国公民、组织法律武器，鼓励我国公民、组织依法维护自身权益，还要倡导我国公民、组织积极维护国家利益。基于此，我国既要完善法律规定，又要敢于在司法实践中探索法律适用的新情况和新问题，在面临外国的恶意制裁和诋毁抹黑时可以灵活适用法律，排除外国的制裁法令作为不可抗力的情形，免除我国公民、组织因维护国家利益而可能承担的违约责任。国家利益、民事权益都是我们需要维护的，也是我们对外交往的基础。我们不能允许损害我国国家利益和我国公民、组织合法权益却不用承担不利后果的情况存在。

# 微信抢收他人红包构成盗窃罪的教义学证伪

张 印*

**摘 要：**微信抢收他人红包构成盗窃罪的判决引发舆论质疑和学界争议。立足刑法教义学立场，该行为具有公开性特征，即使肯定“公开盗窃说”，亦应考察微信平台的介入对于非法转移占有判定的影响。盗窃的本质在于非法转移占有。微信平台不负审核微信红包是否由被害人指定的收取人收取的实质审查义务。行为人采取抢收红包的方式优先取得红包款项的占有权，就占有关系转移而言，行为不具有非法性，因而不应构成盗窃罪，亦无法成立抢夺罪。微信平台不具有陷入认识错误可能性，因而无诈骗罪成立的空间。行为人在面临被害人的返还请求时拒不返还，即满足侵占罪构成要件，涉嫌成立侵占罪。

**关键词：**微信抢收红包；公开盗窃；非法转移占有；侵占罪

## 一、问题的提出

2020年1月，被告人李某某通过扫描其微信“朋友圈”内吴某某分享的二维码，加入某微信群，在明知该群内红包系由专人接收，用于购买抗疫捐赠物资的情况下，先后多次抢领吴某某、杨某某等人发送的微信红包7个，

---

* 张印，北京师范大学法学院2023级博士研究生，研究方向为刑法教义学。本文为2023年度最高人民检察院检察理论研究一般课题《帮助信息网络犯罪活动罪治理问题研究》（GJ2023C18）和中央高校基本科研业务费专项资金资助（1233300004）的阶段性研究成果。

共计1200元。2021年1月，沂水县公安局侦查终结，以其涉嫌寻衅滋事罪向沂水县人民检察院移送审查起诉。检察机关审查认为，被告人李某某以非法占有为目的，盗窃公私财物，数额较大，其行为侵犯了公民的财产权利，应以盗窃罪追究其刑事责任。2021年8月，沂水县人民检察院向沂水县人民法院提起公诉。沂水县人民法院审理后判处被告人李某某犯盗窃罪，罚金2400元。本案的判决引发社会广泛关注，争议焦点在于在微信群中抢收他人红包是否符合盗窃罪的构成要件。其一，李某某取得本不属于自己的微信红包的行为是否具有公开性？法院的判决结果是否意味着其承认"公开盗窃"的可能性？其二，网络环境中取得不属于自身财产的行为是否满足盗窃罪的构成要件？亦即，网络技术要素对行为人转移占有的非法性是否存在影响？其三，本案是否符合抢夺罪、抢劫罪的构成要件？如排除上述罪名适用可能性，又应如何对该新型行为加以规制？

## 二、微信抢收他人红包与盗窃罪教义学特征的抵牾

微信抢收他人红包能否成立盗窃罪，必须结合盗窃罪的教义学特征加以深入考察。即使承认盗窃罪不以秘密窃取为要件，公开窃取亦需满足"非法转移占有"之要件。微信抢收他人红包对于财产的转移难以满足"非法转移占有"的教义学要件，难以成立盗窃罪。

### （一）微信抢收他人红包的"公开性"特征审视

学界针对盗窃罪存在"秘密窃取说"与"公开盗窃说"之争。秘密窃取说认为，盗窃罪是秘密窃取公私财物的行为，即指行为人采取隐秘的、自认为不被财物的保管人、所有人发现的方式取走财物。这一观点属于学说争鸣中多数说。[①]公开盗窃说则否定盗窃的秘密性，认为以公开方式平和转移占有

① 高铭暄、马克昌主编：《刑法学》（第10版），北京大学出版社、高等教育出版社2022年版，第506页；王作富主编：《刑法》（第6版），中国人民大学出版社2016年版，第414—415页。

的行为亦可能构成盗窃罪。尽管“秘密窃取说”是我国盗窃罪的理论通说和实务中的多数立场，但我国刑法理论上近年来始终存在着盗窃罪行为不必具有秘密性、盗窃手段的特征是“平和取得”的有力主张。[①]上述“秘密性”建立在被害人发现的基础之上，而不以第三人知情为排除要件，如行为人在公交车上实施扒窃，尽管其明知其他乘客已然发现其扒窃行为，但被害人尚未发现的，便不应认为盗窃行为具有公开性，且“秘密性”以行为人主观标准为依据，即行为人自认为其行为对于被害人而言具有秘密性，无论被害人客观上是否明知，在规范性质上不应评价为公开占有。

本案中被告人李某某抢收微信红包的行为是否具有公开性，应结合其主观意图和客观行为加以判断。被害人以捐赠防疫物资为目的向微信群发送红包，并明确由特定对象予以接收，而李某某在特定人员接收之前，即抢先收取红包。由于网络环境的非接触性和财物收取的瞬时性，李某某收取红包行为本身具有“秘密性”，即李某某并非在被害人监视之下取得财物，即使认为被害人一直紧盯微信界面，在其发现财物遭受损失之时，应肯定李某某已然完成转移财物的行为。问题在于，能否以李某某客观上实施点击微信红包之时的“秘密性”而否认其转移财物行为的公开性？答案是否定的。对于“秘密性”与“公开性”的理解，不应僵化地将其限定于取得财物行为本身时的状态，而应依据其不法状态的延续进行实质判断，其根本标准在于行为及时发现的可能性。行为人单纯转移占有行为本身不足以支撑价值判断，如行为人在转移占有时能够认识到其行为实施后被害人能够及时发现，且其未能显著脱离不法实施空间，则应肯定其公开性。如若一味否认及时发现状态下的公开性，无异于要求被害人对转移占有行为进行事前预防，而在利用摩托车抢夺被害人项链的情形下，其行为明显具有公开性特征，如认为在抢夺瞬间被害人无法认识到其占有的转移，明显有违常理。因而，抛开“公开盗窃”

---

① 参见张明楷:《刑法学（下）》（第6版），法律出版社2021年版，第1235—1237页；周光权:《刑法各论》（第4版），中国人民大学出版社2021年版，第134—135页；黎宏:《刑法学各论》（第2版），法律出版社2016年版，第317—318页；阮齐林:《刑法学》（第3版），中国政法大学出版社2011年版，第537页。

能否成立盗窃罪本身的争论，应肯定微信抢收他人红包行为的公开性特征。

检察机关认为李某某以非法占有为目的，盗窃公私财物，数额较大，且其并未使用“秘密窃取公私财物”的表述，应肯定检察机关和法院认为即使行为具有公开性，亦应肯定盗窃罪成立的可能性。问题在于，即使采取“公开盗窃说”，上述行为是否符合盗窃罪的构成要件，即如何分析微信平台的介入对于非法转移占有的影响？

## （二）微信抢收他人红包难以满足“非法转移占有”之要件

盗窃罪司法认定上的首要重点同时也是最为基础性的难点在于，其行为对象占有关系的确定。[①]原因在于，盗窃的本质在于非法转移占有，即须具备三个特征：（1）打破旧占有；（2）建立新占有；（3）转移占有具有不法性。网络环境中财产的转移受到技术性因素的影响，呈现复杂的变动关系。考察微信抢收他人红包的行为能否满足盗窃罪构成要件，绝不能简单理解为行为人非法转移被害人对其财物的占有。就行为模式而言，被害人基于特定目的在微信群中发放红包，其在红包发放时已然通过备注或其他说明方式设定接收对象。在红包发放之前，无论该款项处于银行卡，抑或微信零钱、零钱通等平台，被害人均可随时支取上述款项，即应肯定被害人对款项的占有。而当被害人通过微信红包设定特定数额的款项并将其发送至微信群，由于微信红包的不可撤销性[②]，被害人对于其发送的款项已转移占有，此时该款项由微信平台占有。此时应重点考察三方关系，即被害人与微信平台的关系、微信平台与行为人的关系和被害人与行为人的关系。被害人发送红包后，其对微信平台红包功能的利用实质上是与其之间建立委托关系，即作为中转站将微信红包款项转移至第三者。值得特别注意的是，被害人能否为微信平台设定将其款项转移至特定第三人的义务？答案是否定的，《微信支付用户服务协

① 付立庆：《盗窃罪认定的基础难点及其理论应答——以江苏省高级人民法院一起再审改判无罪案件为中心的考察》，载《清华法学》2024年第2期。

② 24小时未收取红包自动返还的规则并不能否认微信红包的不可撤销性，即被害人不能基于自由意志而随时撤销其发送红包的民事法律行为。

议》第7.1条明确约定："本公司仅提供本服务，并不参与具体的商品或服务交易，你使用本服务时，因商品或服务交易本身所产生的纠纷请与相关责任方联系。"第7.2条明确约定："本服务是在现有技术水平下提供的，本公司将尽力为你提供服务，但无法保证该服务完全符合你的预期。"上述约定对于微信平台和被害人均有约束力。微信平台有其自身的运营规则，被害人亦明知微信红包的功能与收取规则，其通过备注或者说明的形式表达自身的诉求并不能加重微信平台的义务，亦即，在微信群中发送红包，微信平台不负审核微信红包是否由被害人指定的收取人收取的实质审查义务。就行为人与微信平台之间的关系而言，微信平台作为微信红包款项的占有者，其设定的占有转移规则在于，单一红包情形下最先取得红包者即可合法取得红包款项的占有权。行为人在知悉上述规则的情形下，采取抢收红包的方式优先取得红包款项的占有权，就占有关系转移而言，行为不具有非法性，因为该转移占有行为基于微信平台的"同意"而产生。就被害人与行为人之间的关系而言，尽管行为人明知被害人发出红包有特定的接收对象，但在合法占有权人明确"告知"其优先收取红包的行为能够转移红包款项占有的情况下，行为人利用规则的行为不能绝对受到被害人宣示性说明的限制，将其认定为刑事不法更不具有合理性。即使认为行为人在明知该款项应由特定对象收取的情形下，其收取的行为侵犯被害人的财产所有权，但并不能认为其侵犯财产的占有权，亦即，微信红包款项占有权和所有权发生分离，单纯侵犯财产权但并不侵犯占有权的行为不构成非法转移占有，即不构成盗窃罪。

非法占有目的是盗窃罪的主观超过要素，我国理论界对非法占有目的的解释进路，借鉴了日本刑法理论界的研究成果，采取排除和利用、处分意思解释进路，解释盗窃罪以非法占有为目的。[①]考察实施微信抢收他人红包的行为人是否具有非法占有目的，不能简单将红包的财产价值视为非法占有目的的指向对象，而应具体考察排除对象、利用对象及其关系。红包发放者意欲将财产指定向微信群中特定对象发放，但微信群中的红包既不属于发放者

① 李强：《财产性利益犯罪的基本问题》，法律出版社2020年版，第53页。

的控制范围，更无法推论出指定对象占有的结论。因而，就财产的排除而言，行为人排除的权利对象应为代为保管的微信平台，而非红包发放者或特定对象。但如前所述，微信平台并不实质审核红包的约定权利人，而是基于特定规则转移财产的占有。就利用和处分意思而言，行为人抢收本不该由自身获取的财产，可以肯定其对于财产的利用和处分意思。但综合排除对象和利用对象的关系而言，二者并不具有一致性，因而不能得出行为人实现“非法占有目的”的结论。

从法理角度分析亦可得出相同结论：其一，被害人在明知微信红包分配规则的情况下将其对红包款项的占有转移给微信平台，其完全可以采用个别转账的方式实现财产所有权的转移，由此便不能以“圣人”标准要求第三人不利用合法规则取得财产的占有，即被害人存在的过错创设一定程度的风险，该风险应由其自身承担。其二，微信群聊关系的建立说明行为人与被害人之间存在特定的关系，微信实名制的推行更使得微信平台交往具有透明性，被害人在所有权遭受侵犯的情形下完全可以主张行为人返还财产，其民事救济渠道具有明确性和畅通性。其三，在承认公开盗窃的情形下，盗窃分为秘密盗窃和公开盗窃两种类型。秘密盗窃情形下行为人刻意隐瞒身份从而使其盗窃行径不被发现，而公开盗窃情形下行为人往往利用被害人不及阻止和不便阻止的情势非法转移占有，但其本质仍是隐瞒自身身份和犯罪行径，而微信平台由于其实名制，行为人一举一动均可追溯，使得行为人“逃无可逃”，从财产犯罪的打击面和刑法的最后手段性处罚，不宜将其涵摄范围无限扩大。其四，财物丢失情形下，当事人仍享有财物的所有权，但其已丧失占有。行为人明知财物归属于所有权人而拾得并据为己有，如此情形下行为人仅负返还义务而尚不构罪，在微信抢收红包情形中合法占有权人同意转移占有，同样是侵犯所有权而不侵犯占有权的情形，行为人缘何构罪？

## 三、微信抢收他人红包的刑法定性分析

既已证明微信抢收他人红包难以构成盗窃罪，须对上述行为的刑法定性

进一步加以分析。抢夺罪、诈骗罪抑或侵占罪均可能成为规制微信抢收他人红包的罪名，必须在坚持罪刑法定原则的基础上对上述行为可能成立的罪名进行一一考察。

### （一）微信抢收他人红包难以成立抢夺罪或诈骗罪

微信抢收他人红包的出罪依据最为关键的是行为人对财物占有权的合法取得，其并未实施非法转移占有的行为。基于此，在考察上述行为是否构成抢夺罪时，仍应恪守“非法转移占有”原则，同样将其作为排除抢夺罪构成的依据。分歧在于，有观点仍坚持秘密窃取说，[①]认为上述行为由于具有公开性而不可能构成盗窃罪，尽管其与司法裁判思路相悖，且不影响结果判断，但仍有必要予以澄清。

学界对于盗窃罪与抢夺罪区分标准的争论由来已久，“秘密窃取说”认为区分标准在于秘密性和公开性，而“公开盗窃说”则以手段的平和性与否作为区分依据。公开盗窃说对于秘密窃取说的质疑主要在于：其一，当窃取行为出现主观的秘密性与客观的公开性不一致时，一味以其“自认为”的“秘密”或“公开”作为区分标准，是不可接受的主观主义立场；其二，盗窃的本质在于侵犯财物的占有，而其行为是否具有秘密性，无关行为本质；[②]其三，不承认公开盗窃说将形成处罚间隙而导致以平和方式取走他人财物的行为无法被认定为犯罪；其四，承认公开盗窃说可以限制抢夺罪的适用范围。[③]针对上述观点，反对公开盗窃说的学者予以回应，主要立足于盗窃的秘密性在于主客观的统一，不取决于外在因素而在于行为内部的统一；主观上是否具有“秘密性”体现主观恶性、行为危害性不同；应改造对于抢夺的理解而将以平和方式取走他人财物的行为认定为抢夺罪；通过限缩解释“携带凶器抢夺认定为抢劫”的拟制性规定而限制抢夺罪适用范围。但上述回应均未脱离其

---

① 陈兴良：《规范刑法学（下）》（第5版），中国人民大学出版社2023年版，第234页。

② 刘之雄：《“公开盗窃论”的理论根基匡谬》，载《法学家》2021年第1期。

③ 徐光华：《“公开盗窃说”质疑》，载《法商研究》2015年第3期。

对于盗窃“秘密性”的坚守，即基于结果而寻求原因，难免陷入循环论证的窠臼。

笔者认为公开盗窃说更具合理性，理由如下：其一，秘密窃取论者主张应坚守历史传统文化中对于“盗窃”秘密性的理解，但将以平和手段取得财物的行为认定为抢夺，亦违反民众对于“抢夺”的认知。例如，甲不慎将钱包从阳台掉到楼下，乙不顾甲的大声呼喊将钱包捡走，此种情形下如认定为抢夺不能满足民众的刑法合理性期待。其二，以行为人主观认为是否“秘密性”为依据的确可以在一定程度上反映行为人的主观恶性和社会危害性。但抵牾之处在于，尽管立法将盗窃罪与抢夺罪配置以相同法定刑，但实证研究表明我国司法实践给盗窃配置了明显过重的法定刑，就行为危害性与配刑之间关系而言，盗窃罪的法定刑较之抢夺罪更为严厉。[①]由此说明刑罚的轻重不仅与其主观恶性、社会危害性有关，亦与行为追究刑事责任的难易程度有关。其三，从抢夺罪的转化适用即可探知立法对于抢夺行为对人身安全的重视，其更为关注行为手段的平和性与否问题。《刑法》第267条规定，携带凶器抢夺的，依照抢劫罪的规定定罪处罚。《最高人民法院关于审理抢劫、抢夺刑事案件适用法律若干问题的意见》第11条认为，行为人明知其驾驶车辆强行夺取他人财物的手段会造成他人伤亡的后果，仍然强行夺取并放任造成财物持有人轻伤以上后果的，以抢劫罪定罪处罚。其四，以德、日等国未规定抢夺罪为由“无奈”将公然盗窃行为纳入盗窃罪范畴，无法得出我国应坚守“秘密窃取”立场的结论。其五，公开盗窃说有利于罪责刑相适应原则的贯彻，如行为人到珠宝店假装购买项链，店主拿出给其试戴后，行为人立即逃走，如将其认定为抢夺，在刑罚裁量时考虑到其行为手段不具有暴力性，反而要从轻处罚，但如定为盗窃罪，应考虑其公然盗窃的主观恶性，应予从重处罚。显然，如若在店主给行为人项链后行为人秘密“溜走”，毫无疑问此时应以盗窃罪论处。假设行为人在店主知悉的情况下“逃跑”，又该当何罪呢？此时如果认定行为人犯抢夺罪而主张对其从轻处罚，难以罚当其罪，相反，认定行

---

① 白建军：《罪刑均衡实证研究》，法律出版社2004年版，第286页。

为人犯盗窃罪且为公开盗窃，能够反映行为人的主观恶性进而对其从重处罚，能够贯彻罪责刑相适应的原则。

继而转向诈骗罪构成要件该当性的考察。诈骗罪的基本模式为，虚构事实、隐瞒真相，使被害人陷入错误认识，基于错误认识自愿处分财产，一方取得财产，另一方遭受损失。关于盗窃罪与诈骗罪的区分，传统观点以“行为人采取的是‘秘密窃取’的手段，还是采取虚构事实、隐瞒真相的方式来获得财物，作为盗窃与诈骗区分的标准；在行为对象方面，通过判断该行为所针对的是有体物还是财产，来判断是成立盗窃罪，还是诈骗罪”。[①]但上述观点的模糊性决定其难以妥当解决二者的区分问题，而应以处分意识、处分的自愿性和即时性作为正确区分两罪的具体路径。[②]行为人抢收红包的行为，不应认定为对微信平台的欺骗，进而认定微信平台陷入错误认识而自愿将红包款项转移至行为人。其一，微信平台作为系统，没有产生错误认识的可能性，即机器不能被骗。即使认为机器具有产生错误认识并处分财产的能力，但微信平台对于行为人抢收红包的行为，并不能认识到其对红包款项实质权利的有无，亦非基于对其权利的实质肯定而转移款项，即微信平台并不对财产权利的对象转移进行实质性判断。其二，微信红包的取得规则设定是程序化设计，被害人、行为人、微信平台均对微信红包的运行有着清晰的认知，不存在错误认识产生的基础。其三，被害人通过备注或其他方式对于取得红包主体范围的限定，并不能对微信平台设定义务，亦即该义务的设定无效。由此，微信平台在此过程中不存在过错，且行为人取得微信红包的行为亦是程序正常运行的结果，不应认为行为人对微信平台构成诈骗。

### （二）微信抢收他人红包成立侵占罪之证成

排除行为人构成盗窃罪、抢夺罪、诈骗罪的可能性，应重新审视行为人

---

① 马克昌主编：《百罪通论（下）》，北京大学出版社2008年版，第770页。

② 廖斌：《网络支付方式下盗窃罪与诈骗罪区分的教义学分析》，载《当代法学》2022年第5期。

取得他人财物的性质，以期寻求合理规制路径。行为人基于微信平台的转移占有而取得占有，但该占有从本质而言违背财物所有权人意志。从民事请求权基础理论出发，被害人得以返还请求权为依据向行为人主张返还财物。且由于行为人归属于恶意第三人，即使财物已然毁损，其仍应对财产损失及相应孳息负有返还义务。如行为人在面临被害人的返还请求时拒不返还，即满足“以非法占有为目的，将代为保管的他人财物、遗忘物或者埋藏物非法占为己有，数额较大，拒不交还”的构成要件，行为人涉嫌侵占罪。值得注意的是，对于被害人的合法主张权利的行为，微信平台基于其管理职责，负有协助被害人查找行为人并提供行为人基本信息以便被害人主张合法权益的义务。由此可建立起被害人二元权利救济体系，民事返还请求权作为第一道防线，具有保障财产安全之功能，刑事规制作为权利救济的最后手段，具有请求公权力介入，实现一般预防与特殊预防相结合，保障公众财产安全和社会关系和谐稳定之效用。

前述针对行为人“利用意思”的考察同样肯定其对微信群中红包利益的占有和使用，在此基础上侵占罪的成立便具有构成要件的依据。至于“代为保管财物、遗忘物或埋藏物”的识别，则应以微信平台保管红包为基础，确定行为人的转移占有行为属于代为保管财产权利人的遗忘物，据此明确权利行使的对象及其依据。在行为人拒不返还财物的情况下，肯定其成立侵占罪的构成要件，以实现权利的有效救济。

## 四、结语

互联网技术的快速发展使得传统财产转移模式融入技术要素，刑法教义学需要适时予以回应。司法实践对于盗窃罪“秘密性”特征的突破，使得盗窃罪与抢夺罪的区分转向手段的平和性与否，由此能够实现满足立法原意和体现罪责刑相适应的要求。然而，将微信抢收他人红包这一不满足“非法转移占有”特征的行为定性为盗窃罪，体现出司法机关仍未摆脱传统的“损失—获益”考察模式，而忽略微信平台在多方主体中的地位与作用，由此未能对案件性质作出正确认定。

值得进一步思考的是，本案中李某某抢收红包数额为1200元，原本尚未达到2000元的数额较大的标准，但其曾因盗窃受过刑事处罚，故入罪门槛以规定标准的50%确定，因而对其以盗窃罪加以处理。①但其7次抢收微信红包，是否满足多次盗窃的标准？即如何认定其盗窃的次数？如将现实中基于同一故意而连续实施盗窃的行为认定为连续犯，网络环境中如何确定故意的同一性？上述问题仍待进一步深究。

---

① 《最高人民法院、最高人民检察院关于办理盗窃刑事案件适用法律若干问题的解释》第2条规定："盗窃公私财物，具有下列情形之一的，'数额较大'的标准可以按照前条规定标准的百分之五十确定：（一）曾因盗窃受过刑事处罚的；（二）一年内曾因盗窃受过行政处罚的；（三）组织、控制未成年人盗窃的；（四）自然灾害、事故灾害、社会安全事件等突发事件期间，在事件发生地盗窃的；（五）盗窃残疾人、孤寡老人、丧失劳动能力人的财物的；（六）在医院盗窃病人或者其亲友财物的；（七）盗窃救灾、抢险、防汛、优抚、扶贫、移民、救济款物的；（八）因盗窃造成严重后果的。"

# 主体间性建构视野下的数字人权

## ——概念考察与现实价值

郭新月　余　俊*

**摘　要**：在高速运转的技术旋涡中，虚拟的网络世界塑造了人的第二肉身，使人陷于技术崇拜和数字依赖的泥潭而不知。与此同时，数字环境下的技术歧视、算法黑箱以及数字监控等问题也持续地侵害着人的主体自决性。本文在坚持主体间建构思维基础上，以人们的实际生活状态为出发点，将人权理解为与特定历史时期相联系的成果，以此来考察人权保障的数字化形式下“数字人权”概念证成的可能性，以及通过主体间建构重塑新的社会价值，保障人的基本数字化生存和发展需要。

**关键词**：主体间性；数字人权；人格尊严；数字化社会

随着大数据、互联网和人工智能等科学技术的发展，人类已经开启了数字经济时代，步入了智慧社会。数字科技与社会的生产和人民的生活方式的深度融合，已经成为人类生活、生产中不可或缺的一部分。由此，关于“数字人权”的理论也顺势而生。自从2019年5月张文显教授首先提出“无数字，

---

* 郭新月，安徽师范大学法学院2023级硕士研究生，研究方向为法学理论。余俊，法学博士，安徽师范大学法学院教授、博士生导师，研究方向为立法学、环境法学、教育法学。本文为2021年国家社会科学基金后期资助项目《乡村治理法治化中党的领导制度研究》（21FKSB030）的阶段性成果。

不人权”的主张[①]后，引起了学界对于“数字人权”是否可以作为“第四代人权”的争论。马长山教授认为，传统的人权样态已经变化，转型升级为以“数字人权”为代表的“第四代人权”已有发展可能。[②]龚向和认为，应当将数字人权放置于虚拟的数字社会加以审视，数字社会的出现，形成了人的“数字属性”，“数字人权”应当以“数字属性”为基础发展成为新型人权。[③]持相反观点的刘志强教授则立足于人权原理，否定数字人权的基本人权观。[④]也有学者试图将数字人权构建为一种价值系统，认为数字人权既不可与现有人权并列，也不可简单归为某一人权之下。[⑤]不管是肯定说还是否定说，都是从人权的本原角度，即人性论，去明确数字人权的人性基础或者从这个角度推论“数字属性”的非人性范畴以及“数字人权”不具备人之道德尊严等。而“人性”作为人权道德尊严的基础，数字化的人性已经扩展了其存在领域。在人权理论中，学者们往往将人的理性认知能力与主体性视为人的本质。

本文认为，从西方“本质主义”的研究范式去论证人权，很容易陷入形而上学的概念争论之中。亚里士多德认为，西方哲学产生于“惊诧”，“因为人们是由于诧异才开始研究哲学；过去就是这样，现在也是这样”[⑥]。但是，关于哲学的诞生，正如杜威所指的那样，除了人类与生俱来的好奇天性，还有一种生存需要，一种对于确定性和安全感的追寻。而西方所崇尚的“万物归一”不可能在流变的日常生活中存在，其只会存在于“形而上”的世界。因

---

① 张文显：《无数字　不人权》，载《网络信息法学研究》2020年第1期。

② 马长山教授从人权产生的发展动因、内在逻辑、价值内核以及义务延展的关系框架上阐述了“数字人权”应当作为“第四代人权”被确立的可能，并且提出“数字人权”是人在数字化时代应当享有的权利。参见马长山：《智慧社会背景下的“第四代人权”及其保障》，载《中国法学》2019年第5期。

③ 龚向和：《人的“数字属性”及其法律保障》，载《华东政法大学学报》2021年第3期；龚向和：《数字人权“泛化说”之三重否定——对刘志强教授等质疑的几点回应》，载《政法论坛》2024年第3期。

④ 刘志强：《论“数字人权”不构成第四代人权》，载《法学研究》2021年第1期。

⑤ 高一飞：《数字时代的人权何以重要：论作为价值系统的数字人权》，载《现代法学》2022年第3期。

⑥ ［古希腊］亚里士多德：《形而上学》，吴寿彭译，商务印书馆1959年版，第1页。

此，对于数字人权的概念论证，我们应该摆脱本质主义思维模式的限制，转向建构主义的视角，以人们实际的生活状态为出发点，将人权理解为与特定历史时期相联系的成果。在主体间建构主义的视角下，数字人权是一个动态的、不断发展的过程，它依赖于广泛的参与和持续的对话来反映社会对数字时代权利的集体理解和期望，是在社会成员的日常互动和讨论中逐渐形成的共同意识和要求建立的社会规范。面对数字时代人的生存和发展的主体间性危机，需要数字人权通过主体间建构进行价值重塑，以保障人的基本生存和发展条件。

## 一、现实背景：人的生存和发展的数字化挑战

数字信息技术的发展，使人们逐步形成了一种数字化的生存方式，虚拟的网络世界塑造了人的第二肉身，人们的交流方式也从原来的“人—人”模式，转向了“人—机—人”模式，数字世界的生存权已然成为人的生存、自由和发展不可或缺的权利。此外，在数字社会中，由于虚拟性的介入，生物人与“信息人”之间的界限变得模糊，这种模糊性给人的价值体系带来了压力，使得人既是一种客观实体，又成为一种主观构建的存在。[①]这不禁让我们担忧，作为独立自决的主体是否会在算法下被利益价值化、量化等？数字化背景下人权又该怎样顺势而为，保障人的生存和发展需求？

### （一）数字场域下人的主体间性异化

“主体间性”（Intersubjectivity）亦可称为“交互主体性”，其反思了现代主体性哲学的“唯我论”，强调人与人之间平等的“相与”性特征，而不是主体性哲学下的“相对”关系。舒茨以“我—他关系”看待““我群关系”（we-relationship）”问题，反驳了胡塞尔接续康德先验主体性而进行的“先

① 龚向和：《数字人权的概念证立、本原考察及其宪法基础》，载《华东政法大学学报》2023年第3期。

验主体间性”尝试，表明：“主体间性”是人在世界之中生存的基本存在论范畴，“对自我进行反思的可能性、对自我的揭示、实行悬置的能力、一切沟通交流和建立一个交流的周围世界的可能性，统统都建立在我们关系的原初经验上”。[①]也就是说，自我（主体“我”）与他人（主体“他”）之间的交流与互动是人类个体存在的原初状态，这是人在世界中一切生存方式的基础。然而，这些理论似乎正在滚滚的时代浪潮中苦苦挣扎。数字技术渐渐使得自由的理性个体陨落，那个曾被主体间性理论赋予重任的“负责人的个体”[②]也变得黯然失色。例如，在美国总统大选中，通过网络宣传手段、大数据分析技术，来判断选民的政治倾向和偏好，再进行精确投放宣传内容，以此来动摇和改变选民最初的选择。由选民自由地选择自己的总统，变为由总统自由地选择自己的选民，这背后还有多少理性可言？缺乏独立平等性的个体，还是“负责任”的个体吗？当一群理性独立的个体困于信息茧房时，他们成了“数字群”[③]，此时“数据群”中的个体成了“数据人”，所有的数据由其自身产生，但所有的权利并不归属于其自身。[④]这种缺乏内向性聚集成的“群体”，不会成为“我们”，因为他们不会形成团结一致的行动力，数据操控下的“群体”随时面临着土崩瓦解，网络世界的“我们中的我”已经逐渐跳脱了哈贝马斯所创设的交往理性公共空间。

此外，如何在网络世界中全身而退也成为一大难题。随着时间的推移，我们在网上的浏览记录、搜索记录、在某个话题下稍久一些的驻足，可能早已被我们遗忘，但是搜索引擎却记住了这一切。这是记忆的中止，也是遗忘的终止。好似舍恩伯格所描述的那样：“如今，往事正像刺青一样刻在我们的

---

① 转引自张浩军：《主体间性与构造：论舒茨对胡塞尔的批评》，载《哲学研究》2018年第3期。

② 哈贝马斯将个体的交往放置在一个平等对话和协商的公共空间中进行，这正如其学生霍耐特所指出的，“这种关系存在于最初的意识之中，即他们意识到了自己被其他人视作能够负责任的个体”。参见［德］阿克塞尔·霍耐特：《我们中的我：承认理论研究》，张曦、孙逸凡译，译林出版社2021年版，第222页。

③ ［德］韩炳哲：《在群中：数字媒体时代的大众心理学》，程巍译，中信出版集团2019年版，第16—19页。

④ 王天一：《人工智能革命：历史、当下与未来》，北京时代华文书局2017年版，第184页。

数字皮肤上，遗忘已经变成了例外，而记忆却成了常态。”[①]舍恩伯格将这种完整的数字化记忆比喻成“数字圆形监狱”，这是边沁“圆形监狱”的数字版，在这种监狱中，被监视者根本不知道自己是否被监视。在我们之外，有一个比我们更了解自己的数据身份人的存在。当某一天，我们忘记“数据身份”的虚拟性，一切自决的肯定都来源于“数据身份”的选择，那时“我—他关系”“我群—关系”中还会真的有“我”“我们”存在吗？

### （二）人权保障的数字化需求

针对如上所述，人在数字化的生存环境下，人权如何赋予个体自由的上网权利，保障其自主掌握个人数据权利和理性建构其数据身份的权利，破解数字牢笼和“自由主义提线木偶”的问题值得我们深思。但是，透过人权理论的华丽外衣，我们不难发现西方人权强调个人的绝对价值，所讲的人性是指人的本性，是脱离了社会的抽象人性，实际上只讲人的自然属性，未体现人的社会属性。笔者认为，这种超脱社会的自由主义理论人权下的理性个人并不存在。因为在现实社会中，个人总是存在于集体之中的，并不存在纯粹生物意义上的个人。正如马克思所言：“人是社会关系的总和。”我们所说的人权包含了人的自然属性和社会属性，强调人权产生和发展的外在根据，即人类社会物质文明与精神文明的发展水平。如今，科技的飞速发展为全人类创设了新的数字利益，利益的产生必然会引起利益分配问题，无处不在的数字化资源所带来的新的社会不平等，都亟待人权来进行新的利益分配。

首先，数字化技术已经渗透于生产生活的方方面面，但是并非所有人都有能力掌握数据，世界被分割为掌握数据的一拨人和不掌握数据的另一拨人。[②]造成不平等的条件从传统的政治、经济等物理空间延伸到了虚拟的信息空间。数字化变革的副产品严重侵蚀“数字难民”的生存权和发展权。数

① ［英］维克托·迈尔-舍恩伯格：《删除：大数据取舍之道》，袁杰译，浙江人民出版社2013年版，第3页。

② ［英］阿里尔·扎拉奇、［美］莫里斯·E.斯图克：《算法的陷阱——超级平台、算法垄断与场景欺骗》，余潇译，中信出版集团2018年版，第314页。

字鸿沟、算法歧视、算法黑箱再加上社会经济发展水平的差异，部分人会丧失与他人的数字沟通权，数字作为权利获得的中介，发挥了建构主体间理性和实践理性同一性的作用。其次，人类从工业时代步入数字信息时代，开启数字化经济，跨入智慧社会的过程中，必然会促进人权的发展与变革。人的信息化存在方式赋予了人权的数字化属性。作为人的基本生存需要，每个人都理应享有涉及社会生活方方面面的权利，当然也就包括数字人权。其对于满足人的需要和幸福就阐释了人权的本原，是为人必要条件，也是“维持生命”“发展个性，培养人格”和“达到人群最大多数的最大幸福的目的”①，这是由一定的历史时期和社会现实状况所决定的。而数字人权作为新时代背景下孕育的崭新人权，能够兼容数据时代注入社会的新权利、新需求。

## 二、“数字人权”概念证成的可能性考察

数字时代，关于人权理论的研究并不是在“数字人权”概念②提出以后才开始的，从思想渊源来看，“数字人权”这一概念与网络空间人权③、网络人权④、互联网人权⑤、新兴科技领域人权⑥等概念的初步探讨关系密切。虽然，这时候大多学者认为网络空间的人权不属于新兴人权，将网民使用互联网时所享有的权利纳入基本权利的范畴。⑦但是，网络空间人权、网络人权、互联网人权等实质上就被包含于“数字人权”的概念内核之中。如今，关于数字

① 见罗隆基：《论人权》，载《新月》第2卷第5号。

② 这是张文显教授在2019年关于“知识产权与相关权利的法理”学术研讨会的致辞中，首次正式提出的一个新的法学概念，他把数字人权初步界定为“在价值上申言数字科技必须以人为本，必须把人的权利及尊严作为其最高目的”。参见张文显：《新时代的人权法理》，载《人权》2019年第3期。

③ 1997年，美国活动家罗伯特·B.格尔曼（Robert B.Gelman）以《世界人权宣言》为范式提出了《网络空间人权宣言》建议草案，提出了“网络空间人权”概念及网络人权的基本内容。

④ 郑宁：《网络人权的理论和制度：国际经验及对我国的启示》，载《人权》2016年第5期。

⑤ 张嘉军、赵杏一：《论互联网视野下的法治建设》，载《法学论坛》2017年第4期。

⑥ 黄爱教：《走向伦理和解的科技与人权》，载《人权》2017年第2期。

⑦ 黄学贤、陈峰：《互联网管制背景下的网络人权保障体系探析》，载《上海政法学院学报》2008年第2期。

人权的研究已经成为人权研究的重要内容，并日益成为中国引领国际人权理论和话语的核心议题，因而有必要对这一全新概念进行考察。

（一）从体系定位角度考察

当今世界在互联网、数字化、智能化的叠加交融发展中，逐步形成了无缝衔接、即时互动、分布共享的信息共同体，主权边界也随之被数字化所化解，而变得日渐模糊。[①]数字时代人的本质已发生了变化，数字化属性更为突出。虽然在传统的权利体系下能够找到数字人权的影子，但是其不能涵盖数字人权的全部内容，与之又有着本质性的区别。因而，数字人权应当作为一种独立人权，置于传统人权并列的地位，而非传统人权与时俱进外延性的数字化工具。

一是“数字人权”具有人权属性，符合人权的内涵。对于人权的概念，学界通说是“人作为人本身所享有的权利”。具体来说，人权是基于人的尊严理念，每个人都应当被平等、公正地对待。数字人权与传统人权一样具有维护人的尊严价值，保护人性中的理性与自主性的作用。[②]在大数据与“信息资本主义”时代，人如果脱离了信息，丧失了获取信息的权利，也就很难具有理性认知能力。加上企业具有更强的获知信息的能力和途径，又依托人的欲望本性，来进行信息处理，刺激人的消费欲望。如果没有个人数据权利与之抗衡，公民个体可能会不自觉地陷入消费欲望之中而难以自拔。在这种海量信息的支配之下，人无法进行更加深入的理性反思与知识的积累。由此可以看出，数字人权对于人的理性以及主体性的形成具有重要意义。此外，数字人权的人权基础还体现在对人的平等价值的保护上，尤其体现在对弱势群体的基本能力与发展权的保护上。生存权与发展权是我国的首要人权。但是，数字科技本身带有的“数字鸿沟”对部分群体构成了歧视，加剧了社会不平等的状态。例如，老年人和残疾人群体往往因跟不上科技发展速度而在出行

① 马长山：《数字时代的人权保护境遇及其应对》，载《求是学刊》2020年第4期。
② 丁晓东：《论“数字人权”的新型权利特征》，载《法律科学》2022年第6期。

和生活上受到重重阻碍；又如困难家庭的孩子，因无力接触智能信息设备，而在学习和教育上受阻。

二是“数字人权”具有独立性，不完全内含于传统人权类型。进入数字时代以来，人权理论的构成要素没有发生变化，仍然是人权功能、人权主体、人权内涵、人权关系和人权价值这五项。但是从人权构成要素的具体内容来说还是发生了扩充，人从传统的物理活动空间扩展到了虚拟的网络空间，人也逐渐从“物理人”向“信息人”过渡，身上所附着的越来越多的数字属性已成客观事实。人在“上帝”所创造的特定场域内所具有的尊严、自由、价值、平等、政治参与等条件和权利，必然会在智能化、数字化的信息技术下使得“旧”权利呈现“新”现象、“新”样态。[①]就以隐私权为例，传统的隐私权对于个人生活和信息的保护在数字化时代显得过于单薄，由于数字时代的隐私权内涵更加丰富，包括基本身份信息、个人生物特征信息、电子社交媒体信息、金融信息、网络浏览信息等，这些数据可以用于全面地识别或描述一个人而不能够全然地囊括在隐私权之下。

### （二）从人权代际革新视角考察

数字化、智能化时代，人民对美好生活的需要最广泛地体现为对数字科技的需要甚至是依赖，它直接关系到人的尊严和自由。在这场信息革命中，“人们在将自然逻辑输入机器的同时，也把技术逻辑带到了生命之中”[②]。因此，承认并确立“数字人权”是顺应时代的要求，对数据信息下人的自由和尊严这一核心人权构造的价值加以维持，也是对主体间数据沟通权的保障。

首先，“数字人权”的出现顺应了人权代际更迭的内在逻辑。面对数字时代，我们应该清楚地认识到人权代际更迭的逻辑不是形式逻辑，而是实质逻辑。从实质逻辑角度来看，人权在面对数字化、信息化、智能化的“数字权力”不断异化的状态下，理应发挥其保障人的基本生存的功能，再加上没有

---

① 杨学科：《数字宪治主义研究》，吉林大学2020年博士学位论文。

② ［美］凯文·凯利：《失控——全人类的最终命运和结局》，中国工信出版集团2016年版，第5页。

相应的法律对“数字权力”异化规制的情况下，将人权作为一种限制数字权力异化的方法加以发展，是将人的尊严作为发展中的关键所在。人权具有历史性和时代性。一个时代中社会成员必须满足的最基本的要求，应该是与其在该时代的基本生存方式相联系。[①]从农业化时代到工业化时代，再到数字化时代，人不断适应新的生存方式以使自身自由且有尊严地立足于社会的时代发展中。新兴权利在迈向人权的过程中，往往和人的自然或者本性需要相关联，人们在日常生活中对内心情感和理性需求的自然追求被赋予了“权利”之名。在理论层面上，这些新兴权利同样可以被视为源自人的理性，正如洛克当年所论证的财产权、生命权和安全权具有天赋性一样。[②]同样，随着在线生活成为人们普遍接受的且不可逆转的选择，互联网使用、数据问题、数字身份等与线上生存紧密相关的方面亟须被给予充分的关注和重视。为了保持人权的吸引力和感召力，人权理念必须及时针对现代社会中的数字生态环境作出与时代相适应的更新和回应。[③]

其次，从我国人权发展理念来看，数字人权以我国数字技术发展所带来的丰富实践为土壤，体现中国法学以本土理论照亮现实、回应现实问题的核心关切。人权的发展应当以人为中心，不断促进人的全面发展，让全体人民共享科技成果。但是，目前我国仍处于发展不充分不平衡的阶段，在科技高速发展的时代，这种不平衡不充分发展、不自由发展更表现在个体的人身上，尤其是社会弱势群体。“数字人权”作为第四代人权加以确证，顺应了“经济发展以社会发展为目的，社会发展以人的发展为归宿”[④]的发展理念，“保证全体人民在共建共享发展中有更多获得感”[⑤]。在我国，人权指向的是集体性权

① 常健：《人的数字化生存及其人权保障》，载《东南大学学报（哲学社会科学版）》2022年第4期。

② 王方玉：《自然、法律与社会：新兴权利证成的三种法哲学路径——兼驳新兴权利否定论》，载《求是学刊》2022年第3期。

③ 郑智航：《数字人权的理论证成与自主性内涵》，载《华东政法大学学报》2023年第1期。

④ 习近平：《之江新语》，浙江人民出版社2007年版，第150页。

⑤ 习近平：《决胜全面建成小康社会 夺取新时代中国特色社会主义伟大胜利——在中国共产党第十九次全国人民代表大会上的报告》（2017年10月18日），人民出版社2017年版，第21页。

利，而不像西方国家的“天赋人权”那样，所指向的是个人权利。在数字时代，要想维护人民群众的自由、平等、尊严等生存必需的权利，就不可避免要去考量如何顺应时代的潮流，使数字化的特殊权利更好地保障全体人民的利益，使正义的天平永不倾斜。将数字权利纳入人权范畴，并不意味着新的一代人权会取代前一代人权。从历史的维度理解人权，就会发现人权本身是一个动态的范畴，随着时间推进，其内容体系会不断地更新与丰富。①

### （三）从宪法规范基础考察

数字时代要张扬人的价值、捍卫人的主体性就需要数字人权的保驾护航，在评价或者指引数字科技应用于社会的各种行为或者制度中以防人类个体陷入被异化的价值观。正基于此，有学者以“未列举基本权利的进路”来证立宪法容纳“数字人权”合理性，并作为“权利宪法化”的新表达形式。②在法律系统中，人权样态经由道德人权、制度人权到实有人权的演化，最终作为实证的宪法而在法律系统中得到标示，关于数字人权的法律观察无外乎此。③因此，数字人权唯有在宪法中得到解释才能证成。

#### 1.“未列举基本权利”的推定

在数字科技实践中，人的主体地位逐渐被人工智能机器所撼动，如在“国家—社会”由一体化转化为二元化或者多元化的背景下④，科技发展远远超出了公权力机关的规制范围和能力，人工智能可能会成为权力“下放”的另一主角。此外，个体的生存与发展在智能化社会中也具有了双向矛盾性：能够融入现代化生活方式的群体成为数字监控所控制的人；处于数字化边缘的

---

① 焦洪昌：《“国家尊重和保障人权”的宪法分析》，载《中国法学》2004年第3期。

② 刘志强：《论“数字人权”不构成第四代人权》，载《法学研究》2021年第1期。

③ 人权有三种样态，即应有权利、法律权利、实有权利。“应有权利”在被法律确定后变为“法定权利”，上升为国家意志，变得具体明确，再从“法定权利”转化为人们实际能够享有的“实有权利”，这就是人权在社会生活中得到实现的基本形式。参见李步云主编：《人权法学》，高等教育出版社2005年版，第20—26页。

④ 郭道晖：《权力的多元化与社会化》，载《法学研究》2001年第1期。

人群，又难以获得时代赋予的“数字红利”与“数字权益”。因此，无论是为了保障“旧”的权利样态，还是为了维护“旧”权利呈现的“新”形态，都呼吁着在数字时代的今天重建一种新的社会理论。这不仅仅在于用新的社会理论价值描述当下的社会状况，陈述现有的社会问题，更是在于唤醒那些被数字监控所控制的人，让他们重新获得一种理性自决的希望。诚然，数字人权中“人”是能够参与不同社会系统的“人格体”，其应当享有不被排斥和左右的数字沟通权利。但是在数字社会要想创造出自主运行的沟通前提，就要把“数字人格体”形成的“数字人权”转化成基本权利。

#### 2.“未列举基本权利”的正当性

《中华人民共和国宪法》（以下简称《宪法》）第33条第3款规定：“国家尊重和保障人权。”这一概括性的人权条款也为新型权利入宪营造了潜在的发展空间。虽然《宪法》没有明确有关数字人权这一权利，但是通过人的正当需求和保障人对美好生活追求等方面考虑，可以将数字人权涵摄进宪法规范。从义务观视角进行分析，此项条款表明了国家在数字人权中的义务主体角色，“尊重”暗含着不作为的义务，要求国家在为了网络治理而对公民的数字权利限制时保持谦抑态度；“保障”体现了积极作为的义务，可以具象为给付和保护两项含义。要求国家在提升数字弱势群体的数字素质的同时加强数字基础设施建设，并且在人权与秩序的张力之间作出合理的平衡。①

《宪法》第38条规定：“中华人民共和国公民的人格尊严不受侵犯。禁止用任何方法对公民进行侮辱、诽谤和诬告陷害。”该条款作为应对数字科技异化对人的主体间性、能动性以及目的性的威胁，为未列举基本权利提供了依据，奠定数字人权的价值规范基础。林来梵教授以比较法的视野，将《宪法》第38条中的“人格尊严”理解为“人的尊严”和“宪法上的人格权”，从而达到在宪法基本权利体系中发挥基础性价值原理的作用。②尽管学术界对第

---

① 郑智航：《数字人权的理论证成与自主性内涵》，载《华东政法大学学报》2023年第1期。

② 林来梵：《人的尊严与人格尊严——兼论中国宪法第38条的解释方案》，载《浙江社会科学》2008年第3期。

38条的人格尊严条款作为宪法未列举权利规范依据尚未达成一致，但是在论证新兴数字人权的宪法基本权利时，法学界主要采用“人权条款”与“人格尊严条款”并用的方法，如在数字化时代，关于隐私权宪法层面的体系化重构[①]。从数字人权的价值内核出发，《宪法》第33条第3款可以用来抵御科技异化给人类生存权带来的风险。

此外，《宪法》第13条第1款规定：“公民的合法的私有财产不受侵犯。”此处的“财产”也应顺应时代发展要求，从有形财产和无形财产扩大至数字世界的虚拟财产[②]，它的价值在于保障人的安定性以及人格在“物理—信息”空间的跨越性。《宪法》第43条第1款规定：“中华人民共和国劳动者有休息的权利。”信息化时代，数字通信设备的普遍使用，已经模糊了工作与私人生活之间的界限。人在劳动中生存和发展，在劳动中创造幸福。但不能本末倒置，成为劳动的机器。不管在任何时代，工作形式发生何种改变，人都不应该被工作剥夺自由。“难以从工作中离线”直接损害了劳动者的休息权，使劳动者的身心健康、家庭生活以及自主安排生活的自由遭受损害。[③]与此同时，离线权深刻地表达了“数字人权”尊重和保障人的自由与尊严的内涵。对于宪法而言，其是以自然权利和道德权利为逻辑起点的，虽然制定法从不同方面将人权成文化，但是这不能割裂人权与道德权利之间的联系。由于道德权利中的“道德”是指“对所有的人的普遍和平等的尊重，尊重其作为不可替代的个体的人的地位，尊重其自主的决定和基础性、本质性的利益需求”。[④]离线权为劳动者提供了工作时间之外“已读不回”的保障，以充分保护数字时代劳动者的生命安全、身体健康以及对获得有尊严的工作条件等目标的尊

---

① 李忠夏教授认为，在数字化时代，中国宪法中的隐私保护，应以《宪法》第33条第3款的“人权条款”和第38条的“人格尊严条款”共同构成宪法隐私权的规范来源，并从宪法体系的角度对隐私权进行规范建构。参见李忠夏：《数字时代隐私权的宪法建构》，载《华东政法大学学报》2021年第3期。

② 陈兴良：《虚拟财产的刑法属性及其保护路径》，载《中国法学》2017年第2期。

③ 朱晓峰：《数字时代离线权民法保护的解释路径》，载《环球法律评论》2023年第3期。

④ 甘绍平：《关于人权概念的两个哲学论争》，载《哲学动态》2009年第1期。

重。这与作为道德权利的人权所具有的个体应被平等尊重的属性相同，也与宪法中的休息权遥相呼应。

## 三、确立数字人权理念：化解主体间性危机的破局路径

数字人权的提出不仅是时代需求，也是正义使然。在数字技术深嵌社会运转的情景下，数字人权的价值内核彰显出了新的独特性。这种特殊性既是对人权价值的时代重申，也构成了回应数字问题的价值指引。今天，那种依赖理性自律的主体间性和公共性的个体在日渐衰落，被囿于数据而不知的新“个体”取代。在“以人为本”的价值核心下，我们需要思考出一种新的生存方式，建构“物理—信息”双重空间下的主体间的共同体。

### （一）确立以“主体间建构”为基础的数字人权理念

哈贝马斯的交往权利理论强调了话语的重要性，其在整个社会生活与国家生活中，人们通过话语的方式形成和表达自己的意志或意见，影响甚至决定着社会和国家的意志，在无形中发挥最终决定作用的力量。[①]而“语言上建立起来的主体通性的结构，可以以基本的语言行为为原型加以研究，这些结构对社会系统和个性系统来说，都是根本性的”[②]。这也就是说，交往权利归根结底与人的语言与行动有关，而人的语言与行动又与人的生活环境和背景密不可分，通过交往权力，人权与人民主权之间的矛盾得以解决。在智慧社会，由于数字鸿沟、算法黑箱加上社会经济发展水平的差异，“数字难民”在交往过程越发寸步难行。与之相对的是，当人类有一天忘记算法技术的根本不透明性，理所应当地服从技术指示时，此时的人工智能与人等同，机器不再是工具属性，而是人类特殊的合作伙伴，机器代替人类所做的事不再是满足人

---

① ［英］安德鲁·埃德加：《哈贝马斯：关键概念》，杨礼银、朱松峰译，江苏人民出版社2009年版，第24页。

② ［德］哈贝马斯：《交往与社会进化》，张博树译，重庆出版社1989年版，第30页。

类的生存需求，而是机器作为“人”实现自我价值的一种方式和手段，人类反而成了机器价值实现的媒介，即人类逐渐工具化。取消交往限制，交往的需求成为合法需求，人们才能获得最大限度的自由。要保证交往行为的可行性和有效性，就要使得交往符号可理解，使行为者能够准确地表达自我，理解对方，在与外界正常的交流中实现自我认识，而认识自我的实质并不是独立的个人，而是“自我”与“他人”的关系。在数字社会中，“自我”与“他人”的建构往往需要一个数字沟通参与权作为了解彼此的桥梁。数字人权的一个重要任务就是让人与人之间的数字沟通实现真正的自主，数字世界中的一切行为都是自我理性的抉择。

### （二）构建以“认知权利”为内容的数字人权内涵

传统社会对于自我之定义通常以“我是谁”来阐释，然而数字身份的出现好似使得个体成为连接虚拟和现实的中介。传统身份拥有一个“被赋予”的属性，在现实的“我是谁”之外，还有“我被认为是谁”的追问。当我们的生存空间无限扩展，从陆地到海洋，到天空，再到如今的网络世界，人们的权利也由现实的物质媒介转向了无形的网络媒介。数字此时并不是需求本身，而是需求的载体。无论是物化的数据以作为财产权、个人信息中凝结的人格乃至被遗忘权、数据删除权、可携带权等蕴含的个人自决、人格尊严，都不是数字本身，而是只有以数字为载体才可获得的权利。但是在“人—人”的数字交互过程中却发生了本末倒置的显现。人成了“数字人”穿梭网络与现实的媒介，虚拟的数字身份在不断地瓦解和支配人的能动性。而人区别于其他物的本质在于人具有人性，能够通过自我观察将自身置于人权的规范之下，这也是自我认知建构的基础。当个体在虚无缥缈的网络世界脱离“自我掌控”时，也就标志着数字社会人的主体性的陨落和“自为存在”的偏离。

在迈克斯·泰格马克在《生命3.0》这本书中对人类的终极未来形式进行了大胆的畅想：将生命划分为三个阶段，生命即将进入的是能自我设计的3.0科技阶段。在生命3.0的数字时代，除了人类，可能还有基因增强的人类、半机械人等。如果在我们的未来数字生活世界出现了一个智力奇点，但讽刺的是基因或技术上未增强的人类，其智力远不如其他居民，并且可能出现智力3.0的不近人情。[①]我们不知道未来的数字生活世界会不会走向拥有高科技居民的完全数字化时代。尽管我们现在身处生命2.0阶段，但不能安于现状，关注未来的可能问题也至关重要。针对当下，调整人权项目，使民主与人权的发展适应未来科技发展的现状。因此，人类作为认知者和被认知者的权利需要关注和持续保护。人作为个体认知主体，在学习或者认识活动中要遵循既定的理性准则、道德规则以及社会法则；当人作为集体认知主体时，会以集体的身份帮助建立并维持认知标准，这种认知标准也会成为个体所共同遵循的认识规则。然而，当进入生命3.0阶段，那些远超人类的超智能居民可能也会行使人类独特的智能权利，这种权利可能会侵蚀人类原有的认知法则。那时，当面对比我们更加强大的“数字生命”主张人权时，我们会发现，拥有独立身份能够自我观察的智能体会对人类社会构建的规范不屑一顾。此时，未被强化的人类生活配置不稳定，在不能适应混杂的生活状态时，可能逐渐成为边缘化的人类。诚然，在目前生命2.0的数字时代，虽然还未出现像小说中描述的场景，但是如果从“生命形态”整体降级的角度来看，把“掌握数据信息，手握科技的群体”看作生命3.0中的“超智能居民”，那“数字弱势群体”不就好似“未被强化的人类”一般，在跟不上“数字游戏”的时代逐渐与人类大部队渐行渐远。而认知权利的意义就在于维持“原住民”所创造的道德认知规则，以人类的智能权利为重。就现阶段而言，也是保护数字生活世界中的人格。

### （三）重塑以“价值尊严”为内核的数字人权功能

数字人权价值目标的确立和落实，使得数字人权具备更强的道德感召力和理论吸引力。随着互联网、大数据、人工智能等数字技术的兴起，科技对人的支配力越来越强。正是在数字化浪潮的冲击下，传统理论上的人权观念

---

① 马蒂亚斯·里斯、吴兰、贺妍：《第四代人权：数字生活世界中的认知权利》，载《荆楚法学》2023年第4期。

正在潜移默化地发生变化，引发了一系列的道德风险。人类所追求的尊严、正义、安全、生存等普遍价值与道德有着共通性。由于技术理性的盲目性以及技术本身的风险性，道德仍应当作为数字社会的奠基力量。[①]而道德与人权这种天然的互补与共通性，正意味着人权可以承担起数字社会的道德奠基重任。具体来说，只有在人权基础上，人才被当作人看待，人的权利才会被尊重，人才会是主体的存在，才会有独立的人格意识，有尊严和自律的道德精神。[②]而在数字社会背景下，技术理性占据主导地位，强调工具性，忽视目的理性。如今，全方位的数字化革命有淡化目的理性的趋势。因为算法不具备真正的道德意识，只是根据数据模型规则输出内容，不会把人视为目的加以考虑，只会将人视为数据来源或者数据的反馈提供者。在算法面前，人不再是理性和自由意志存在的主体，只是机器收集信息的“工具”。这种对人的道德理性能力的否定，必然会损害人的认知主体和伦理主体地位。有学者认为，技术隶属于手段范畴，目的隶属于道德范畴，而一旦某些技术通过建立自己的规则，拥有了“自主性”，就会侵入目的领域，吞噬道德。[③]但是，科技好似从来没有真正以手段的形式出现过，当人们把科技当作我们只需要知道输入和输出的黑箱来处理时，这种“非手段角色”就变得更加清晰了。

在实践中，要严格地划分信息技术的开发和利用人权的边界，以数字人权为底线，“任何一种数据科技侵犯人权，都应当认定为非法，并以人权为盾牌抵挡回去”。[④]此外，数字人权的伦理价值也完美契合了“共建共治共享”的法治秩序格局。人类生活形态的变迁根源于数据的私人和公共双重特性。这表明数字人权既需要个人重视尊严、隐私和人格等权利和利益，同时也要求某些个体在推动数字人权进步的过程中，作出权利上的妥协和牺牲。[⑤]如果单个人或者团体所争夺的数据资源——数据化权利——都归属于个人或者这

---

① 郑智航：《数字人权的理论证成与自主性内涵》，载《华东政法大学学报》2023年第1期。

② 高兆明：《人权与道德基础——现代社会的道德奠基问题》，载《哲学研究》2014年第11期。

③ Latour B，Venn C，“Morality and Technology”，Theory，Culture & Society，2002.

④ 张文显：《新时代的人权法理》，载《人权》2019年第3期。

⑤ 马长山：《智慧社会背景下的“第四代人权”及其保障》，载《中国法学》2019年第5期。

个团体所有，这种状态下的权利占有只会使强者更强，弱者更弱，甚至会有部分群体逐渐沦为网络“乞丐”。此外，数字人权也着重强调个人、政府和数据平台之间的共同治理理念，三方致力于形成一股对抗工具理性的力量。

# 典型案例评析

# 公民起诉外国国家司法管辖权问题之研究

## ——以莫里斯诉中国偿还袁世凯旧政府债券案为例

史国普*

**摘　要：** 美国公民莫里斯在美国纽约南区联邦地方法院起诉中国偿还袁世凯旧政府债券，美国联邦第二巡回法院裁定驳回原告莫里斯上诉，一审判决生效。中国政府在美国法院出庭应诉，并不意味着接受或同意美国法院的司法管辖权。美国司法系统实行邦州分立的制度。美国《外国主权豁免法》（FSIA）规定美国实行相对豁免原则，外国国家，在其商业行为属于豁免例外的情况下，在美国联邦法院和州的法院都有可能成为被告。程序规则适用美国《外国主权豁免法》相关规定以及法院地法。中美、中英政府间处理相互历史遗留资产安排，并不妨碍债券持有人或相关民间组织继续提出债券请求权，只是其诉讼请求权不会得到法院支持。莫里斯一案，是我国政府运用外交和法律的双重“组合拳”，阻止美国法院此类旧政府债券案滥诉行为的成功范例。

**关键词：** 北洋政府；债券偿还；美国《外国主权豁免法》；国家豁免；时效

---

* 史国普，安徽师范大学法学院讲师、荷兰乌特勒支大学法学院国际法与欧洲法硕士，研究方向为国际法、国际经济法等。

## 一、莫里斯诉中国偿还袁世凯旧政府债券案案情概要

### （一）案件的历史背景

辛亥革命后，袁世凯在帝国主义和国内反动势力的共同支持下，窃取了革命果实，建立了北洋军阀的封建独裁统治。在政府财政拮据，几近“国家破产”的压力下，1913年，袁世凯北洋政府未经国会同意，决定向英、法、德、俄、日五国银行团借款。双方正式签订了借款合同，即所谓的“善后大借款”。

借款本金为2500万英镑、年息5厘、每年付息两次、47年偿清（1960年），本息共计6789.3597万英镑，以中国盐税、关税等为抵押。[①]贷款银行团方面，起初，美国是作为最初参加贷款的四国银团贷款方，即英、法、德、美。但美国打着推行其所谓的“门户开放，机会均等”政策的旗号，意图参与俄、日对中国东北的瓜分，就全力将日、俄也拉入银行团，变成了六国贷款银行团。没想到的是，日、俄并不买账。

1913年3月4日，在六国银行团中，美国因为没有当选参加控制和监督中国财政的“协理洋员”，失去了在六国银行团中的支配地位。愤怒之余，总统威尔逊遂以“善后大借款”合同中，日、俄所坚持的“该借款不得用于满蒙地区一条有干涉中国内政之嫌”作为理由，假装维护中国主权，拒绝支持美国银行参与贷款。花旗银行宣布退出六国银行团，但美国当然不会放弃投资中国，威尔逊的方案是另行组织一个新的银行团，去和这个剩下的“五国银行团”竞争贷款，还宣布：“在新的银行团组成之前，美国将鼓励国内银行向中国便宜投资。”

威尔逊总统的宣言反而促成了“五国银行团”不得不相应调整了其苛刻的借款条件，最终在1913年4月26日，和袁世凯政府达成了借款协议。1913

① 《中国政府重组贷款协议》（The Chinese Government Reorganization Loan Agreement）。

年3月20日，中国发生了震惊全国的“宋教仁遇刺案”，面对着国内声势浩大的反袁讨袁呼声，北洋反动政府不计成本地答应了五国银行团的要价，以换取尽快获得资金应对随时可能爆发的内战。美国方面，在这个“善后大借款”合同中并没有一家美国银行参与发行、销售债券。

关于债券的偿还情况，中国政府一直在按照约定还款，直到1939年受抗日战争的影响，国民党政府停止还款。从1913年到1939年，中国针对善后大借款已累计支付3600万英镑，约占原定本息的53%。1949年10月1日，中华人民共和国成立。中国宣布废除不平等条约，并坚持恶债不继承的原则。1960年借款合同到期，中华人民共和国政府没有支付任何本金或利息。

### （二）案件的事实和法律程序

2000年，美国公民莫里斯（Marvin L. Morris，Jr.）在收藏品市场购买了9张袁世凯政府1913年发行的“5厘金币善后贷款债券”，其中6张面值100英镑，3张面值20英镑。2005年5月6日，莫里斯在美国纽约南区联邦法院起诉中华人民共和国和所谓“中华民国”，要求被告支付本息和赔偿合计1亿8千余万美元[①]。

2005年7月，中国司法部收到原告根据《关于向国外送达民事或商事司法文书和司法外文书公约》(《海牙送达公约》）寄来的诉讼文书，9月，中国司法部以“有损国家主权，安全”的合法理由[②]，退回所有文书。司法送达未果，11月，美国法院应原告请求，同意将送达期限延长120天，将案件诉讼文书寄往美国国务院，进行外交送达。2006年1月10日，美国国务院根据美国《外国主权豁免法》的规定，通过美国驻华使馆照会中国外交部进行送达，外交部当即拒收，并退回所有文件。[③]在此情况下，中国政府进一步加大交涉

① Morris v. People’s Republic of China，05 Civ.04470（S.D.N.Y）.

② 根据中国加入的《海牙送达公约》规定的合法拒收理由。

③ 根据美国《外国主权豁免法》美方视为已经完成送达，中国需要在美方外交照会之日起60天内，提出答辩意见，否则将在美国面临缺席审判。参见中国外交部条约法律司编著：《中国国际法实践案例选编》，世界知识出版社2018年版，第389页。

力度，敦促美国政府采取措施，促使美国法院撤销案件。2006年2月底，中国外交部有关人员与美国国务院法律顾问磋商。3月上旬，时任中国外交部部长致信美国国务卿。4月，中国外交部向美国国务院提交了法律备忘录，进一步指出美国法院对此案没有司法管辖权，并且，此案的受理将损害美国政府承诺的一个中国原则。美国国务院承诺不向我国台湾当局进行“外交送达”。在美国的司法程序之下，2006年5月12日，中国政府聘请的美国律师直接向美国法院提出了驳回起诉的动议，中方的答辩意见是要求法院确认对此案没有司法管辖权。2007年3月21日，美国法院作出了判决，认为中国在此案件中享有国家豁免权，即使法院有管辖权，根据纽约州民事程序法，此案件早已超过6年的诉讼时效，宣布驳回原告起诉。美国法院判决未涉及任何台湾问题。

原告莫里斯提出上诉，但因未在法律时限内缴纳上诉费用，在2007年8月23日，被一审法院的上诉法院美国联邦第二巡回法庭裁定驳回上诉。至此，一审判决生效，莫里斯在美国法院起诉中国偿还袁世凯旧政府债券案的司法程序，以原告全面败诉而告终。[①]

## 二、案件涉及的主要法律问题分析

### （一）中国政府在美国法院出庭应诉，意味着接受美国法院的司法管辖权吗？

1949年中华人民共和国成立后，在美国法院针对中国发起的滥诉案件并不鲜见，其中有一类是基于旧政府债券索赔案。著名的湖广铁路债券案是第一起此类案件。1979年11月13日，杰克逊等9名美国公民，在美国亚拉巴马州北区联邦地区法院起诉中华人民共和国，要求中国偿付清政府1911年发行

① 参见中国外交部条约法律司编著：《中国国际法实践案例选编》，世界知识出版社2018年版，第388—411页。

的湖广铁路债券。[①]

该案发生之初，中国仅仅采取外交斗争，照会美方阐明中国作为一个主权国家，享受不受外国法院管辖的绝对主权豁免权。同时，声明中华人民共和国关于废除一切不平等条约和“恶债不继承的”一贯立场。但被告缺席，并不会影响美国法院受理案件。结果，在1982年9月1日，美国法院以缺席判决中国赔偿原告41313038美元及案件诉讼费用。1983年8月12日，中国决定出庭提交答辩意见，要求法院撤回缺席判决，驳回起诉。当时，中美刚刚建交，美国国务院在中国政府的敦促下，向法院提交了关于美国政府认为1976年美国《外国主权豁免法》不具有溯及力的利益声明。1986年2月27日，法院以送达和管辖权存在严重问题，并考虑到美方的公共利益，撤销了针对中国的缺席判决，10月，法院作出一审判决，指出在湖广铁路债券发行和到期的时候，美国实行的仍是绝对主权豁免原则，因此，中国享有主权豁免，美国法院对该案没有管辖权，驳回原告起诉。原告上诉到联邦第十一巡回上诉法庭，上诉审的结果是维持一审判决。根据美国《司法法》关于三审终审的法院制度，原告又将此案上诉到美国联邦最高法院。但是，美国联邦最高法院有复核案件需要发布调卷令的制度，最终，联邦最高法院没有发布调卷令，拒绝了此案的审理。这样，中国胜诉。

莫里斯案和湖广债券案一样，如果开始中国只采取外交斗争的手段，对美国法院的审理置之不理，也可能会得到一个不利的缺席判决。而出庭，则可以利用自我辩护的权利阐明立场，直接阻止美国法院的案件审理。另外，国际关系风云变幻，到了2005年莫里斯起诉的时候，20多年过去了，中美关系也增加很多不确定性，此时的美国政府当局对向法院出具政府利益声明变得并不积极，美国政府不再愿意为了中国利益干涉美国司法审判。如果中国自己不出庭辩护，会失去一个在美国法庭上维护中国国家主权和财产利益的合法手段。所以，2006年中国政府直接出庭，向美国审理法院提出了要求驳回原告莫里斯起诉的动议，并在2007年获得法院判决的支持，创造了一个新

---

① Jackson v.People’s Republic of China，550 F.Supp.869，872（N，D，Ala.1982）.

判例。美国法院在莫里斯案中再次确认了中国享有国家豁免权，即对中国国家作为被告的案件，法院没有司法管辖权。

总之，在外国（美国）法院出庭就管辖权争议等程序性问题提出答辩意见，并不意味着同意或接受外国（美国）法院的管辖权，相反，中方通过聘请美国律师直接向法庭阐明不接受法庭管辖的国家立场，起到了阻止法庭审理案件的满意效果。

### （二）美国的法院可以受理本国公民起诉外国国家的案件吗?

和这个问题相关的有两个方面的问题，即美国的法院系统和国家豁免问题。主要法律依据是1976年美国《外国主权豁免法》。

首先，美国是联邦制国家，司法系统中行使管辖权实行的是邦州分立，三审终审的制度，但是涉及宪法解释的案件，各州接受美国联邦最高法院的终审管辖。美国的司法管辖权，划分为属事管辖和属人管辖。对于属事管辖，美国州的地方法院通常不受理涉及外国国家的案件，除非该案件同时涉及州法。对于属人管辖，主要针对被告，因为原告的起诉行为本身赋予了法院管辖权。法院要想对特定被告进行管辖，则必须证明被告和法院有“最低联系”[①]。

然后，被告是外国国家的，涉及国家豁免问题，主要依据是美国《外国主权豁免法》的规定。外国国家机构不隶属美国司法管辖，除非属于该法规定的豁免例外。[②]豁免例外中除了规定有“一般例外”，还列举了大量的具体情形例外。

所以，无论是根据一般国际法上的国家豁免原则[③]，还是根据美国《外国主权豁免法》的规定，外国国家，在豁免例外的情况下，在美国联邦法院和州的法院都是有可能成为被告的，只是外国国家有权利要求将民事案件从州

---

① 28 U.S.C § 1331, 28 U.S.C § 1332.

② 28 U.S.C § 1603, 28 U.S.C § 1604, 28 U.S.C § 1605.

③ 联合国大会2004年通过的《联合国国家及其财产管辖豁免公约》（未生效）。中国签署了该公约，但全国人大常委会尚未批准，因此该公约对中国尚不具有拘束力。

法院转移到联邦法院审理[①]。

### （三）发行政府债券是国家的主权行为、公共行为，还是商业行为？

1976年美国《外国主权豁免法》规定，在下列情形下，外国国家不能免受美国法院的管辖，即主权豁免的“一般例外”（general exceptions）：被指称的行为“是该外国国家在美国进行的商业行为，或在美国发生的与该外国国家在别处的商业行为有关的某行为，或者在美国之外发生的与该外国国家在别处的商业行为有关，并且该行为对美国产生了直接影响”[②]。

本案和这个问题相关的也有两个方面的问题，第一，关于政府债券的性质。（1）发行政府债券是国家的主权行为或公共行为吗？如果是，则享有国家豁免权，因为根据一般国际法，主权国家间是平等的，相互之间没有管辖权。（2）如果发行政府债券是国家单纯获取商业利益，则是私法上的行为，不享有豁免权。这个“商业行为例外”属于国家豁免的相对豁免理论，即确定国家豁免权，不单要看国家身份，还要看行为的性质。

第二，关于“恶债不继承”原则。一般国际法认为，新国家或新政府应当继承前政府的条约、财产、债务等相应权利和义务。问题是，如果新国家或新政府是通过革命推翻旧政权建立的，旧政府用于镇压新政府所负担的财政债务支出，由新政府继承，显而易见不合情理，也不会被接受，更不用说有些旧政府债务根据旧政府自己的法律本身就是“非法”的。

先来看第一个问题。一般来说，政府债券不是商业行为。政府为筹集资金而向公众发行的债务证券，属于国家信用，而不是商业信用。政府债券的发行目的是资助政府的公共事业和项目，其偿债能力以国家信用作担保。但是，单纯的主权债券发行也可能是一种主权国家的投资行为，在性质上认定为商业行为，也并无不可。本案中的政府债券在美国法院被认定为商业行为，看的是政府债券发行的性质，而不是债券发行的目的。根据前述本案的历史

---

① ［美］托马斯·伯根特尔、肖恩·D.墨菲《国际公法》（第3版），法律出版社2004年版，第237页。

② 28 U.S.C § 1605.（a）（2）.

背景，在袁世凯政府借款合同中，美国银行因为自愿退出，不是债券发行人，且付款行为和停止付款行为都发生在美国境外，债券的发行与付款也不以美元来计算流通，该债券在美国境内可以说没有产生任何影响。和美国唯一关联的，只是原告方是美国国籍，而原告花了几百美元在收藏品市场买了9张早已到期的面值总和660英镑的中国政府旧债券。

简言之，法院不能对以中国国家为被告的案件行使管辖权。

再来看第二个问题，根据前述本案的历史背景，袁世凯政府发行的旧债券明显属于“恶债”，虽然被美国法院认定为属于商业债券，但是因为该债券的发行和支付与美国无关联，所以，美国法院最终回避了关于旧政府债券的政治属性的认定问题。简言之，依据美国宪法规定的国家机关分权制度，法院并不是一个认定政治问题的合适机构，这也是美国法院的一贯立场。

### （四）被告中国给原告莫里斯造成了什么财产损失吗？

如上文所述，除“一般例外”中的商业例外，美国《外国主权豁免法》还规定了大量的具体情形例外。此案中，原告声称中国剥夺了其根据债券收款的权利，并不符合美国《外国主权豁免法》关于“剥夺财产的例外”（expropriation exception）。[①]

原告莫里斯指控中国“以违反国际法的方式”剥夺了其财产权利，是站不住脚的。首先，原告未指明中国违反了哪种国际法，属于没有具体依据的空洞指控。其次，剥夺财产权利，一般是指有形财产或者实际存在的合同可期待权利。本案原告莫里斯是在收藏市场买了几张中国旧政府债券，而中国早在1939年就停止了该债券的还款，1949年中华人民共和国成立后即明确不偿还所有旧政府恶债，并且1960年该债券到期。原告不是合法金融票据的持有人或继承人，而是一个囤积居奇的票据收藏者，根本就没有什么实际的财产损失。

---

① 28 U.S.C § 1605.（a）（3）.

### （五）关于1913年发行的旧债券案件的诉讼时效问题

诉讼时效是指权利人在法定期间内不行使其权利，即丧失请求法院依诉讼程序强制义务人履行义务的权利。诉讼时效不消灭请求权，设置的目的只是促使权利人及时行使权利，以稳定社会法律关系的确定状态。

第一，原告莫里斯于2005年在美国纽约南区联邦法院提起诉讼，如果原告根据《外国主权豁免法》的规定能够提起诉讼，那么关于时效问题就要适用法院地法。[①]本案法院地法即纽约州的法律。联邦法院审理案件适用州的法律，反映了美国各州法律的独立性，符合美国联邦制国家的司法制度。根据《纽约州的民事实践与规则》第202条的规定，关于债券的诉讼应当在6年之内提出，或者"纽约州诉讼时效与在诉因发生地诉讼时效两者中较短者"。可以认为，这些1913年发行、1960年到期的旧证券，早已经因过期而除权作废了。

那么在1960年之后的6年之内，和在法院受理案件的前6年之内，又是否存在诉讼时效中止或中断的情况呢？中国拒绝支付，构成被告一直处在持续侵权状态吗？答案是否定的：一方面，对于本身非法无效的债券，显然被告无须偿付，谈不上构成什么"侵权"。另一方面，原告莫里斯2000年在收藏市场上取得此类债券，即使其赶在2005年提起诉讼（6年之内），也无法证明其提起诉讼的合理性。

第二，关于美国《外国主权豁免法》有否溯及既往的效力问题。原告认为，该法阻止了在1976年之前对中国的起诉。其实，美国采取相对豁免原则是从1952年美国国务院发布"泰特公函"开始的，即在判断外国豁免权时，对国家的主权行为和国家的商业行为进行区分；放弃之前一直坚持的绝对豁免原则，即只要是主权国家的身份，所有行为都享受国家豁免权。在奥尔特

---

① See N.Y.C.P.L.R. § 202；Dar El- Bina Engg &Contracting Co. v. Republic of Iraq，79 F.Supp.2d 374，388（S.D.N.Y.2000）.

曼案中[①]，2005年3月15日美国联邦法院判决瑞士银行向在第二次世界大战中遭遇纳粹迫害的两个家庭赔付2190万美元。瑞士银行被控将价值上亿美元的犹太人财产上交给了德国纳粹。在该案中，美国联邦最高法院认为《外国主权豁免法》具有溯及力，使原告对第二次世界大战期间发生的涉及外国国家行为的案件提起诉讼成为可能。

首先，"法律不溯及既往"是文明各国公认的一项"一般法律原则"。对违反这一原则的国内法是可以存疑的。其次，奥尔特曼案是针对德国纳粹，具有很大的特殊性[②]，并且89岁的玛利亚·奥尔特曼是作为继承人担任两个受害者家庭的代表，和莫里斯偶然取得旧债券的情况完全不同。

总之，无论如何东拉西扯，原告都难以证明一直到2005年才对外国旧证券提起偿付诉讼的合理性。

### （六）莫里斯案的被告涉及美国坚守对一个中国原则的承诺

根据中美建交的三个联合公报，即1972年2月28日签订的《中华人民共和国和美利坚合众国联合公报》（《上海公报》）、1978年12月16日中美两国发表的《中华人民共和国和美利坚合众国关于建立外交关系的联合公报》（《中美建交公报》）和1982年8月17日签订的《中华人民共和国和美利坚合众国联合公报》（《八一七公报》），美国政府负有国际条约之下的义务，坚守其在三个联合公报中承诺的一个中国原则。

本案中，美国国务院向中国承诺不会向我国台湾地区对法院文书进行"外交送达"。这虽然没有堵死原告的索赔渠道，但至少对美国法院的法律文书送达构成了条约法律限制。

### （七）小结：本案法律问题所涉及的美国法律规则要点

美国是判例法系国家，案件的判决对其后的类似案件具有法律效力。法

---

① See Republic of Austria v. Altmann，541 U.S.67（2004）.

② 即1976年美国《外国主权豁免法》中规定的"特定政府"和"特定时期"。

律的效力又可被划分为两种：审判法院和上诉法院的先例性效力，以及对其他法院的说服性效力。判例所反映出的法律规则，与立法机构制定的成文法规则一起，构成美国法。

简言之，莫里斯案法律问题主要涉及的美国法规则有以下几点：

第一，美国法院对案件管辖权具有自由裁量权。根据美国民事诉讼法，在美国法院出庭就管辖权争议等程序性问题提出答辩意见，并不意味着同意或接受美国法院的管辖权，相反，直接向法庭阐明不接受法庭管辖的国家立场，却可能起到阻止法庭审理案件的效果。

第二，1952年，美国国务院宣布实行相对豁免原则，1976年，美国国会通过美国《外国主权豁免法》，以立法落实和完善了相对豁免原则。

第三，根据美国宪法分权原则和司法谦抑原则，案件涉及政治问题，法院一般会回避，或者要求美国政府提交《利益声明》。

第四，外国国家被告可能会同时涉及美国联邦法律和州的地方法律。

第五，条约在国内法中的法律地位，根据美国宪法规定，美国批准和加入的国际条约是“美国法”的一部分。

## 三、案件其他相关问题：国际争议中的政治解决与法律诉讼的交织

### （一）关于政府间“一揽子”解决历史遗留资产问题的法律依据

1979年1月1日，中美正式建立外交关系，两国恢复正常交往状态。根据美国《国际求偿解决法》和1979年5月11日在北京签订的《中华人民共和国政府与美利坚合众国政府关于解决资产要求的协议》，来处理1949年至1979年双方的历史遗留资产问题。

美国《国际求偿解决法》对“财产”一词作了广义的界定，认为“财产”包括“任何财产、权利、利益……和古巴政府或者中国所欠的债务”。1979年的《中美资产协议》规定：“产生于1949年10月1日或其后直到本协议签订之日以前对美国国民的财产实行的国有化、征收、干预和其他占有或特别措施，

中国政府向美国政府支付8050万美元，作为对美国及其国民（包括自然人和法人）对中国资产要求的完全和最后的解决。”该协议还规定了“本协议签署生效之后，中美两国政府均不再代表自己或他人向对方政府提出本协议范围内的任何资产要求”。在此期间，中国旧政府债券持有人在美国提起的赔偿请求均被驳回。①

1987年6月5日，为了解决中国和英国历史遗留问题，以及中国进入伦敦市场发债，中英两国政府正式签署了《中华人民共和国政府和大不列颠及北爱尔兰联合王国政府关于解决历史遗留的相互资产要求的协定》②。该协定约定，中国向英国支付2346.8008万英镑，英国向中国支付380万美元。目的是终结两国公民对对方的资产、包含债券在内的旧外债的索偿要求（此后相关索偿转由各自政府负责）。

### （二）债券持有人的持续行动

美国债券持有人基金会（The American Bondholders Foundation，ABF）是美国的一个民间非营利性组织，成立于2001年。其宗旨在倡导解决和偿还美国持有的中国相关的主权债务。该组织声称代表来自美国25个州，超过2万个美国家庭，这些家庭持有在1949年之前发行的中国旧政府债券。2002年2月5日，该组织致函中国驻美大使馆与中华人民共和国财政部，要求对其持有892亿美元的“中华民国”政府债券进行清偿。理由是：根据国际法中的“政府继承”原则，现任中国政府有责任偿还这些债券。中国政府并不认可这些理由，也没有满足他们的要求。

总之，在公权与私权的博弈中，政府间协议“一揽子”解决历史遗留资产问题和公民的求偿权发生了交织。中美、中英政府间的相关历史遗留资产安排，并不妨碍债券持有人或相关民间组织继续提出债券清偿的请求权，只

① 参见中国外交部条约法律司编著：《中国国际法实践案例选编》，世界知识出版社2018年版，第390、402页；黄进、李庆明：《2007年莫里斯诉中华人民共和国案述评》，载《法学》2007年第9期。

② 《中华人民共和国国务院公报》1987年第18期。

是其诉讼请求权不会得到法院的支持。

## 四、结语

法律，就其本质而言，是维护公平正义的工具，不是异想天开，囤积居奇、巧取豪夺、凭空发财的手段。中华人民共和国政府运用外交与法律、国内法与国际法的系列“组合拳”，成功阻止了在美国法院提起的此类旧政府债券案的滥诉行为。而且，由于英美法系国家是实行遵循先例的判例法国家，湖广债券案、莫里斯案等案件的胜诉，即使不能完全杜绝此类案件的再次发生[①]，也仍然会有一定的先例效力或者说服性效力，就算有人起诉到法院，也只能是遭到可耻的失败。

---

① 如美国福克斯商业新闻网2020年5月14日报道称，美国债券持有人基金会（ABF）希望特朗普政府帮其“赎回”其持有的近1.6万亿美元的百年中国债券。参见王博雅琪、侯佳欣：《赎回1.6万亿美元中国债券？美国又有人给特朗普制衡北京出损招，专家驳斥：无效》，载环球网，https://world.huanqiu.com/article/3yFYxMXD68F，最后访问时间：2025年1月4日。

# 受虐妇女杀夫行为刑法认定研究

## ——以刘某会杀夫案为例

闻志强　彭依依*

**摘　要**：受虐妇女杀夫行为的处理在司法实务与社会层面都引起了较大的关注和争议。以重庆刘某会杀夫案为例，此类案件适用正当防卫理论存在观点分歧。针对非对抗式的受虐妇女杀夫案件，应当肯定其实际上存在适用正当防卫的空间，但需要更为强有力的理论支持。为防止其适用空间过分扩大，借鉴受虐妇女综合征理论设置相应的外部制约条件，这样既不破坏正当防卫理论适用的一般性规则，也能够避免脱离社会公众一般认知导致僵化适用规则，从而使得正当防卫理论能够在应有的体系解释中被合理地适用以保护受虐妇女的正当权益。

**关键词**：受虐妇女杀夫行为；非对抗式；正当防卫；家庭暴力

## 一、问题的提出

在司法实务中，一些受虐妇女杀夫行为的刑事案件引发社会各界关注，

* 闻志强，法学博士，广州大学法学院讲师，研究方向为刑法学、刑事政策、刑事诉讼法学、比较法学。彭依依，澳门大学法学院2024级法学硕士研究生，研究方向为刑法学。本文为2020年度广东省哲学社会科学“十三五”规划项目《人脸识别的法律风险前瞻与刑法应对》（GD20YFX01）的阶段性研究成果。

刑法理论和司法实务各方面都存在不小的争议和分歧。从重庆刘某会杀夫案切入，可以管窥一二。

2020年7月8日23时至9日凌晨3时许，刘某会遭再婚丈夫蒋某银殴打，其丈夫宣称欲当众对其时年13岁的继女实施强奸行为。刘某会萌生出了“今天或许能够幸免，但未来依旧危险重重”的念头，于是产生杀人想法。9日凌晨4时许，被告人刘某会持铁锤多次击打俯卧在床上的被害人蒋某银，致其当场死亡。此前，蒋某银性格暴躁易怒，经常对刘某会实施言语威胁、暴力殴打等手段，也曾对其继女实施性侵行为。①

本案的争议焦点在于刘某会的行为是否构成正当防卫，特别是防卫时间的认定，即刘某会实施防卫行为时，不法侵害是否正在进行。换言之，在刘某会实施杀害行为时，蒋某银的不法侵害行为是否已经结束。

辩方认为，针对刘某会的行为构成正当防卫，其为避免紧迫的危险而不得已采取的杀人行为符合正当防卫的时间要求。控方则认为蒋某银对其妻子与子女实施言语威胁和暴力殴打的手段，确属不法侵害行为，随后蒋某银俯卧在床上，意味着不法侵害行为导致的现实、紧迫危险已消除，不法侵害行为已经结束。同时其宣称早晨要公然对继女实施强奸行为，但这一行为并未形成现实的、紧迫的危险，因此刘某会的行为不属于正当防卫，构成故意杀人罪。法院认为刘某会在激动、恐惧的心情之下，为防止自己陷入长期的恐惧与害怕对方再次侵犯女儿，对不法侵害行为已然结束的情势产生了错误认识，在对方已经停止侵害时，刘某会对其实施杀害行为，属于防卫不适时。刘某会出于将蒋某银杀害防止其继续对家庭成员实施不法侵害行为的故意，击打蒋某银的头、胸等致命位置致其当场死亡，符合故意杀人的构成要件，故而应当认定为故意杀人罪。控辩审三方的观点和立场分歧，直接、鲜明地反映出对于类似被虐妇女杀夫案件的处理存在较大的争议是不容置疑、无法回避的客观事实，如何全面、准确把握这类案件的定性处理值得思考和深入

① 《女子凌晨杀夫称为保护女儿不被继父强奸，是否正当防卫成焦点》，载环球网，https://m.huanqiu.com/article/41EXMrLyu2q，最后访问时间：2024年12月31日。

研究。

从司法实务角度来看，此类家庭暴力所导致的受虐妇女杀夫案件数量仍在不断上升，但法律特别是刑法往往难以直接干涉婚姻家庭内部事务，导致妇女无法及时获得公力救济，以至于她们不得已在极端情况下选择采取自力救济的手段，以维护自身合法权益。在中国裁判文书网检索关键词“家暴+正当防卫”，2014年至2021年，公开裁判文书中只有1起案件的被告人因阻止家暴导致施暴者轻伤，被认定为正当防卫，其他案件的被告人皆被认定为故意伤害或者防卫过当。检索2016年至2023年的裁判文书网案件数据，在不完全统计下的323个受虐妇女杀夫案样本中，仅有14个案件被认定属于防卫过当，而只有1个案件成立正当防卫且没有超过必要限度。上述判决一定程度上引起了社会公众对此类案件处理结论上的法感情的失衡，为了避免此类判决对社会公众朴素法感情的冲击和公平正义的消减，司法实践上和刑法理论上都在积极寻求更为合理、妥当的解决方式。

从刑法规范和司法适用依据的角度来看，《刑法》第260条规定的虐待罪的入罪要求存在恶劣情节，并且需要满足其他几个要件才能最终认定。同时该条规定的处罚较轻，也将导致处罚后施虐者实施家庭暴力的行为变本加厉，而“告诉才处理”的规定往往会让部分受虐妇女选择继续忍受。与发生在家庭以外的犯罪相比，刑法对家庭成员之间的犯罪采取了更温和的态度，目的是保护家庭的完整、稳定和个人隐私。然而，这样的规定在实践中难以改善受虐者的处境。2015年最高人民法院、最高人民检察院联合发布《关于依法办理家庭暴力犯罪案件的意见》，其中指出需要准确认定家庭暴力中存在的正当防卫以及过错责任等因素，对司法实践具有一定的指导作用，但在实际适用中这类案件往往以故意犯罪为由认定，只有少数案件被认定为防卫过当。对于正在进行的家庭暴力行为，成立正当防卫毋庸置疑。然而，在司法实践中还有一类存在争议的案件，即行为人在遭受长期虐待后，为预防可能继续出现的暴力而趁施暴者不备将其“提前”杀害。上述司法解释规定对此情境的考虑仍不够全面到位，其对这类案件的处理置于我国刑法理论体系中对于宽恕性评价的考量仍存有不足之处，亟待调整和补足。

从刑法理论角度而言，结合正当防卫的法条规定和成立要件，对于不法侵害明确正在进行的对峙型反杀案件[①]，完全可以忽略其特殊性，适用正当防卫的规定。而上述刘某会案中，刘某会为保护自己与女儿免受可能存在的、紧迫的不法侵害，选择提前反杀丈夫而被认定为故意犯罪，属于特殊的非对抗式反杀案件，对其认定和处理仍存在模糊地带，理论上仍然争议较大，刑法解释仍然存在余地和空间。在我国刑法规定和刑法理论框架之下，非对抗式的反杀行为适用正当防卫还存在未能合理解释的空间，仍需探究能够将其合理化的路径。

## 二、受虐妇女杀夫行为认定的刑法理论争议检视

我国刑法理论通说认为正当防卫成立的条件，包括：一是防卫人必须具备防卫认识和目的；二是有不法侵害存在；三是必须针对不法侵害者本人进行；四是不法侵害正在发生；五是防卫不能明显超过必要限度且造成重大损害。[②]受虐妇女进行反抗的行为一般满足正当防卫的前三个条件，其争议焦点主要在于时间条件与限度条件。如本案，在时间条件上，刘某会被认定不成立正当防卫的原因是她对丈夫的杀害行为发生在不法侵害发生前，并不符合防卫的时间条件。从正当防卫设立的正当化根据上看，不能因为是由受虐妇女作出的防卫行为就轻易地将其正当化。[③]若是将其认定为正当防卫会导致对正当防卫的宽松适用，而不能将此宽松标准适用于其他类型的案件中，与法的一般化解决方案产生冲突。在限度条件上，正当防卫的限度标准是针对理性人而言的，即考量一个正常状况下的理性人是否能够对限度作出合理且适度的判断。在本案中，蒋某银的长期施暴主要是以严重的身体伤害以及言语上的精神侮辱为手段，难以将其认定为具有侵害受虐者生命的目的，而

---

① 张明楷：《受虐妇女反杀案的出罪事由》，载《法学评论》2022年第2期。

② 高铭暄、马克昌主编：《刑法学》（第九版），北京大学高等教育出版社2019年版，第127页。

③ 张明楷：《受虐妇女反杀案的出罪事由》，载《法学评论》2022年第2期。

刘某会对其直接实施了杀害行为，防卫限度似乎有所突破甚至严重失当。在司法实践中一般将施暴者的家庭暴力行为认定为虐待罪，而虐待行为中，施虐者主观上不具有侵害受虐者生命的故意，其追求的是受虐者肉体及精神上长期的痛苦。因此，受虐者对施暴者作出的杀害行为与其遭受的虐待行为在客观上是不对称的，其反杀行为追求的目的是施暴者的死亡结果，实际上也造成了严重的伤害或死亡结果，属于“明显超出必要限度”的损害。因此，受虐者在此类案件中的行为一般由于不符合时间要求和限度条件，不构成正当防卫。

然而，仅考虑受虐妇女涉案行为超出时间条件要求，以及被害人主观上不具备杀害受虐者的故意，而认为受虐妇女涉案行为超出防卫限度的做法较为不妥。受虐妇女因为诸多制约因素未能在不法侵害进行时及时反击，并且在多数案件中，施虐行为结束后施虐者会对受虐妇女进行下一次虐待行为的威胁，该种情况下妇女难以理性判断对方的虐待行为是否有主观上追求受虐者死亡结果发生的故意。在本案中，刘某会曾多次遭受被害人伤害，以至于其无法理性思考天亮后蒋某银是否会继续对其进行严重暴力行为，并对女儿实施强奸行为，在一般感性思维视角下错误地认定蒋某银来日一定会对自己和女儿造成致命伤害，这种危险是潜在的却不是极其紧迫的。以本案情形为例，在此种情况下仍旧严格甚至僵化执行前述时间和限度两个标准来考察和要求正处于长期迫害的妇女，像正常、平静、理性之人进行应对是否过于严苛？是否会造成一种刑法在纵容不法行为的发生而缺乏保护受虐妇女权益的社会效果？因此，应结合案件的特殊性，以及受虐待者所处境地、过往经历和心理状态等进行全面分析。对此，笔者梳理、总结并分析了目前学界几种可能出罪的学说，以期能够汲取合理有益之处，尝试为类似案件情形提供可能的出罪路径建议。

### （一）正当防卫扩张说

学界提出缓和解释“不法侵害正在进行”这一要件，尝试对正当防卫的现时性和紧迫性进行宽泛化解释，即将丈夫对妻子长期的家庭暴力行为视为一个完整的行为过程，此时违法行为正在进行中。[1]此种方式难以解释妇女的反击行为符合防卫时间条件，这一认定不符合客观事实，施虐者并非大多数时间都持续处在一个不断施虐的状态，他们在日常生活中也时常处于一个无攻击能力的时刻，如本案中蒋某银被杀害时，正是处于俯卧在床上的状态，不管他是否进入睡眠状态，在那一段时间内都应当被认为是不具有攻击性的，甚至可以说是不具有抵抗力的。如此认定，将会导致对事实的规范评价超出一般事实，对防卫人的防卫权边界造成不合理扩张，同时对不法侵害人的生命权构成限制，造成法的不安定性。

防卫扩张说本质上就是在一般情况下的正当防卫理论能够被用于所有正在进行的不法侵害时，只针对一般之外的特殊性提出例外的判断标准，以达到解决此类特殊情形的目的。该种解释关注到了该种情形的特殊性，却不能仅关注特殊性，否则将不符合刑法解释的基本要求，从而违反了一般化的解决方案。换言之，一个刑法解释是否合理，要判断解释其中包含的逻辑，以及这一解释对其他案件是否有合理的结论，若是仅对特定案件适用，而不能适用于其他一般化的案件中，则该解释欠缺合理性。[2]

### （二）受虐妇女综合征理论引入

受虐妇女综合征概念，由美国心理学家雷诺兹·沃克博士所提出，一般是指长期处于家庭暴力状态下的妇女所表现的一种特殊心态，表现为“暴力循环”和“习得无助”。暴力循环是指家庭暴力的长期性和周期性，起初施暴者先从言语上辱骂受虐者并伴随轻微暴力行为，紧接着来到频繁殴打的时期，最后是施暴者开始后悔并请求原谅，使得受虐者再一次选择相信。这个过程不断地循环往复，对受虐者的身体机能及心理状态不断进行伤害、抚慰、再次伤害。习得无助则是指受虐妇女在刚开始遭受虐待时企图躲避甚至对施暴者进行反击，但由于自身弱小，逐渐发现并无改变可能，就失去躲避的动力，选择默

---

① 季理华：《受虐妇女杀夫案中刑事责任认定的新思考》，载《政治与法律》2007年第4期。

② ［日］井田良：《讲义刑法学·总论》（第二版），有斐阁2008年版，第60页。

默承受，求得最小限度的伤害。[①]

这种学说实际上是通过受虐妇女综合征的理论去解释受虐妇女为何不愿离开施暴者，为何难以寻找其他的方式救济，同时也能够说明受虐妇女为何能够精确预见新一轮暴力行为可能出现的时间和程度。这些妇女频繁遭受家庭暴力而处于惊恐状态下，属于关系中的弱势一方，此时其所能想到的选择只能是当侵害者熟睡或是醉酒后采取行动。有观点认为这种学说可以尝试运用于认定正当防卫，但多数观点仍认为应当作为一种责任阻却事由来解释。然而，这种解释方式的不足在于，在我国刑法理论体系之中，无责任能力与限制责任能力以行为人具有精神病为前提，但受虐妇女综合征并不符合这一要件。在相关研究中，受虐妇女综合征是一个用以描述特定的行为模式的心理学范畴概念，是对受虐妇女所遭受的经历及其后续在身体机能和心理状态上的持续影响的概括性概念，并非一种精神疾病。此时，这一概念在我国就无法作为一种精神疾病而成为责任阻却事由为其出罪。

然而，值得关注的是，这一概念对于传统法理论具有创造性的突破，为传统学说的研究注入了一定的性别视角，挑战了以往在家庭犯罪领域对于女性受虐、受伤经历的忽视。[②]因而，在讨论出罪路径的探究上，该理论能够作为一种重要因素或是事实证据为我们提供更多制度建构设想的可能。

### （三）防御性紧急避险说

在德国刑法理论中，紧急避险分为攻击性紧急避险与防御性紧急避险。攻击性紧急避险是指避险行为所针对的对象是与危险来源无关的第三者时；避险行为针对的是危险来源本身时，除行为者所要排除的危险本身就是一种违法的攻击的情况，可以直接适用紧急防卫的特定前提条件，其余危险的排

---

① ［美］波拉·F.曼格姆：《受虐妇女综合症证据的重新概念化：检控机关对有关暴力的专家证词的利用》，黄列译，载《环球法律评论》2003年第2期。

② Nourse .V, “The ‘Normal’ Successes and Failures of Feminism and the Criminal Law”, Chic-agoKent College of Law Review, 2004.

除，则属于防御性紧急避险。[①]有学者认为此类案件可以借鉴德国刑法中的防御性紧急避险的理论，采用阻却违法的防御性紧急避险进行解释。这一理论中，紧急避险对象并非仅限于无辜第三人，可用于解释当危险源来自施暴者时的避险行为。更重要的是，与“正在进行的不法侵害”相比，“正在发生的危险”的时间范围更宽，在防卫行为发生前出现的某种情况，也能被视为正在发生的危险。同时，家庭暴力受害者往往陷入一种面临巨大危机而迫不得已的情形，符合“不得已”要件；当我们把衡量的标尺置于这些迫不得已的情形下展开综合分析，基本可以平衡重大人身安全和生命法益，没有超过必要限度。

然而，这种观点的不足在于，在我国刑法理论体系中，对于紧急避险行为所强调的更倾向于“避险”，而非单纯的“紧急行为”。“避险”是指以消极的方式来保护自己，并不是如案件中受虐妇女采取消灭暴力的危险源的积极手段。同时，德国刑法理论对防御性紧急避险的规定，保护合法利益的方式仅限于通过损毁财物达到，但是否可以对来自人的危险源实施在德国仍存在争议。[②]再者，德国的防御性紧急避险这一理论当中存在着不少与我国正当防卫相类似的概念。例如，在德国刑法理论中，将危险源本身作为防御对象，这一要件在一定程度上增加了防御性紧急避险的避险限度，与德国的攻击性紧急避险相比而言更为宽泛；若与我国的正当防卫理论相比，我们所说的防卫限度与之基本等同，但在紧迫程度这一要件上两者存在明显差异，防御性紧急避险的紧迫程度宽于正当防卫，这必然导致其会被滥用。

### （四）期待可能性理论适用

该观点认为受虐妇女缺乏期待可能性的观点否认了在违法阻却事由层面上的解释可能，将其认定为超法规的责任阻却事由。法律规范是一种对个体

---

① ［德］乌尔斯·金德霍伊泽尔：《刑法总论教科书》，蔡桂生译，北京大学出版社2015年版，第179页。

② ［德］乌尔斯·金德霍伊泽尔：《刑法总论教科书》，蔡桂生译，北京大学出版社2015年版，第190页。

的规范、禁止或是命令，只有当行为人能够遵循且实施犯罪行为之外的行为时，才是适当的。因而，责任非难的前提基础是以行为人在行为当时具有适法行为的期待可能性。[①]在部分案件中，受虐妇女缺乏期待可能性，应当宣告无罪。但在非对峙型案件中，受虐妇女并不完全缺乏期待可能性时，仍然认可其存在不可避免的期待可能性之积极错误，因此阻却责任，从而否认犯罪的成立。此学说重要的一点在于，即使受虐妇女的行为仅是期待可能性有所减少，但同时受虐妇女存在期待可能性的积极错误，误以为存在丧失期待可能性的事情，并且此种积极错误不可避免，此时受虐妇女对杀害施虐者仍缺乏期待可能性。在此类存在积极错误的场合，应当就行为人的心理状态本身直接判断有否期待可能性。亦即，不是以对错误是否有过失、错误是否可以避免为基准，而是应以是否存在足以否定期待可能性的心理状态为基准。如果受虐妇女能够在行为时发挥自己的主观能力，就能认识到存在期待可能性时，即应认为存在期待可能性；如果受虐妇女无法发挥自己的主观能力，即认为存在不可避免的积极错误。[②]以本案为例，施暴者蒋某银曾说，只要离婚，他就会杀了孩子及刘某会的父母。并且，村民们曾多次目睹蒋某银实施暴力且制止无效。无人能够制止蒋某银的暴力行为，以致在案发当晚，蒋某银甚至还威胁会在次日早晨在村头强奸继女。从这一系列的事实来看，即使从某种角度来说刘某会也许还有其他进行救济的途径，但从其当时所处的客观情况以及其心理状态分析，她对期待可能性的认识错误不可避免，从而认为其缺乏责任。因此，在有关期待可能性的积极错误的场合，应当认为在规范的责任层面上，已经阻却或减弱了责任。

然而，此观点忽略了排除受虐妇女行为不法性的可能性，直接进入了责任认定层面，这样使得受虐妇女丧失了通过阻却行为不法性实现出罪的空间，同时也很容易造成对部分本身能够构成正当防卫行为的此类案件进行错误认定，将受虐妇女的行为认定为不法行为，从而进入责任层面，这样不利于形

① ［日］西田典之：《刑法总论》（第三版），弘文堂2019年版，第219页。

② ［日］前田雅英：《刑法总论讲义》（第七版），东京大学出版会2019年版，第300页。

成更为积极的社会效果。再者，期待可能性理论属于三阶层刑法犯罪构成体系中的责任要件，进入我国刑法理论体系仍存在一定的困难，与我国司法实践中所采用的犯罪构成体系难以匹配，其在四要件的适用中没有合适位置，难以在司法实践中被合理适用。

## 三、适用正当防卫的理论证成与合理路径

比较而言，我们更倾向于正当防卫适用的基本立场。但在最终的认定方向上，是否能够将其认定为正当防卫，认定的论证过程与前述几种学说有所差异。在具体运用相关理论解释之前，我们尝试建构一个行为模式，首先从时间条件和限度条件上初步进行构建，为其设定能够适用于客观上绝大多数情形的一般性、普遍性标准，然后借鉴受虐妇女综合征的理论为其设置辅助性的外部支撑。

要想适用正当防卫，应当初步考虑适用其存在的问题，即时间和限度这两个要件，它作为应当解决的最关键的问题，应放在内部考虑，寻找更为缓和的解释依据。而能够进入内部对时间和限度条件进行判断的支撑，则是借鉴受虐妇女综合征的理论作为案件的特殊客观事实进行考虑。换言之，根据这个行为模式，首先判断一个案件是否具备受虐妇女综合征的情形，若是具备，则能够进入内部进行时间和限度行为的分析。因为有了受虐妇女综合征理论的外部把关，内部对于时间和限度条件的判断则可缓和。这样既可以兼顾我国法治发展的现实情况，又能够吸纳外部先进理论为特殊情形作支撑，既不会因为过于灵活超出我国法律体系，又不至于僵化局限在现有框架体系内，忽略特殊情形，最终导致罪刑不相适应。

### （一）非对抗式反杀行为适用正当防卫的时间条件认定

我国传统正当防卫理论对正当防卫的时间条件限定为不法侵害正在进行。对于时间条件的严格限定实际上是为了防止防卫权的滥用，是为了能够在公

力救济尚有余地的情况下限制私力救济的空间[①]，以达到社会个体间权利的平衡。然而，若是受虐妇女在面临紧急情况时未能及时得到公力救济，甚至公力救济根本不存在时，依然压缩私力救济的成立空间，否定正当防卫的适用，这无疑与时间条件的设定目的背道而驰。

在非对抗式受虐妇女杀夫案中，往往存在着这样一种情形，施暴者采用言语或行动对受虐妇女进行心理暗示和预告，对其造成了一种强烈的心理层面的威胁，却并未着手实施下一次不法侵害。如刘某会案中，蒋某银并未着手实施下一次不法侵害，但其通过暴力行为及言语给刘某会造成了下一次不法侵害的紧迫性及危险性的预备暗示，即此时不法侵害并未着手进行，但受虐妇女基于上次不法侵害行为的实施或预备行为已然预见到自己的健康权、生命权将再次面临直接的威胁。此时，若能够从主客观层面综合判断其存在证据表明距离不法侵害的时间紧迫，或者穷尽公力救济途径时，则应当认定受虐妇女的行为满足正当防卫的时间条件。

此外，可以从我国关于正当防卫的规定中寻找放宽相关标准的价值倾向。《最高人民法院、最高人民检察院、公安部关于依法适用正当防卫制度的指导意见》中规定："对于不法侵害是否已经开始或者结束，应当立足防卫人在防卫时所处情境，按照社会公众的一般认知，依法作出合乎情理的判断，不能苛求防卫人。对于防卫人因为恐慌、紧张等心理，对不法侵害是否已经开始或者结束产生错误认识的，应当根据主客观相统一原则，依法作出妥当处理。"即使在相关规定中对时间条件的问题仍是较为模糊的表达，但可以从中窥见其有逐渐放宽标准的倾向，且强调从防卫人的处境思考，并着重关注防卫人恐慌、紧张的心理。因而，对于时间条件放宽的考量需综合多种因素，且要求有相关证据表明防卫人处境及其心理状况，使得放宽更具有说服力。

### （二）非对抗式反杀行为适用正当防卫的限度条件判断

限度条件为防卫行为不能明显超过必要限度造成重大损害，但由于受虐

---

① 彭文华：《受虐妇女综合症与杀夫案中正当防卫的认定》，载《法学评论》2022年第5期。

妇女长期遭受家庭暴力，其在心理上产生恐惧与无助，认为自己无法逃脱，并且从力量对比上看受虐妇女本身就处于弱势，若此时还要求其控制自己的行为限度，不符合其所处境地，因而不能够期待行为人不实施犯罪行为而实施适法行为。

此外，由于家庭暴力的特殊性，受虐妇女的精神与心理都处于高度紧张的状态下，在这种情况下如果按照传统正当防卫理论的防卫限度对其加以限制，会在一定程度上损害妇女的权利。此类案件中，长期的家庭暴力应当是已经触犯了刑法上的虐待罪，应当以施暴者长期存在此类在家庭、亲密关系下侵害受虐者生命、健康权的行为为前提，①此时出于双方利益的平衡，法律应当降低对施暴者的保护程度，放宽对受虐者保护自己权益的限制。

《最高人民法院、最高人民检察院、公安部关于依法适用正当防卫制度的指导意见》中规定："考虑双方力量对比，立足防卫人防卫时所处情境，结合社会公众的一般认知作出判断。"可见，在关于限度条件的规定中，也同样强调了要考量防卫人所处的境地，且判断需要结合公众普遍认知，能够得出立法目的更为倾向弱势的一方。因而，在限度条件的判断上，需要着重考虑是否有证据证明制止施暴者的侵害行为需要通过将其杀害，从而达到保护受虐者生命健康的目的。

### （三）受虐妇女综合征理论对正当防卫适用条件的补充

从对时间条件以及限度条件的分析可以看出，非对抗性的反杀行为实际上是存在适用正当防卫的空间的，但此空间需要有更为强有力的支持，同时也需在某种程度上为防止其空间过分扩大设置相应的外部制约条件，既不破坏正当防卫理论被适用的一般性规则，也能够避免脱离社会公众一般认知僵化适用规则，从而使得正当防卫理论能够在应有的体系中被合理地适用。

受虐妇女综合征一般是一种长期处于家庭暴力下的妇女所呈现的特殊心

---

① 陈兴良：《家庭暴力的正当防卫》，载《政法论坛》2022年第3期。

态，这种心态通常被认为是“暴力循环”和“习得无助”两个部分组成。[①]暴力循环实质上是家庭暴力的长期性和周期性，习得无助则是指受虐妇女经过“暴力循环”后的心理状态。中国学术界对此概念已经有了初步认识，但仍有不少学者认为其是一个社会心理学概念。然而，早在20世纪80年代，这一概念在美国成为一个法律概念而被适用，对于美国的司法实践系统而言，对这一概念的运用仅仅是对规范适用中的一些刻板印象进行挑战[②]，并未改变原有的法律体系框架。而在我国的刑法理论体系中，则无法简单移植，需要尝试将其与我国既有学说框架相结合。

受虐妇女综合征理论作为一种可用于证明防卫成立的专家证言，进入英美刑事审判中。与其他传统理论相比，受虐妇女综合征理论为理论分析注入了特殊的性别视角，防卫学说在实际的适用中存在对女性的不公，人们对家庭关系的刻板印象往往会影响审判。在审判过程中，我们需要明确传统防卫学说在实践中的适用，会出现对受虐女性心理状态的忽视，同时建立在亲密关系之上的刻板印象也影响着适用，需要受虐妇女综合征作为一个媒介，去对抗、纠正这样的现状。

因此，在找到时间条件及限度条件出口的基础上，可以引入该理论作为外部支撑。在时间条件上，暴力循环论具有的周期性和长期性导致受虐妇女在相当长一段时间内心理状态较为脆弱，为了防止紧迫危险转化为现实侵害，防卫人提前做出防卫行为，[③]因施暴者存在习惯性且长期的不法侵害，容易让人误认为存在随时可能发生的不法侵害。此时，在此行为模式之下防卫行为具有了现实意义，即将发生的不法侵害满足紧迫性需要，即使不法侵害不是现实存在的，一定条件下也应认定存在紧迫性，允许受虐者适时防卫。解释“紧迫危险”成为是否允许其适时防卫的关键，“紧迫危险”实际上是带有“正在发生”或是“随时将要发生”的意味，因为在此种行为模式的特殊性之

---

① 陈川：《美国正当防卫制度研究》，华东政法大学2021年博士学位论文，第129页。

② 郭晓飞：《论“受虐妇女综合症”的意义、局限及其在中国的接受——一个比较法的视角》，载《妇女研究论丛》2023年第6期。

③ 彭文华：《受虐妇女综合症与杀夫案中正当防卫的认定》，载《法学评论》2022年第5期。

下，“随时将要发生”具有偶然性，其发生的具体时间难以确定，因而对其时间限制应当放宽。在本案中的蒋某银宣称将对刘某会及其继女实施侵害行为，对于长期处于暴力循环之下的刘某会而言，这样的行为给刘某会本就长期不安的心理带来更强的预备暗示，且根据其对暴力行为周期性的了解，其有理由相信自己面临“随时将要发生”的危险，从而给其满足正当防卫的时间条件提供理论支撑。

此外，习得性无助也从侧面表现了公权力在其寻求救济过程中的长期缺乏，致使行为人只能选择自力救济。刑法应当优先保护防卫人的安全，而非牺牲防卫的有效性去保全侵害人可能遭受的伤害。[①]在限度条件上，根据受虐妇女综合征理论，需要将其在暴力循环及习得无助情况下的特殊心理、行为反应及其对反击行为所造成损害的程度纳入考虑范围，切勿不加区分地将对一般人的防卫限度作为判断标准，从而对防卫行为是否明显超过必要限度进行合理判断。充分考量具有受虐妇女综合征的女性在此状态下的特殊情况，以其状态的严重程度衡量其所采取的行为的严重程度。

受虐妇女综合征这一理论在国外已被用作专家证据[②]，帮助界定正当防卫，适用于西方刑事诉讼，实质上加强了对受虐妇女权利的保护。学者陈敏先后三次作为专家证人到庭接受询问，从一开始的不予认定到最后的接受意见，专家证人出庭的制度在逐步完善，[③]但具体适用还较为生硬。相关反对意见认为该理论的适用与我国的犯罪论体系、刑事审判程序等存在较大差异，其在

---

① 陈璇：《侵害人视角下的正当防卫论》，载《法学研究》2015年第3期。

② State v.Kelly案（1984）是美国将“受虐妇女综合征”以专家证言的形式应用于司法实践中的第一批案例之一。在婚姻关系存续期间，被害人对被告人进行身体上周期性的、频繁的攻击，曾达到一周一次的频率。在这些攻击中，被害人威胁被告人若其试图离婚，将会杀死她或者砍掉她身体的一部分。新泽西州法院认为，作为专家证言的“受虐妇女综合征”可以在本案中适用以支持被告人的可信性，并解释她在杀死丈夫时的心理状态。此外，该专家证言可以用于证明被告人相信她所面临死亡或重伤的危险是迫在眉睫和客观理性的。参见State v.Kelly，478 A.2d 364（N.J.1984）。

③ 王春霞：《涉家暴刑事案件应引入专家证人——四川李彦家暴杀夫案重审引发的思考》，载《中国妇女报》2015年5月1日，第A04版。

英美法系中是作为专家证言被适用的，而我国却没有这一程序，故难以适用。受虐妇女综合征在国外的适用价值在于能够弱化陪审员的刻板印象，作为一个重要事实为受虐妇女争取有利判决。因而，在我国的体系之下也可以尝试从证据法学与司法解释的方向切入。

这一理论被引入我国的诉讼认定程序是具有一定合理性的，并非只能够被英美法系的专家证言体系兼容。受虐妇女综合征实际上只是一种事实表现，只是将诸多具体的事实抽象概括为一套理论，作为具有特殊性的事实可以作为支撑正当防卫适用条件的要素。为防止其在我国诉讼体系中难以兼容的问题出现，或许可以通过相关司法解释或指导案例明确受虐妇女综合征在我国被适用的具体标准，将达到这一行为模式的非对抗式反杀行为纳入考量出罪的范围。在刑诉法领域，规定公诉人、当事人和辩护人、诉讼代理人可以申请法庭通知有专门知识的人出庭，就鉴定人作出的鉴定意见提出意见。此外，应当对这一规定进行扩张，扩大专家辅助人证据资格问题。确立有专门知识的人作证对审判过程的公正性具有一定的促进作用。2021年施行的《最高人民法院关于适用〈中华人民共和国刑事诉讼法〉的解释》有相关规定："因无鉴定机构，或者根据法律、司法解释的规定，指派、聘请有专门知识的人就案件的专门性问题出具的报告，可以作为证据使用。"这一规定有对专家辅助人地位的扩张，但与刑诉法规范存在一定冲突。[①]因而，当前需要相关立法来消解法律与司法解释之间的冲突，使得受虐妇女综合征能够有合理的位置作为辅助性的支撑被适用。

本案中，刘某会长期遭受蒋某银的不法侵害及其言语上的威胁，其长期处于暴力循环之中，也出于力量悬殊等原因未能脱离现状，长此以往，便陷入习得性无助的恐惧、慌乱心理。当蒋某银在案发当晚对其实施了严重的不法侵害行为后随即宣称天亮对其甚至继女施加更为严重的暴力行为，这样的预备暗示触发刘某会内心对紧迫的、随时可能要发生的危险的恐惧，因此做

① 龙宗智：《立法原意何处寻：评2021年最高人民法院适用刑事诉讼法司法解释》，载《中国法学》2021年第4期。

出提前防卫行为。此时，选择利用专家辅助人证据资格扩张的路径，避免病理化效应，又能够对案件进行更为客观全面的调查，也能够与刑诉法中针对未成年人这一特殊群体的“社会调查报告”具有政策上的一致性。刘某会在极度恐惧下做出的行为符合社会公众的一般认知，符合受虐妇女综合征的判断标准，从而进一步放宽解释时间和限度条件。这样的正当化路径在一定程度上也更符合正当防卫的制度价值，是对社会法秩序的维护。

## 四、结语

受虐妇女杀夫行为案件不断提醒着立法者需要提升对反家暴体系的重视、社会对妇女权益保障的重视，同时也有力推进刑法理论研究在社会性别色彩角度上的发展。为了能够使得原先具有中国特色的刑法理论体系不受到冲击，但又能够吸收外部先进的理论作为适应社会现象的依据，我们在坚持完善原有理论解释的基础上，将外部理论融入我国理论，实现创新与稳定的并存。司法既要公正无私，也应当下沉到特殊群体。基于刑法价值倾向与人文关怀，司法实务中应当转变审判思维，对受虐妇女给予更多的司法宽容，实现对妇女充分的保障。

# 洗钱罪主观要素司法争议及其破解

## ——以刘某某、吴某某洗钱案*为例

周海滨　张贺雨**

**摘　要：**《中华人民共和国刑法修正案（十一）》（以下简称《刑法修正案（十一）》）关于洗钱罪的规定删除“明知”要件后在理论上产生了许多争议。首先，洗钱罪系双重主观要素，即明知转移或者转换的财物是犯罪所得及其收益，明知犯罪所得及其收益属于七类上游犯罪中的一类或几类，“为掩饰、隐瞒”不应作为纯粹主观要素进行推定；其次，洗钱罪中的“明知”包括知道和推定知道；最后，刑事推定对解决主观明知的证明问题起到了重要作用，主观证明应遵循基础事实采用严格证明，构成“有效反驳”需要行为人提供证据或证据线索，推定事实的认定标准系高度盖然性。

**关键词：**洗钱罪；主观明知；刑事推定；高度盖然性

## 一、司法实践中的洗钱罪主观要素争议焦点

2022年2月，公安机关将涉嫌黑社会性质组织犯罪的裕某某抓捕归案，

---

*　案例来源：安徽省淮北市烈山区（2023）皖0604刑初259号刑事判决书，安徽省淮北市（2024）皖06刑终109号刑事判决书。

**　周海滨，安徽省淮北市烈山区人民检察院第一检察部主任、一级检察官。张贺雨，安徽省淮北市烈山区人民检察院第一检察部四级检察官助理。本文为安徽省2023年度全省检察理论研究课题“自洗钱犯罪研究”（WJ202310）的阶段性研究成果。

并将其经营的公司查封，其个人和公司银行账户均被冻结，公司会计将公司账目带走、手机关机以躲避侦查，裕某某妻子即被告人刘某某与公司经理丁某某商议如何处理公司资金问题，2022年3月，被告人刘某某要求公司会计将其个人银行账户内存放的公司资金1500余万元、刘某某姐姐个人银行账户内存放的公司资金400万元转移至被告人吴某某的中国工商银行账户，并商定将上述款项用于投资使用。2022年4月，公安机关明确告知吴某某上述款项为黑社会性质组织犯罪所得及其产生的收益，吴某某拒不配合公安机关追缴涉案资金，且为躲避侦查，使用多人账户多次转移资金，2022年6月，吴某某应刘某某要求再次提现10万元交给其使用，2022年6月、8月，公安机关先后两次向社会公开发布通告，征集裕某某等人涉嫌违法犯罪线索。

焦点一：一审公诉机关以刘某某、吴某某涉嫌洗钱罪提起公诉，辩护人认为刘某某对涉案资金系黑社会性质的组织犯罪的所得及其产生的收益不明知，不构成洗钱罪，构成掩饰、隐瞒犯罪所得罪，一审法院判决刘某某构成洗钱罪。

一审法院认为，本案中证人证言、被告人刘某某供述和辩解及相关书证等证据可以证实刘某某和裕某某系夫妻关系，且对公司的经营范围、公司人员组成有大致了解，明知裕某某等人实施了多起犯罪活动且被判处刑罚，裕某某等人被公安机关刑事拘留且其经营的公司被查封，裕某某等人及公司的银行账户被冻结，在此情形下刘某某联系到正在躲藏的公司会计，立即安排公司会计及其姐姐将其账户内存有的公司大量资金转移至吴某某账户，综合考虑刘某某的身份情况、认知能力，与上游犯罪行为的关系、转移资金的数额、去向等因素，足以认定刘某某主观上明知涉案资金系黑社会性质的组织犯罪所得及其产生的收益仍将其转移、隐瞒的事实，其行为已构成洗钱罪。故，对上述辩护意见不予采纳。

焦点二：公诉机关认为吴某某构成洗钱罪，辩护人认为吴某某对其转移资金的性质为黑社会性质组织犯罪所得及其产生的收益不明知，不构成洗钱罪，即使认为吴某某构成犯罪，也应当认定为掩饰、隐瞒犯罪所得罪，犯罪数额应当按照其主观上有犯罪故意，且客观上能够管理控制的资金数额予以认定，一审法院判决吴某某构成洗钱罪。

一审法院认为，本案中证人证言、被告人刘某某的供述和辩解及相关书证等证据能够证实2022年3月刘某某把涉案资金转给吴某某时，将裕某某已被公安机关抓获一事明确告知吴某某，其转给吴某某的资金是公司的资金，结合吴某某在公安机关的供述，明知裕某某家庭势力大、垄断矿上矸子石生意、在煤矿行业混得不错、被判过刑，刘某某转来的钱实际是裕某某公司的钱，刘某某告知其公司出事了，裕某某被公安机关抓获，在与刘某某的微信聊天中称该笔资金为黑钱。综合上述证据足以认定吴某某主观上明知相关款项系黑社会性质的组织犯罪所得及其产生的收益，而通过提供资金账户、将财产转换为现金、转账、投资等方式转移资金的事实，其行为已构成洗钱罪。故，对上述辩护意见不予采纳。

一审判决后，被告人刘某某以原判认定其主观上“明知”裕某某等人是黑社会性质组织及涉案1900余万元是黑社会性质组织的犯罪所得及其产生的收益证据不足，其行为不符合洗钱罪主客观构成要件为由提起上诉，被告人吴某某以原判认定其在接受、使用涉案资金时主观上“明知”是黑社会性质组织的犯罪所得及其产生的收益证据不足，认定其“明知”涉案资金性质的时间节点事实不清为由提起上诉。二审裁定驳回上诉，维持原判。

从上述案例可以看出，欲证明行为人构成洗钱罪，首先在主观方面需达到“明知”的证明标准，显然，此处吴某某的明知应为“确定知道”，也就是既要求明知犯罪所得及其收益属于七类上游犯罪中的一类或几类，又要求明知转移或者转换的财物是犯罪所得及其收益，但关于“明知”这一主观要素证明难度大、耗时长，行为人往往辩称对洗钱对象系“违法犯罪所得”不明知，从而无罪，或辩称未掩饰、隐瞒洗钱对象性质和来源，从而无罪，或辩称对洗钱对象“违法性质”不明知，从而构成掩饰、隐瞒犯罪所得、犯罪所得收益罪。因掩饰、隐瞒犯罪所得、犯罪所得收益罪法定刑轻于洗钱罪，是轻罪辩护的重要思路。综上，证明行为人构成洗钱罪的主观方面，需要构建三重证明标准，首先需要证明行为人明知上游犯罪属于七类犯罪；其次需要证明行为人具有洗钱的犯罪故意；最后需要证明行为人实施洗钱行为是为了掩饰、隐瞒七类犯罪所得及其收益的性质和来源。这无疑是对本就证明难度较高的主观方面雪上加霜，2023年，我国法院审结涉黑恶犯罪案件1855件11191人，审结涉毒品犯罪案件3.3万件5万人，审结贪污贿赂等职务犯罪案件2.4万件2.7万人，审结金融案件303.2万件，洗钱罪审结861件1019人。[①]虽同比分别增长23.5%、22.2%，但与数量庞大的上游犯罪相比，依旧相去甚远。面对洗钱罪主观方面认定存在的争议焦点问题，特别是《刑法修正案（十一）》删除洗钱罪的"明知"，将"为掩饰、隐瞒"调整至句首，"故意""明知""为掩饰、隐瞒"在洗钱罪主观要素的认定上存在分歧，有必要就该问题提出相应的解决措施。

## 二、删除"明知"后，洗钱行为人主观要素的认定

### （一）删除"明知"后，仍需认定洗钱行为人具有主观故意

根据《中华人民共和国刑法》（以下简称《刑法》）第191条的规定，洗钱罪行为人在主观上并不属于过失犯罪，而属于故意犯罪，行为人主观上对洗钱对象属于上游七类犯罪的所得及其收益具有明确认识。由此可见，尽管《中华人民共和国刑法修正案（十一）》删除了"明知"术语，只是降低了对洗钱行为事实的证明标准，弱化了事实证明的重要性，但丝毫不影响洗钱罪的主观要件，并未改变洗钱罪的主观方面依然是故意的基础事实。[②]

对此，大部分学者持肯定意见。肯定的理由集中体现为：一是在立法目的上，删除"明知""协助"，是为了打击自洗钱这种行为，把自洗钱行为认定为洗钱罪，排除了行为人对上游犯罪所得及其收益不明知的情形，也不需要对自己进行"协助"；二是在立法背景上，2003年12月10日，我国签署《联

---

① 《最高人民法院工作报告——2024年3月8日在第十四届全国人民代表大会第二次会议上》，载中国人大网，http://www.npc.gov.cn/npc/c2/kgfb/202503/t20250317_444305.html，最后访问时间：2024年3月15日。

② 刘艳红：《洗钱罪删除"明知"要件后的理解与适用》，载《当代法学》2010年第4期。

合国反腐败公约》，2005年10月27日，全国人大常委会审议并批准了该公约，加强国际反腐败领域的合作，在《中华人民共和国反洗钱法》正式实施后，我国于2007年6月28日加入反洗钱金融行动特别工作组（FATF），该组织制定的反洗钱四十项建议和反恐融资九项特别建议是国际反洗钱和反恐怖融资领域最权威的文件，但上述国际组织、国际公约普遍认为我国洗钱罪打击范围过窄，为履行国际承诺和打击洗钱犯罪，我国将上游犯罪主体纳入洗钱罪主体；三是在司法实践上，若洗钱罪不需要主观故意的构成要件，则会陷入“客观归罪”的法律风险，不符合我国主客观相统一的刑法原则；四是从“明知”在刑法中的作用与地位分析，刑法分则中的“明知”是指某些行为虽然不是构成犯罪的必要条件，但一般视为影响犯罪成立的重要因素；然而，《刑法》第14条规定的“明知”是对犯罪构造的要求，是对行为性质和法律后果的认识，并不是针对特定犯罪事实的认识或强调。

凡此种种，大多数人的观点皆同意构成洗钱罪需要具备主观要件，但根本原因有以下几点：一是刑法分则中的“明知”的含义不同于刑法总则的“明知”。刑法分则中，“明知”出现在了34个罪名37个条文中。“明知”是个中性词，无法单独存在，若要使用“明知”，则需要加上宾语，以明知+违法物品或违法行为的方式存在（如“明知是假药而提供给他人使用”“明知是上述药品而销售”），但刑法总则中，只有第14条规定对“明知”有所表述。二是“明知”的删除不影响犯罪主观方面的认定。犯罪过失分为两种，一种为疏忽大意的过失，另一种为过于自信的过失，在过失犯罪中，行为人或多或少都会“预见”危害结果的发生，这就是过失犯罪的“明知”，因此，我国在典型的过失犯罪罪名中也存在“明知”表述，如我国《刑法》第134条强令、组织他人违章冒险作业罪中规定：“强令他人违章冒险作业，或者明知存在重大事故隐患而不排除，仍冒险组织作业”，而典型的故意犯罪罪名中，却无“明知”表述，但这不妨碍故意杀人罪、盗窃罪、诈骗罪等行为人需要具备“明知”要素。三是在《刑法修正案（十一）》出台之前，部分学者的观点为“明知”是主观超过要素，但洗钱罪中的“明知”不同于目的犯，目的犯达不到目的，并不影响犯罪既遂。但原洗钱罪“明知”后的宾语是七大上游犯罪，需要客观事实予以证明，若没有客观事实与之对应，行为人将不构成洗钱罪。因此，这种看法值得商榷，而认定构成洗钱罪需要双重主观要件，是符合洗钱罪主观要件证明标准的。

### （二）删除“明知”后，洗钱行为人主观故意证明程度降低

#### 1.删除“明知”后，仍需认定洗钱行为人具有“明知”要件

删除“明知”后，构成洗钱罪仍需具有主观故意要件，但是否还需要“明知”要件，学界中存在两种争议观点，一种观点认为在认定洗钱的主观方面时，“自洗钱”自然不存在证明行为人“明知”的问题，“他洗钱”则不同，在认定行为人主观方面时，必须证明行为人主观上的“明知”；另一种观点认为，洗钱罪中，行为人的主观方面表现为故意，即使删除“明知”这一主观要件，从形式上看，洗钱罪入罪均不需要证明“明知”，但仍需将“明知”要件作为“他洗钱”出罪的根据，以保证对“他洗钱”犯罪处罚时的合理性与必要性。笔者认为，第一种观点较为合理。

首先，“自洗钱”自然不存在证明行为人“明知”的问题，自洗钱的犯罪主体即本罪上游犯罪主体，其对自己的犯罪所得来源应当具有清晰的认识，因此无须证明；其次，“他洗钱”在认定行为人主观方面时，必须证明行为人主观上的“明知”，他洗钱行为人与从事上游犯罪的行为人不具有同一性，若他洗钱行为人对上游七大犯罪不明知，则不构成洗钱罪或掩饰、隐瞒犯罪所得罪，这是洗钱案件的争议焦点。不证明他洗钱行为人“明知”，而直接从客观方面认定涉嫌他洗钱的行为人构成洗钱罪，是一种有罪推定，不符合我国的无罪推定原则，“入罪”不合理。将“明知”放在“出罪”节点，从构成要件体系上看，他洗钱行为人要在主观要件上使用“明知”达到“出罪”目的，不可避免需要在主观层面证明行为人“不明知”，实际上还是需要对他洗钱的“明知”进行证明，将本可无罪的行为先“入罪”、再“出罪”只能增加诉累，因此，反对论实际上也是认同删除“明知”后仍需对他洗钱行为人是否具有“明知”要件进行认定。

#### 2.关于“明知”的程度应采纳“确定+可能性认识说”

无论是在法学理论界，还是在司法实务界，对洗钱罪“明知”的含义或

者认定争议颇大，一种观点认为“明知”只能是确知，即明确知道，明明知道。[①]即对于行为人来说，“明知”在法律层面必须是确定性认识，而非不确定的。[②]另一种观点认为“明知”包括确定知道和可能知道。可能知道指的是行为人的内心只是达到了一种盖然性，或者概括的认识程度。主张不要求确切地、确实地知道对象的属性，只要有这种认识的可能性就足以成立。[③]还有人认为“明知”不仅包括明确知道，还包括应当知道，这种理解也得到了许多司法解释和学者的认同。[④]笔者认为，第二种观点较为妥当。

第一，洗钱罪中的“明知”不是确定知道。严苛的主观方面证明标准是造成洗钱罪定罪数量少的重要原因，洗钱行为人以对上游犯罪不明知进行抗辩，给侦查机关的取证和公诉机关的认定带来巨大挑战。在一些案件中，行为人会刻意回避赃款的性质，即使感觉赃款来源不明，也不会主动查证，如地下钱庄的经营者，在进行规模化、专业化的洗钱行为时，因业务量大，对上游犯罪性质实际知晓的概率会非常低。若洗钱罪要求行为人对七大上游犯罪确定知道，会将犯罪故意中的“犯罪事实认识”升级成为“法律性质认识”，这对非学法人士是比较困难的。

第二，洗钱罪中的“明知”不是应当知道。在司法实践中，司法工作者一般认为洗钱罪中的“明知”应当解释为“知道或应当知道”，但在法学理论界，对“应当知道”的认识并不趋同。一种观点认为，根据当然解释理论，“应当知道”在文义上可以解释为行为人“应当（去）知道”，出于各种原因的阻断，导致其事实上的“不知道”；另一种观点认为，“明知”的意思是行为人事实上已经知道，“应当知道”则说明行为人并不知道，因此，“明知”不等于“应当知道”。

“应当”是具有命令色彩的表述，无论“应当知道”属于故意犯罪还是

---

① 蔡桂生：《国际刑法中“明知”要素之研究——以〈国际刑事法院罗马规约〉第30条为例》，载《上海政法学院学报》2007年第5期。

② 莫洪宪：《论国际社会反洗钱犯罪》，载《刑法论丛》1999年第2卷。

③ 钊作俊：《洗钱犯罪研究》，载《法律科学》1997年第5期。

④ 陈兴良：《教义刑法学》，中国人民大学出版社2010年版，第442页。

过失犯罪，在洗钱犯罪中，当洗钱行为人客观上实施了洗钱罪客观要件行为，但主观上确实对真相不明知，公诉机关用“应当知道”推定其对真相有知道的义务、应当知道真相时，被告人会反思自己是否有义务知道，进而认为自己有义务知道而不知道，是构成洗钱罪的，从而放弃辩解，无形之中会造成司法认定错误。再者，若用“应当知道”对洗钱行为人主观要件进行推定，会导致公诉机关着重对洗钱行为人基于身份、场景等条件下，对上游犯罪所得及其收益有明知的义务进行证明，使洗钱罪扩大到过失犯罪。

第三，洗钱罪中的“明知”是知道和推定知道。首先，在《刑法修正案（十一）》出台之后，最高人民检察院、中国人民银行发布惩治洗钱犯罪典型案例——曾某洗钱案中，检察机关即结合熊某、曾某二人交往情况、曾某身份专业背景等情况，对熊某实施多种违法活动、行贿款性质推定为明知，最终认定曾某构成洗钱罪。其次，2024年8月20日起施行的《关于办理洗钱刑事案件适用法律若干问题的解释》第3条综合继承了《关于办理洗钱刑事案件若干问题的意见》第8条、2009年《最高人民法院关于审理洗钱等刑事案件具体应用法律若干问题的解释》第1条的规定，认定主观明知，仍需结合行为人的情况综合审查判断。因此，在司法实践中，认定行为人对上游犯罪所得及其产生的收益的认识，包括知道或者推定知道。

### （三）“为掩饰、隐瞒”不宜作为单纯主观要素认定

在办理洗钱案的司法实践中，“为掩饰隐瞒……来源和性质”如何定性也影响着洗钱罪的认定，有学者认为属于洗钱罪的主观构成要件，有学者认为属于洗钱罪的客观构成要件。《刑法修正案（十一）》删除句首的“明知是”，将“为掩饰隐瞒”调整到句首，一是为了保持法条表述的通顺和严谨，二是为了增强“为掩饰隐瞒”要素的法律指示效果。[①]从立法表述而言，这种变化并没有对洗钱罪的构成要件产生实质性的影响，无论是“明知是”还是“为

---

① 卫磊：《〈刑法修正案（十一）〉对洗钱犯罪刑法规制的新发展》，载《青少年犯罪问题》2021年第2期。

掩饰隐瞒”，都没有改变二者依然是洗钱罪的证明要点。无论哪种观点，皆有其合理性，因为“为掩饰、隐瞒”的目的不能脱离于“掩饰、隐瞒”的客观行为而存在，但司法实践中应将“为掩饰、隐瞒”主观要素的证明外化成为客观事实的证明。

第一，从形式方面看，“明知”依赖于行为人的主观真实意思表示，行为人“明知”的程度甚至在犯罪行为的实施过程中是变化的，因此需要用“有证据证明行为人确实不知道的除外”预留反驳空间。“为掩饰隐瞒”更依赖于司法者的办案经验，判断标准从行为人视角变成社会一般人视角，即行为人实施的行为是不是普遍认为的洗钱行为，因此《关于办理洗钱刑事案件适用法律若干问题的解释》第5条没有规定主观推定要素。

第二，从司法实践上看，把“为掩饰、隐瞒”作为单纯主观要素会增加办案机关的举证责任。司法实践中也有因不能认定为“掩饰、隐瞒”而不构成洗钱罪的情形，如李某甲非法吸收公众存款罪、洗钱案，一审认定李某构成洗钱罪，二审法院认为行为人实施非法吸收公众存款罪的非法获利用于购买房产，系消费行为，不构成洗钱罪。[①]购买房产属于消费行为还是掩饰、隐瞒行为认定存在困难。

第三，“为掩饰、隐瞒”不是洗钱罪的构成要件，不能视为洗钱罪的主观超过要素。“为掩饰、隐瞒”不应归为目的犯，不是洗钱罪的构成要件，因为从目的犯的分类来看，一种是断绝的结果犯，行为人实施符合构成要件的行为就可以实现目的，而洗钱罪中行为人的目的是掩饰、隐瞒特定上游犯罪的犯罪所得及其收益的性质和来源，掩饰、隐瞒行为不能既是行为又是目的；另一种是短缩的二行为犯，行为人实施符合构成要件的行为后，还需要行为人或第三者实施其他行为才能实现的目的，但第二个行为的实施需要以第一个行为的实施为基础和前提。洗钱罪不存在两个客观行为，故洗钱罪不属于短缩的二行为犯。“为掩饰、隐瞒”有与之相对应的客观行为，即洗钱行为，若没有掩饰、隐瞒行为，则不构成洗钱罪，因此，“为掩饰、隐瞒”不是主观超过要素。

---

① 山东省德州市中级人民法院（2023）鲁13刑终736号刑事判决书。

## 三、洗钱罪“明知”要件推定标准的建构

### （一）洗钱罪明知推定理论

洗钱行为人认罪认罚，司法机关认定其构成洗钱罪需按照证据证明规则，对犯罪事实证明达到“排除合理怀疑”的要求，即达到“犯罪事实清楚，证据确实、充分”的标准。洗钱行为人不认罪认罚，基于保护法益的需要和人类认识能力的局限性，应当允许少数推定明知的情况存在，而此时对犯罪事实的证明标准必然会低于“排除合理怀疑”标准，因此不能不当扩大推定“明知”的范围，应达到高度盖然性的证明标准。

推定作为一种法律规则，虽然在我国《刑法》中未明确规定，但在立法和司法中，涉及主观要素的刑事推定最为常见，在不同的时代和国家有着不同的表达。《唐律疏议》中，对未能获取口供的情形，有类似刑事推定的表述，“‘若赃状露验’，谓计赃者见获真赃，杀人者检得实状，赃状明白，理不可移，问虽不承，听据状科断”①。这一规定打破了“断罪必取输服供词”的口供为王的刑事证明惯例。我国有学者认为，刑事推定是指“司法人员运用逻辑、日常经验法则从已知的基础事实推断出待证事实，并允许犯罪嫌疑人、被告人提出反驳的事实认定规则”。可以得出，刑事推定是使用能够证明的A事实（基础事实），经犯罪嫌疑人、被告人反驳，推定出B事实（推定事实）。

综上，依据以上刑事推定的分析，不难得出在缺乏直接证据证明行为人“明知”的情况下，证明行为人构成洗钱罪需要基础事实达到排除合理怀疑的程度、基础事实和推定事实存在因果关系、得到有效反证条件。

### （二）洗钱罪推定证明标准构建

第一，基础事实采用严格证明，证明标准应达到排除合理怀疑。严格证

---

① （唐）长孙无忌等撰：《唐律疏议》，刘俊文点校，中华书局1983年版，第552页。

明包括四个方面的内容：一是上游犯罪所得及其收益的来源和性质。根据《关于办理洗钱刑事案件若干问题的意见》第7条之规定，刑法第191条规定的洗钱罪，应当以上游犯罪事实成立为认定前提。上游犯罪依法裁判，其认定内容可作为证据直接使用，未依法裁判的，需查证属实。二是行为人获取的犯罪所得及其收益情况。虽然不能直接证明行为人具有“明知”，但可以间接证明行为人实施洗钱行为的目的，即获取非法所得或非法利益。三是客观上实施的具有洗钱外观的事实。固定好此类证据，是推定行为人构成洗钱罪的基础，该组证据应当能够与其他证据相互印证。四是行为人主观上的认知能力。行为人主观有无洗钱的故意暂且无法认定，但行为人自身所处的生活和职业环境、与上游犯罪行为人是不是特定关系人、实施客观行为时所接触到的信息，该组证据是进行明知推定的关键。

第二，行为人构成“有效反驳”，需要行为人提供证据或证据线索。有学者认为刑事推定伴随着证明责任而转移，该观点认为，刑事推定会使证明责任由控方转移至被告人一方。[①]证明责任转移不适合我国刑事诉讼模式，行为人虽无承担证明责任的义务，但需提供“证据或证据线索”反驳明知推定，否则会被视为默认承担不利后果。首先，我国是职权主义国家，不同于英美国家的当事人主义，我国公、检、法负有查明事实真相的职责，《刑事诉讼法》第52条有明确规定，公、检、法要对行为人及其辩护人提出的理由及证据进行查证。其次，控方虽然对行为人“明知”这一主观要素承担举证责任，但要证明行为“明知”只能通过自证其罪或者从客观行为予以推断，从有利于诉讼进程或者保障行为人诉讼权利出发，应当允许行为人或辩护人承担部分证明责任，提供证据线索，以降低诉讼成本，查明案件事实。

第三，推定事实的认定标准系高度盖然性。2019年4月，FATF在对我国第四轮互评估报告中认为，中国的洗钱罪判决数量有限，这主要是由于难以证明洗钱罪成立所必需的“明知”要件，建议我国“降低明知的认定标准”。[②]

---

① 陈永生：《论刑事诉讼中控方举证责任之例外》，载《政法论坛》2001年第5期。

② 王新：《自洗钱入罪后的司法适用问题》，载《政治与法律》2021年第11期。

检察机关履行基础事实的证明责任时，行为人提出“不明知”的证据或证据线索，检察机关需承担该证据或证据线索不成立“不明知”的证明责任，若行为人及其辩护人提出的证据或证据线索被证伪，可认为现有证据达到了高度盖然性的证明标准，行为人将承担构成洗钱罪的不利后果；若行为人沉默或进行了“幽灵抗辩”，则可认为行为人未提供有效反驳，等待诉讼程序结束，法官对全案证据作整体评价，视检察官的举证能否达到使自己形成“有罪的确信心证”的程度而作出有罪或无罪判决；若检察机关未能承担证明责任或未达到证明标准，检察机关将会承担败诉的不利后果。

## 四、本案案情分析

第一，本案的证据能够证实基础事实。首先，裕某某等人已被法院以犯组织、领导、参加黑社会性质组织罪等罪判处刑罚，本案的涉案资金属于裕某某等人黑社会性质组织的犯罪所得及其收益；其次，刘某某、吴某某实施了掩饰、隐瞒资金来源和去向的行为，刘某某将涉案资金转移至吴某某提供的本人和他人账户内，吴某某通过转账至第三人账户、提现、投资等方式转移资金，系“提供资金账户”的行为，客观上具有洗钱外观的事实；最后，刘某某与裕某某系夫妻关系，1997年刘某某与裕某某认识，之后结婚，虽在裕某某公司无任职，但裕某某曾因实施故意伤害、聚众斗殴、寻衅滋事等暴力性犯罪被判处刑罚，刘某某主观上对此有认知能力。

第二，关于刘某某的主观“明知”。首先，2022年2月裕某某被公安机关抓获后，刘某某与公司经理丁某某商议如何处理公司资金问题，并让公司会计躲藏，在裕某某公司及家庭成员，包括刘某某本人账户均被查封的情况下转移资金，具有掩饰、隐瞒犯罪所得的主观目的；其次，刘某某对裕某某曾经实施的暴力性犯罪行为明知，对裕某某如何通过犯罪手段中标煤矸石生意攫取利益应当明知；最后，在公安机关要求将涉案资金交到指定账户时，刘某某拒不配合，并不断怂恿吴某某拒不退还涉案资金。综合考虑刘某某身份情况、认知能力、与上游犯罪行为的关系、转移资金的数额、去向等因素，足以推定刘某某主观上明知涉案资金系黑社会性质的组织犯罪所得及其产生的收益。

第三，关于吴某某的主观“明知”。首先，吴某某辩称转移的1900余万元涉案资金系刘某某让其投标煤矸石，但该辩解明显不成立，经公安机关侦查，招标资金不需要1900多万元，且客观上仅有100万元资金用于投标，未中标的情况下仍归吴某某使用，该辩解不成立；其次，在公安机关明确告知吴某某其接收的资金属于公安机关应当冻结的资金这个节点之后，吴某某拒不配合上交涉案资金，在自己使用的账户被冻结后，仍通过其他人的账户继续转移资金，应当推定其主观上对涉案资金属于违法犯罪所得明知；最后，从吴某某的供述可以证实吴某某与刘某某认识十几年，其知道“裕某某在某村附近混得不错，混得不错指的是坏名声”，且公安机关2022年6月、8月两次发布公告征集裕某某等人为非作恶、欺压百姓的违法犯罪线索，因此，无论是在“公安机关告知”这个节点之前还是节点之后，均应当推定吴某某主观上明知涉案资金系黑社会性质的组织犯罪所得及其产生的收益。

综上，证明刘某某与吴某某构成洗钱罪的基础事实已达到排除合理怀疑的程度，二人未构成“有效反驳”，推定二人构成洗钱事实的证据标准已达到高度盖然性，能够推定二人构成洗钱罪的“明知”。

## 五、结语

《刑法修正案（十一）》删除洗钱罪的“明知”要素后，虽然不影响洗钱罪仍需把握主观要件，但降低了洗钱罪入罪的证明标准，2024年8月20日起施行的《关于办理洗钱刑事案件适用法律若干问题的解释》将洗钱罪主观要素的列举式规定转变成概括式规定，进一步解脱了洗钱罪主观要素证明的束缚，减轻了司法机关的证明责任，实现了打击洗钱犯罪的刑法功能，但不能无限制扩大洗钱罪“明知”的范围，需要优化“应当知道”的法律形式，保留“应当知道”的功能属性，使用“推定知道”代替“应当知道”。参照《关于办理洗钱罪刑事案件适用法律若干问题的解释》，构建洗钱罪“明知”要素推定标准，为解决在司法实践中认定行为人是否构成洗钱罪提供了明确的路径，即确定洗钱罪的基础事实，排查行为人的反驳事实，明晰待证明事实的证据标准，进而完成洗钱罪“明知”的主观推定，助力司法机关有效打击洗钱犯罪，攻克洗钱罪主观要素认定难题。

# 轻度公开猥亵行为的刑法评价

## ——以孙某强制猥亵案为例

叶 蕾 赵 琦*

**摘 要：**现行《中华人民共和国刑法》（以下简称《刑法》）及《中华人民共和国治安管理处罚法》（以下简称《治安管理处罚法》）均对猥亵行为的法律后果作出了规定，但在何种程度的猥亵应当认定为强制猥亵罪、公共场所当众实施轻度猥亵能否入罪等问题上仍缺乏明确规定。司法机关在对猥亵行为进行定罪量刑时应坚持宽严相济原则，结合行为的手段、时长、地点及危害性大小等因素，对猥亵违法行为与猥亵犯罪行为予以界定，必要时可考虑将法定量刑情节作为定罪情节适用，以恪守罪责刑相适应原则。

**关键词：**强制猥亵；一般猥亵行为；公共场所

## 一、案情简介及争议焦点

### （一）基本案情[①]

被告人孙某原系芜湖市某小区物业保洁员，负责打扫该小区内部及外围卫生。被害人朱某（案发时16周岁）系附近一学校的在校学生，每天步行上下学

---

* 叶蕾，安徽省芜湖市繁昌区人民检察院第一检察部检察官助理。赵琦，安徽省芜湖市繁昌区人民检察院检察官。

① 案例来源：安徽省芜湖市繁昌区（2024）皖0211刑初3号刑事判决书。

经过该小区附近。2023年2月初至2月19日，孙某打扫卫生时遇到朱某两次，均主动搭讪对方，并拉朱某的手，朱某挣脱后离开。2023年2月20日7时许，孙某打扫卫生时遇到朱某，主动搭讪对方，用手揉捏朱某手部，并拉向自己大腿根部及裆部蹭，朱某挣脱后离开现场。2023年2月23日13时，孙某再次偶遇朱某，用手揉捏朱某手部并拉向自己裆部蹭，在朱某挣脱后又一次拉住朱某实施上述行为，朱某挣脱后离开现场。2023年5月25日，孙某经电话通知到案。

案发前，被害人朱某有自残行为，2022年9月9日，经弋矶山医院诊断朱某患有抑郁症。案发后，朱某再次出现自残行为，因朱某不愿做心理测评，故未能就其心理状态进行专家论证。

一审判决情况：法庭经审理，被告人孙某两次强拉同一已满14周岁未成年被害人手往自己裆部蹭实施猥亵，并造成被害人心理疾病加重，其行为已构成强制猥亵罪。据此，人民法院认定孙某犯强制猥亵罪，判处有期徒刑一年八个月。

### （二）争议焦点

#### 1.轻度公开猥亵行为是违法行为还是犯罪行为

第一种观点认为，未采用暴力手段且强迫行为强制性较低的，猥亵行为持续时间短的，即使在公共场所当众实施，也应当认定为猥亵违法行为，而非犯罪行为。对于显著轻微的猥亵行为，如在地铁车厢利用乘客拥挤恶意触碰他人胸、臀的，对其作行政拘留即可。依据该观点，本案中，孙某虽在公共场所拉朱某的手触碰自己裆部，但并未使用暴力，从朱某挣脱并离开现场的结果看，孙某行为的强制性不够强，且持续时间短，不宜将该种猥亵行为认定为猥亵犯罪行为。

第二种观点认为，猥亵的身体部位不同，对被害人危害程度不同。针对面部实施猥亵行为的恶性显然无法与针对性器官的恶性相比较。此外，猥亵行为若对被害人羞耻心造成较大冒犯，亦对其身心造成较为严重的伤害，仅以猥亵违法行为认定的话，必将造成罪责刑不相适应。依据该观点，本案中孙某针对的部位系性器官，且在公共场所实施，相较于猥亵违法行为，造成的公民性的羞耻心冒犯程度更大，并造成了朱某自残的危害后果，应当将该行为认定为猥亵犯罪行为。

### 2. 轻度公开猥亵行为是否属于"在公共场所当众猥亵"

第一种观点认为，《刑法》第237条明确规定，以暴力、胁迫或其他方法，在公共场所当众猥亵的，处五年以上有期徒刑。刑法之所以对此加重处罚，正是因为相较于一般猥亵行为而言，在公共场所实施猥亵行为将对被害人性的自主权及羞耻心造成更大伤害，且对社会良好风尚造成更大程度的冒犯。依据该观点，本案中孙某在随时有人经过的人行道、店铺门口对朱某两次实施猥亵，符合"在公共场所当众猥亵"的规定，应对其适用五年以上法定刑。

第二种观点认为，在理解刑法条文中的"在公共场所当众猥亵"这一加重处罚情节时应当予以适度限制解释的精神，并非只要在公共场所实施一切猥亵行为，都可直接适用第二档法定刑，该条文中的"猥亵"应当是指本身即可单独评价为犯罪行为的严重猥亵行为，并不包括轻微的治安处罚意义上的猥亵违法行为。依据该观点，本案中孙某的猥亵行为本身即存在系"猥亵违法行为"还是"猥亵犯罪行为"的争议，在考虑其法定刑时不可脱离对行为认定的分析，直接依据"公共场所"对其适用五年以上法定刑，以适用第一档法定刑为宜。

笔者认为，孙某拉朱某的手摩擦自己裆部的行为因"在公共场所当众实施"构成强制猥亵罪，但不构成该罪的加重犯。在不考虑"公共场所当众实施"这一情节，仅对孙某的行为进行评价时，应当从猥亵行为的定义、猥亵行为入罪的考量因素等方面着手进行分析；明确孙某是否构成强制猥亵罪基本犯后，再从"公共场所当众猥亵"的适用前提出发，以论证在公共场所实施轻度猥亵行为的法律后果。

## 二、罪与非罪：猥亵犯罪行为及猥亵违法行为之界分

### （一）猥亵行为

何谓猥亵行为？"猥亵"在《现代汉语词典》里解释为"淫乱、下流的

动作”，作动词时是指做下流动作。现行刑法及相关司法解释，乃至治安管理处罚法均未对“猥亵行为”作出明确规定。张明楷在《刑法学》第七版中指出，猥亵他人是指针对他人实施的与性相关的行为，侵害他人的性的不可侵犯权的行为。[①]这一表述较为模糊，实践中也难以参考。深圳南山区人民法院办理“吴某东猥亵儿童案”时，在刑事判决书中指出：“猥亵”通常是指以刺激或者满足性欲为动机，通过性交以外的方式对被害人实施的淫秽行为，客观上包括抠摸、舌舔、吮吸、亲吻、手淫等行为方式。[②]深圳龙岗区人民法院在“陈某平猥亵儿童案”判决书中也作了类似描述。[③]此种表述高度概括了行为人实施猥亵行为的动机及常见行为方式，但实践中仍存在一定争议，如强制亲吻面部能否认定为猥亵行为，强迫未成年人或成年女性发送裸照、进行裸聊能否认定为隔空猥亵[④]等问题，均无法直接得出答案。

司法实践中，部分办案人员在认定“猥亵”行为时从行为人主观目的、侵犯客体及行为方式着手，对此，笔者不完全赞同。

从主观方面看，如南山区人民法院在判决书中的描述，行为人的主观要件体现为刺激或满足行为人或者第二人的性欲倾向。但从刑法及治安管理处罚法的条文看，二者均未提出猥亵行为必须表现出行为人内心特定倾向的要求，法学界在“行为人内心倾向是否构成猥亵行为的基本要素”尚未有统一定论，实践中也难以确定行为人主观目的。笔者认为，虽然绝大部分猥亵行为都是出于满足内心性刺激的需求，但该目的性仅能作为对他人实施亲吻、

---

① 张明楷：《刑法学》（第七版），中国政法大学出版社2024年版，第471页。

② 最高人民法院刑事审判一、二、三、四、五庭编：《刑事审判参考》（总第98集），法律出版社2014年版，第66页。

③ 最高人民法院刑事审判一、二、三、四、五庭编：《刑事审判参考》（总第137辑），人民法院出版社2024年版，第84页。猥亵儿童罪中的“猥亵”主要是指以抠摸、指奸、鸡奸等淫秽下流的手段猥亵儿童的行为。

④ 广州市越秀区人民法院在办理“曲某某强制侮辱案”时指出，强制猥亵在一定程度上强调人身的接触，否则将与强制侮辱类行为存在混淆，故为维护法条的完整性、体系性，应当将不具有人身接触特点但与猥亵具有同一性的下流行为解释为“强制侮辱”。猥亵儿童罪因未区分猥亵、侮辱行为，故对于儿童的隔空猥亵认定为猥亵儿童罪，具有其特殊性，并不适用于被害人系成年人的强制猥亵罪。因本文引用的案例中无隔空猥亵的情节，故不对该观点的合理性进行论证。

手淫、抠摸等行为本身的解释，不能据此认定系构成猥亵行为的前提。

从侵犯客体看，猥亵侵害的法益应当是他人的性的不可侵犯权的行为，该点笔者不持异议。部分学者认为猥亵还应当伤害他人的性的羞耻心，[①]笔者认为，即使被害人的性的羞耻心未被伤害，也不影响强制猥亵罪的成立，因为不同被害人性的羞耻心不尽相同，如性工作者的性羞耻心可能弱于一般社会群众[②]，若将该罪侵害的法益理解为性的羞耻心，那么法益侵害结果的严重程度将取决于被害人的主观感受和承受能力，最终会导致同案不同判，这也有悖于法律的明确性和可操作性的要求。

从行为方式看，学术界与实务界观点较为统一，认为猥亵行为针对的身体部位应当具有性象征，如胸部、臀部、下体隐私部位、大腿等，对于面部、背部等不具有性象征意义的部位实施抚摸、亲吻等行为能否认定为猥亵，应当慎重考虑。

### （二）猥亵犯罪行为

从《治安管理处罚法》《刑法》对猥亵违法行为及猥亵犯罪行为的规定看，不同程度的猥亵需要承担的法律后果相去甚远；从现行刑法中强制猥亵罪的罪状看，并未像1979年《刑法》中明确要求“情节恶劣”，但这并不意味着只要强制猥亵他人的就构成该罪。根据《刑法》的但书条款，以及与《治安管理处罚法》相衔接的需要，[③]在把握猥亵行为的入罪门槛时要从强制程度、强制手段、持续时长等方面入手。

#### 1.强制的程度要求

我国法学界对于强制猥亵罪的强制胁迫手段的实施程度问题看法不一，

---

① 王政勋：《强制猥亵、侮辱罪构成要件的法教义学分析——基于原型范畴理论的研究》，载《法律科学》2018年第4期。

② 汪雪城：《新强制猥亵罪的法理解读和规范评价——简评〈刑法修正案（九）〉第十三条第一款之规定》，载《福建法学》2016年第2期。

③ 最高人民法院刑事审判一、二、三、四、五庭编：《刑事审判参考》（总第129辑），人民法院出版社2022年版，第35页。

多数学者认为该罪罪状中“暴力、胁迫或其他方法”应当类比《刑法》第236条的强奸罪的犯罪手段，张明楷即持此观点。从司法实践看，强制猥亵罪的强制胁迫程度往往轻于强奸罪，主要表现为用强迫手段对被害人进行限制，使其难以反抗，行为人基于此完成了猥亵行为，这与运用暴力或胁迫手段使得被害人被完全控制、完全不敢反抗在强迫程度上有着较为明显的区分，若将强奸罪的暴力定义为强暴力，那么强制猥亵罪中的暴力达到弱暴力程度即可。检答网解答专家仲宏宸认为，“其他方法”不要求达到类似强奸、抢劫等犯罪中足以压迫对方反抗的程度，仅需达到心理上的震慑或压迫即可，具体案件中，要结合被害人的认知考察行为人的行为。[①]对于猥亵违法行为而言，《治安管理处罚法》中并未提出“强制”的要求，如前文所述，在地铁车厢利用乘客拥挤故意触碰他人胸、臀的，可以依据治安管理处罚法进行行政处罚。上海静安区人民法院办理的王某某强制猥亵案[②]也对此有所体现，该案中，王某某之所以能因“咸猪手”入刑，是因为其利用拥挤环境下不易躲闪、女性当众羞于反抗等特点，在被害人不断闪躲的情况下仍不断靠近并实施猥亵，该猥亵行为的强制情节表现得比较充分，与一般的“揩油”型猥亵行为明显不同，故不宜再认定为猥亵违法行为。

### 2.强制手段的多样性

强制猥亵罪中的强制手段表述为“暴力、胁迫或其他方式”，并不局限于暴力的殴打、拖拉、卡脖子等直接作用于被害人肉体的手段，也可以是采用胁迫手法的猥亵和恐吓，甚至是暴力、胁迫以外的其他方式。《侵犯公民人身权利民主权利犯罪办案指引》中将强制手段分为三种：暴力手段是指能够控制他人行动，不要求实质性的损害发生，如强行拉拽他人使其不能挣脱，紧紧抱住他人；胁迫手段强调的是对他人心理的控制，从而让他人放弃反抗；其他方式主要是指除暴力、胁迫之外的程度相当的手段，如灌酒、下药等促

---

① 参见最高人民检察院微信公众号2019年4月27日发布的《检答网集萃3》。

② 该案入选全国依法维护妇女儿童权益十大典型案例，因涉及未成年人，未公开刑事判决书文号。

使被害人难以反抗，或趁人昏迷、病重等被害人不知反抗。[①]南京市下关区人民法院办理唐某海、杨某强奸案时，对强奸罪中的“其他手段”作出了概括，其中就包括“利用被害人自身处于醉酒、昏迷、熟睡、患重病等不知抗拒或无法抗拒的状态，趁机予以奸淫”[②]，这一裁判理由也是对1984年《最高人民法院、最高人民检察院、公安部关于当前办理强奸案件中具体应用法律的若干问题的解答》第2条[③]的呼应。前文已述，实务中强制猥亵罪的强制程度往往轻于强奸罪，举重以明轻，利用他人无法反抗的条件实施强奸构成强奸罪，在强制程度低于强奸罪的强制猥亵罪中，此种“利用状态型”强制猥亵当然也构成犯罪。

3.行为持续的时长

一般而言，猥亵行为持续时间越长，对法益的侵害程度就越高。例如，甲突然搂住陌生女性并隔着衣服抚摸对方胸部，后立即逃离现场，其猥亵行为针对的虽是女性第二性征，但因持续时长较短，使得强制性未达到压制被害人使得对方难以反抗的程度（或者说被害人来不及反抗），只能作为猥亵违法行为处理。但若甲搂住对方后长时间实施抚摸其臀部的行为，甲的行为的强制性就明显高于短暂抚摸了，即使部位仅是臀部，也不妨碍强制猥亵罪的成立。

综上，笔者认为对于以趁其不备的方式实施一般猥亵行为的，因行为的强制性程度低，只在瞬间即完成猥亵行为，未压制被害人的意志，属于一般违法行为；对于无直接接触的猥亵行为，如公然裸露下体，因无强制性，同样属于一般违法行为[④]；对于以较为严重的暴力、胁迫方式实施强制、迫使被

---

① 周惠永、纪丙学主编：《侵犯公民人身权利民主权利犯罪办案指引》，中国检察出版社2022年版，第152页。

② 最高人民法院刑事审判一、二、三、四、五庭编：《刑事审判参考》（总第36集），法律出版社2004年版，第32页。

③ 1984年《最高人民法院、最高人民检察院、公安部关于当前办理强奸案件中具体应用法律的若干问题的解答》第2条规定，“其他手段”是指犯罪分子用暴力、胁迫以外的手段，使被害妇女无法抗拒。例如，利用妇女患重病、熟睡之机，进行奸淫；以醉酒、药物麻醉，以及利用或者假冒治病等方法对妇女进行奸淫。

④ 仅讨论强制猥亵罪与猥亵违法行为的界限，可能构成猥亵儿童罪的隔空猥亵在此不讨论。

害人屈从的猥亵行为，属于犯罪行为；对于利用他人醉酒、患病、熟睡等不能反抗、不知反抗或反抗手段受限等条件实施猥亵的，虽未直接实施强制手段，但其本质上利用了被害人无法反抗的条件，具有强制性，应当认定为犯罪行为；对于使用轻微力量、以较为轻微的胁迫实施猥亵行为的，则需要结合行为持续时长等因素综合判断，情节显著轻微、危害不大的强制猥亵行为不能视为犯罪。本案中孙某属于以轻微力量实施猥亵，需要结合作案地点、行为持续时长、危害后果等诸多因素分析。

## 三、"在公共场所当众猥亵"条款适用之分析

### （一）从是否以构成基本犯为前提分析

一般而言，如果出现法律规定的加重情节，法官却不评价为加重犯，则意味着司法侵入立法，违反了立法与司法分立的现代法治原则。但不论是在理论界还是实务界，加重犯的适用都是有前提的，张明楷认为，我国加重犯一部分属于加重的构成要件，另一部分属于量刑规则，二者区分的意义在于加重的犯罪构成可以有未遂存在，[①]如公共场所当众强奸；而作为量刑情节的加重犯则不会因未遂而适用加重法定刑，如以数额巨大的财物为目标，盗窃未遂，按照一般盗窃定罪处罚，而非适用三年以上十年以下有期徒刑。笔者认为，将行为已构成基本犯作为构成情节加重犯为前提，可以较为清晰地限制加重犯的构成范围。一方面，行为人在实施构成基本犯的行为过程中，若某一客观因素发生变化，以强奸罪举例，当强奸的地点从隐蔽场所变为公共场所，其行为即升格构成了情节加重犯，对于强奸罪而言，作案地点并非该罪的构成要件，变更地点并不会导致行为性质及类别发生变化，故构成加重犯的行为必然也符合基本犯的构成；另一方面，从法定刑看，加重犯的法定刑在基本犯之上，二者之间并无重合，如果适用远高于基本犯法定刑的加重

① 张明楷：《犯罪论的基本问题》，法律出版社2017年版，第47页。

法定刑，但该行为连基本犯都不构成，显然违背立法逻辑。

综上，强制猥亵罪中“公共场所当众猥亵”之“猥亵”需是本身单独评价即足以构成犯罪的严重猥亵行为，而不包括轻微的治安处罚意义上的猥亵违法行为。只有行为人在公共场所当众实施了足以构成犯罪的猥亵行为，才能适用加重处罚情节。

### （二）从罪责刑相适应原则分析

笔者认为，在理解某一犯罪的成立条件和量刑情节时，必须受到罪责刑相适应原则的指导与制约。实践中，猥亵行为样态各异，对于手指侵入他人阴道、压制他人反抗抚摸他人胸部持续时间较长等本身即可构成强制猥亵罪的行为，因“公共场所当众实施”而对行为人适用加重情节予以重罚，罚当其罪。有些猥亵行为轻微，介于违法与犯罪之间，无法为刑法所苛责时，只有具备“公共场所当众实施”、被害人较多、行为持续时间较长等情节时，才可考虑认定为猥亵犯罪行为。于书祥猥亵儿童案[①]二审判决中，即将“公共场所当众实施”作为猥亵违法行为的入罪依据。东莞市第三人民法院以猥亵违法行为及公共场所为依据，认定于书祥构成猥亵儿童罪的加重犯，对其判处五年六个月，东莞市中级人民法院认为于书祥的作案手段、危害程度并非十分恶劣、严重，原判认定其属于“在公共场所当众猥亵儿童”不当，最终以“公共场所”作为入罪条件，改判于书祥有期徒刑一年四个月。概言之，将“公共场所当众实施”作为加重情节，直接对实施猥亵违法行为的行为人判处五年以上有期徒刑，明显违背了罪责刑相适应这一基本原则。

此外，刑法为强奸罪设置的最低法定刑为三年有期徒刑，而普通情节的猥亵犯罪是五年以下有期徒刑或者拘役，通常情况下强奸罪的严重性重于猥亵犯罪，如将上述在公共场所实施的较为轻微的猥亵行为认定为具有加重情节，判处五年以上有期徒刑，则会导致猥亵违法行为的法律后果仅因“公共

① 最高人民法院刑事审判一、二、三、四、五庭编：《刑事审判参考》（总第114集），法律出版社2019年版，第65页。

场所当众实施”这一情节即远重于普通情节的强奸既遂之法律后果，显然不当。故，对于猥亵行为重于一般猥亵违法行为但无法认定为构成强制猥亵罪的，应当结合其“在公共场所当众实施”之情节综合考虑是否入罪，不可越过猥亵行为本身能否认定为猥亵犯罪行为之评价，直接对行为人升格加重处罚。

## 四、法定量刑情节作为定罪情节适用的合理性

任何法律条文都不可能完整描述所有案件事实，实务中不乏此类情况出现：若不考虑案件的加重情节，则行为人连基本犯都不构成；若将其行为评价为加重犯，不仅导致量刑畸重、违背罪刑法定原则，也违背了禁止重复评价原则。将加重情节评价为基本犯的构成事实，按照基本犯进行定罪处罚，可以有效化解该司法难题，有效避免上述两种极端处理方式。

### （一）从强制猥亵罪的历史沿革分析

通过历史解释分析不难看出，公共场所对于强制猥亵罪基本犯的构成与否有重要影响。1979年《刑法》中规定，流氓活动，情节恶劣的，才构成犯罪[①]；1984年《最高人民法院、最高人民检察院、公安部关于当前办理流氓案件中具体应用法律的若干问题的解答》（已失效）强调，流氓罪与流氓违法行为的区别，要看情节是否恶劣。情节恶劣包括：追逐、堵截妇女造成恶劣影响，或者结伙、持械追逐、堵截妇女的；在公共场所多次偷剪妇女的发辫、衣服，向妇女身上泼洒腐蚀物，涂抹污物，或者在侮辱妇女时造成轻伤的；在公共场所故意向妇女显露生殖器或者用生殖器顶擦妇女身体，屡教不改的；用淫秽行为或暴力、胁迫手段，侮辱、猥亵妇女多人，或人数虽少，后果严重的，以及在公共场所猥亵妇女引起公愤的。可见，在公共场所实施

---

① 1979年《刑法》第160条第1款规定：“聚众斗殴，寻衅滋事，侮辱妇女或者进行其他流氓活动，破坏公共秩序，情节恶劣的，处七年以下有期徒刑、拘役或者管制。”

猥亵行为是情节恶劣的情形之一，将其作为定罪情节予以评价符合相应立法精神。

### （二）从罪责刑相适应原则与罪刑法定原则平衡问题分析

对于前文提及的“上海公交咸猪手案”，部分学者认为该案的判决将本属于加重情节的“公共场所当众实施”转化为本不存在的入罪情节，违背了罪刑法定原则。罪刑法定的明确性原则要求“未定犯罪的法律条文必须明确，使人能确切了解违法犯罪行为的内容，保障国民的预测可能性”，[①]当刑法未将“公共场所当众猥亵”作为入罪条件时，则无任何法律依据进行加重情节入罪化。笔者对此持不同意见，罪责刑相适应原则与罪刑法定原则具有同等地位，在贯彻后者时不能抛却前者，而应当在二者之间进行平衡。就强制猥亵罪而言，“公共场所当众实施”的加重情节身份恰恰说明了在该条件下实施强制猥亵的危害性明显增加，若仅因“罪状中未明确表述”就对该种行为予以放纵，显然违背了罪责刑相适应原则，也与立法原意相去甚远。性侵害犯罪的隐蔽性决定了公共场所当众猥亵的手段普遍受限，时间通常也受到限制，如果不将该加重情节作为入罪的重要考量因素，那么绝大多数的公共场所猥亵都将因强制程度轻微而无法入罪，这与群众的朴素价值观相违背。

## 五、对孙某适用五年以下法定刑合理性之分析

### （一）以猥亵违法行为认定

#### 1.未达到被害人难以反抗的强制性程度

依据前文所述，对于强制程度较低、行为持续时间短的猥亵，因不足以压制被害人意志，只能认定为猥亵违法行为。本案中，孙某虽拉朱某的手触碰自己裆部位置，但并未使用强暴力或胁迫手段，该种在对方试图将手抽回

---

① ［意］杜里奥·帕多瓦尼：《意大利刑法学原理》（注评版），陈忠林译评，法律出版社1998年版，第24页。

时施加力量、让对方无法在极短时间内快速抽回的行为虽具有弱暴力的外观，具有一定的强制性，但并未达到一般强制猥亵案中的强制程度。从性别上看，孙某在力量上相较于朱某而言具有一定优势，但从年龄上看，孙某作案时已满65周岁，而朱某仅16周岁，二人即使力量存在差异也并不悬殊，单纯的拉手不至于让朱某无法反抗，朱某两次均稍用力即挣脱孙某的结果也证明了孙某行为的强制性未达到构成犯罪的暴力程度。

**2.持续时间短，无证据证明危害后果严重**

本案中，孙某拉朱某手触碰自己裆部摩擦数秒后，朱某即挣脱并离开现场，孙某虽有两次猥亵行为，但持续时间均较为短暂。此外，朱某虽在案发后出现自残行为，但该行为与孙某的猥亵行为之间是否具有关联性需要通过专家意见予以证明，因客观原因，本案中无相关证据，而此前朱某已出现过类似自残行为，故无法认定二者之间具有因果关系，朱某的自残结果不能由孙某承担责任。

综上，孙某的猥亵行为从形式上看似符合“在公共场所当众实施”的规定，但前文已论证该加重情节应以行为构成猥亵犯罪行为为前提，结合猥亵时间短暂、手段一般、危害后果与孙某行为的因果关系无法确认，孙某猥亵罪行的严重性远未达到应判处五年以上有期徒刑的程度。

### （二）将“公共场所”作为量刑情节而非加重情节

相较于一般的猥亵违法行为而言，孙某的行为具有更大的恶性，结合公共场所当众猥亵这一情节，应对其行为予以入罪。

**1.区别于一般的猥亵违法行为**

孙某强行拉朱某手的行为仅能评价为猥亵违法行为，并不足以压制朱某的反抗，但孙某是在观察一段时日后挑选朱某作为犯罪对象的，通过前几次的接触和试探，孙某对朱某内向的性格、未成年在校学生的身份均已有了解，知晓朱某羞于当众反抗的心理。随后，孙某利用朱某的这一心理，在公共场所公然对朱某实施猥亵两次，此时公共场所不再是单纯的作案地点，还是孙某用于压制朱某反抗的“工具”，即强行拉手行为与选择公共场所实施猥亵的行为共同作用，使得朱某不敢用力反抗。该种行为虽无法与强制猥亵罪的暴力、胁迫相等同，但在强制性程度上已超过一般猥亵违法行为的范畴。

此外，就性侵害犯罪而言，刑法将在公共场所当众实施强奸、猥亵规定为强奸、猥亵犯罪的法定加重处罚情节，主要是因为性活动具有高度的私密性。孙某的作案地点在其他在场的多人视力所及的范围内，其猥亵行为随时可能且可以被其他在场人员发现，此种当众对被害人实施猥亵的行为，既侵犯了普通公民最基本的性羞耻心和道德情感，更重要的是，此种情形对被害人身心造成的伤害更严重，社会影响更恶劣，需要对此类猥亵犯罪配置与其严重性相适应的法定刑。

2. “公共场所”不再作为加重情节

根据《最高人民法院关于审理交通肇事刑事案件具体应用法律若干问题的解释》第2条第2款规定，交通肇事致一人以上重伤，负事故全部或者主要责任，并具有酒后驾驶、严重超载驾驶或者为逃避法律追究逃离事故现场等六种情形之一的，以交通肇事罪定罪处罚。该解释第3条规定，“交通运输肇事后逃逸”是指行为人具有本解释第二条第一款规定和第二款前五项规定的情形之一的，明确将“交通肇事致一人以上重伤，负事故全部或者主要责任，为逃避法律追究逃离事故现场”的情形排除在外，该条款正是禁止重复评价原则的体现。

强制猥亵罪的“在公共场所当众猥亵”加重情节与交通肇事罪的“致人重伤且逃逸”加重情节在适用上具有相似性，前者自然也要遵循禁止重复评价原则。在交通肇事罪中，行为人交通肇事致一人重伤且无其他情节时，其行为仅构成行政违法，若有逃逸情节，则基于此认定构成交通肇事罪这一基本犯，此时逃逸已被评价为入罪因素，则不能再将其作为量刑条件，即否定加重犯的成立。同理，强制猥亵罪中，行为人仅实施轻微的猥亵违法行为时，若有公共场所之情节，则将“公共场所”作为入罪因素考虑，构成强制猥亵罪的基本犯，受到禁止重复评价原则的约束，行为人不可能再构成该罪的加重犯。故，以加重情节作为入罪情节考虑，进而认定孙某构成强制猥亵罪基本犯后，就无法再对其适用五年以上法定刑。

简言之，在孙某对被害人的精心挑选下，本案中的“公共场所”已因朱某的性格、年龄、身份等因素而对朱某产生一定的强制力，使孙某的行为区别于猥亵违法行为；加之公共场所一直以来都是大部分性犯罪案件的“情节恶劣”情形之一，相较于一般猥亵行为造成的被害人身心伤害之程度更为严重，对社会良好风尚的冒犯也更大，应当通过刑法予以打击。故，考虑到本案中“公共场所”的双重作用，将这一加重情节作为定罪情节具有其合理性，据此认定孙某构成强制猥亵罪可以做到罚当其罪。

# 案例实证研究

# 涉毒洗钱犯罪的争议审思与司法适用

杨　阳*

**摘　要：**《中华人民共和国刑法修正案（十一）》（以下简称《刑法修正案（十一）》）对洗钱罪罪状作出修改以来，司法机关贯彻落实总体国家安全观，积极参与防范化解金融风险，以往对洗钱犯罪重视不足、打击不力的局面有了较大改观。但对洗钱罪的理解与适用中仍广泛存在侵害法益、行为方式、主观故意、共犯认定、罪数处理等多方面争议。其中涉毒洗钱犯罪因侦办难度大、牵涉上游毒品犯罪的竞合和关联法条的适用，实务中的认识不一问题尤为凸显。应有效发挥法益指导机能、实质化理解洗钱行为方式、降低主观故意证明标准，根据通谋内容区分共犯罪名、通过厘定上游毒品犯罪边界依法加大洗钱罪的适用力度，强调对《中华人民共和国刑法》（以下简称《刑法》）第191条、第312条和第349条的衔接适用，最大限度提升对涉毒洗钱行为的刑事规制效果。

**关键词：**《刑法修正案（十一）》；涉毒洗钱；司法适用

随着理论研究和司法适用的逐步深入，洗钱犯罪的侵害法益、构成要件、与上游犯罪的竞合适用及共犯认定问题日益凸显，而毒品犯罪是洗钱罪最为古老的上游犯罪，围绕涉毒洗钱犯罪认定的争议尤其突出。为此，本文结合2021年以来A省办理涉毒洗钱犯罪案件情况，对当前洗钱犯罪理解与适用的共性问题、涉毒洗钱犯罪司法适用的个性问题进行了梳理分析，提出提升涉

---

*　杨阳，安徽省芜湖市弋江区人民检察院检委会专职委员、一级检察官。

毒洗钱犯罪刑事规制效果的理论与实践路径。

## 一、涉毒洗钱犯罪司法适用现状

### （一）总体概况

自《刑法修正案（十一）》通过修改第191条洗钱罪的罪状，删除主观要件中的“明知”和行为方式中的“协助”，为自洗钱入罪扫除了立法表述上的障碍。有学者曾乐观预计，在自洗钱入罪之后，洗钱罪的司法适用数据将会发生“井喷式”增长[①]，从检察机关起诉案件数量来看，洗钱罪的司法适用态势确有大幅攀升，但与庞大的上游犯罪案件体量相比，打击力度仍显不足。以涉毒洗钱犯罪为例，2023年至2024年6月，A省检察机关共受理审查起诉毒品犯罪案件1124件1647人，受理审查起诉涉毒品洗钱犯罪案件18件24人。[②]以上数据说明涉毒洗钱罪的适用总体仍处于低位，自洗钱的适用也未取得预期效果。

### （二）具体特点

本文逐一梳理了A省检察机关自2021年以来办理的涉毒洗钱案件，发现涉毒洗钱行为方式包括以下几种：一是通过买卖方式转移、转换犯罪所得及收益。F市房某等贩卖毒品、洗钱案中，房某利用毒赃全款购买一辆汽车并登记在其姐姐名下。[③]二是通过现金密集型场所的经营收入相混合的方式，转移、转换犯罪所得及其收益。W市唐某贩卖毒品、洗钱案及B市李某洗钱案中，犯罪分子使用便利店、理发店的二维码收款，将毒赃与现金密集型场所的经营收入相混

---

① 王新：《〈刑法修正案（十一）〉对洗钱罪的立法发展和辐射影响》，载《中国刑事法杂志》2021年第2期。

② 参见苗子健：《安徽检察机关2023年来受理审查起诉毒品犯罪案件1124件1647人》，http://ah.people.com.cn/n2/2024/0624/c227131-40889694.html，最后访问时间：2025年1月3日。

③ （2023）皖刑终214号刑事判决书。

合。[①]三是提供资金账户，包括毒品犯罪分子使用他人支付宝、微信、银行账户收取毒资再转回等。有12起案件中犯罪分子采用了此种洗钱方式。四是通过虚拟货币转账、交易的方法转换犯罪所得。C市王某洗钱案中，王某使用本人的虚拟货币交易账户控制并使用其母亲的账户接受毒资，并有虚拟货币交易。[②]

## 二、当前洗钱犯罪理解与适用的共性问题

自《刑法修正案（十一）》实施以来，加强对自洗钱犯罪的打击势在必行，但实务中对于司法适用中的疑难问题缺乏明确的指引性规范，而理论上对自洗钱犯罪的理解也存在多方面的争议，导致司法人员基于各种顾虑有一定的保守谨慎心理，适用效果不尽理想。理论与实务中的争议集中于以下几个方面。

### （一）侵害法益维度的单一复合之争

法益发挥着指导个罪构成要件理解与适用的重要机能。当前关于洗钱罪的保护法益可归纳为三种学说：一是金融管理秩序的单一法益说。持此观点的代表人物为刘宪权教授。[③]二是金融管理秩序和正常司法活动的复合法益说。同意该学说的学者和司法人员较多，此前也占据通说地位。[④]三是金融管理秩序和上游犯罪保护法益的复合法益说。张明楷教授提出该观点，对其他法益学说进行了审视和批判。[⑤]虽然法益学说侧重形而上的理论层面，但不可否认，在处理如行为人使用金融手段以外的方式从事洗钱活动等争议案件时，司法人员亟须精准的法益学说为办案提供有力遵循。

---

① （2022）皖0210刑初22号刑事判决书，（2021）皖0323刑初384号刑事判决书。

② 参见《全省检察机关毒品案件办理典型案事例》案例一“王某某等76人走私、贩卖毒品、洗钱案”，载安徽长安网，http://www.ahcaw.com/ahcaw/content/2024-06/26/content_9014256.html，最后访问时间：2025年1月3日。

③ 刘宪权：《金融犯罪刑法学原理》，上海人民出版社2017年版，第428页。

④ 周光权：《刑法各论》（第四版），中国人民大学出版社2021年版，第318页。

⑤ 张明楷：《洗钱罪的保护法益》，载《法学》2022年第5期。

## （二）行为方式维度的转移转换之争

《刑法》第191条、第312条和第349条组成了我国颇具特色的广义洗钱犯罪体系。自洗钱入罪带来的困惑之一即如何区分洗钱罪、掩饰隐瞒犯罪所得、犯罪所得收益罪和窝藏、转移、隐瞒毒品、毒赃罪的客观行为方式。有部分理论和实务工作者提出区分“转移类洗钱”和“转换类洗钱”，[①]并根据归类不同采取不同的罪数认定方法。但这一区分存在以下问题：一是标准本身含义模糊，如毒品犯罪本犯利用他人的资金账户收取毒资再分散转回，表面上是“转移”行为，客观上又起到了消除资金犯罪属性的“转换”效果；二是与目前的司法倾向相背离，如《〈关于审理洗钱等刑事案件具体应用法律若干问题的解释〉的理解与适用》中反复强调三个法条的主要区分在于犯罪对象，以此淡化三者在行为方式和行为性质上的差异。[②]故，若推行上述区分方法可能导致理解的困惑与适用的混乱。

## （三）共犯认定维度的时间内容之争

立法本意是将《刑法》第191条和第312条的关系定位为特别法与一般法的关系。[③]按照体系解释的原则，对于洗钱罪的解释也无法与对掩饰、隐瞒犯罪所得、犯罪所得收益罪的解释完全割裂开来。而根据《最高人民法院关于审理掩饰、隐瞒犯罪所得、犯罪所得收益刑事案件适用法律若干问题的解释》第5条的规定，事前与上游犯罪分子通谋，掩饰、隐瞒犯罪所得及其产生的收益的，以上游犯罪的共犯论处。该解释以时间上事前是否存在通谋为标准，

---

① 何露：《毒品犯罪视野下的自洗钱入罪法律适用问题研究》，载最高人民检察院第二检察厅编：《重罪检察的理论与实践》，中国检察出版社2022年版，第267—278页。

② 刘为波：《〈关于审理洗钱等刑事案件具体应用法律若干问题的解释〉的理解与适用》，载《人民司法（应用）》2009年第23期。

③ 周坤仁：《全国人大法律委员会关于〈中华人民共和国刑法修正案（六）（草案）〉修改情况的汇报——2006年4月25日在第十届全国人民代表大会常务委员会第二十一次会议上》，载《中华人民共和国全国人民代表大会常务委员会公报》2006年第6期，第429—431页。

区分适用上游犯罪共犯和掩饰、隐瞒犯罪所得罪。但随着自洗钱入罪，在上游犯罪本犯可以适用洗钱罪的情况下，对他犯只看有无事前通谋决定罪名可能有悖法理。对此，多名学者提出可以按照通谋内容决定适用上游犯罪还是洗钱罪，[①]但这一观点在司法适用中仍面临着上游犯罪与洗钱罪边界如何划定等疑难问题。

### （四）罪数处理维度的实质形式之争

自洗钱入罪后，上游犯罪与洗钱罪系实质数罪已基本形成共识，但对数罪是否一定并罚仍然争论不休。有学者提出应当区分洗钱行为方式，[②]转移类洗钱成立洗钱罪，但在处断时被上游犯罪吸收；转换类洗钱则适用数罪并罚。司法适用中则基本秉持形式数罪的立场，如《刑法修正案（十一）的理解与适用》中强调，“上游犯罪分子实施犯罪后，掩饰、隐瞒犯罪所得来源和性质的，应当对上游犯罪和洗钱罪实行数罪并罚，不再被上游犯罪吸收”。[③]实务中倾向于数罪并罚以加大对洗钱罪的打击力度，但部分司法人员思想上仍有顾虑，存在保守谨慎适用的倾向，如认为构成洗钱罪需要实际起到掩饰、隐瞒、切断来源的效果等。[④]

## 三、办理涉毒洗钱犯罪案件的个性问题

除上述洗钱犯罪的共性问题外，涉毒洗钱犯罪由于上游毒品犯罪本身的特点以及与《刑法》第349条的关联，在适用中还存在一些个性难题。

### （一）时间视角下上游犯罪的边界划定问题

洗钱罪既依附于上游犯罪，同时又具有相对独立性。因此洗钱行为不应

---

① 王新：《自洗钱入罪后的司法适用问题》，载《政治与法律》2021年第11期。

② 赵桐：《自洗钱与上游犯罪的处断原则及教义学检视》，载《西南政法大学学报》2021年第5期。

③ 孙谦：《刑法修正案（十一）的理解与适用》，载《人民检察》2021年第8期。

④ 李光林、陶维俊：《提供资金账户式洗钱行为的司法认定》，载《检察日报》2021年7月23日，第3版。

与上游犯罪的客观要件内容重复评价。毒品犯罪作为交易型犯罪，犯罪过程包括多个环节。有论者认为收取毒资是毒品交易的组成部分，行为人使用他人账户收取毒资是贩卖毒品行为的一部分，系贩卖毒品罪与洗钱罪的想象竞合犯，应当择一重处。①还有论者提出，洗钱行为应当实施于犯罪既遂后，对上游犯罪过程中实施的掩饰、隐瞒行为，不宜再认定洗钱罪并数罪并罚。②如果采取上述认定方法，一是对前置的毒品犯罪构成要件的理解难言恰当；二是不利于加强洗钱罪判决的明示机能和适用力度。

### （二）证据视角下主观故意的判断标准问题

洗钱罪罪状中有“为掩饰、隐瞒毒品犯罪……的所得及其产生的收益的来源和性质”的明确表述，据此有学者坚持洗钱罪是目的犯，不具有掩饰、隐瞒目的的行为人即使实施了洗钱罪的客观行为，也不能认定为洗钱罪。③但问题在于：一是应然层面，若将间接故意排除出洗钱罪的成立范围，不利于实现法益保护机能，可能导致放纵犯罪的局面；二是实然层面，从证据裁判原则出发，如果把目的也作为检察机关指控洗钱罪的待证事实，将大大增加取证难度，也不难预见会有更多的行为人辩解没有洗钱目的而要求出罪。

### （三）体系视角下关联罪名的竞合适用问题

A省W市办理的周某洗钱案中，公安机关移送审查起诉的罪名为窝藏、转移、隐瞒毒赃罪，检察机关经审查变更为洗钱罪提起公诉。承办检察官认为窝藏、转移、隐瞒毒赃罪属于单纯物理隐藏、转移毒赃的窝藏犯罪，而该案因系提供资金账户，应当认定为洗钱罪。不难看出该案检察官认为《刑法》第191条和第349条是平行关系，不存在竞合的可能。2021年3月19日最高人

---

① 陈剑峰：《检视与廓清：涉毒自洗钱犯罪的司法适用》，载《重罪检察的理论与实践》，中国检察出版社2022年版，第344页。

② 扈小刚、姜聪：《论洗钱罪的犯罪对象与罪数认定——以走私犯罪案件中洗钱罪为视角》，载《检察实践》2021年第22期。

③ 刘宪权：《金融犯罪刑法学原理》，上海人民出版社2017年版，第433页。

民检察院和中国人民银行联合发布6个惩治洗钱犯罪典型案例，在林某娜、林某吟等人洗钱案的典型意义中提到，《刑法》第191条和第349条两个特别规定的主要区别在于是否改变资金、财物的性质。[①]有鉴于此，部分学者认为《刑法》第191条和第349条可以类比为“化学反应”和“物理反应”的关系。[②]需要追问的是，如果提供资金账户的行为都不再能为《刑法》第349条所涵摄，那么是否今后只有转移现金形式的毒赃的行为才能被评价为窝藏、转移、隐瞒毒赃罪呢？如此界定是否符合立法本意？

## 四、涉毒洗钱犯罪司法适用的解释路径

本文结合A省涉毒洗钱犯罪案件特点，从保护法益、行为方式、主观故意、罪数认定、共同犯罪及罪名体系六个方面，探寻理论争议和实践困境的破解之道。

### （一）恰当界定法益，发挥对构成要件的指导机能

洗钱罪的保护法益是国家金融管理秩序和对上游犯罪进行有效追诉的国家司法活动。首先，认为洗钱罪保护法益仅限于金融管理秩序的观点并不周延。[③]该观点忽略了仍有部分洗钱行为是在金融体系之外实施，且将部分仅在某一环节利用了货币载体的洗钱行为全部解释为危害金融管理秩序也较为牵强。其次，不宜将洗钱罪的上游犯罪法益均纳入洗钱罪保护范围。洗钱罪的立法设计固然离不开对七种上游犯罪严重社会危害性的考量，将上游犯罪法益悉数纳入也意在阻断洗钱罪反过来对上游犯罪推波助澜，但这一视角侧重于刑罚的一般预防效果。对刑法法益的科学界定更应当着眼于罪行本身，换言之，刑法分则

---

① 《最高人民检察院、中国人民银行联合发布惩治洗钱犯罪典型案例》，载中国人民银行网站，http://www.pbc.gov.cn/fanxiqianju/135153/135178/135227/4530402/index.htm，最后访问时间：2025年1月5日。

② 何萍：《自洗钱入罪后的罪数问题》，载《人民法院报》2021年7月8日，第6版。

③ 龙嘉：《自洗钱入罪的刑法意义》，载《人民法院报》2022年7月8日，第2版。

每个罪名所要保护的法益都是有限的，应当尊重个罪构成要件的类型性特点，而不能将犯罪学上的预防机能运用到对法益的解释中予以无限延伸。最后，本文坚持通说立场，但认为应当将抽象的国家司法活动法益具体化为对上游犯罪的追诉活动。不可否认洗钱罪在客观上确实侵害了国家司法活动，但仅仅如此不足以解释《刑法》为何将第191条设置为第312条的特殊规定。结合办案实际，毒品犯罪等上游犯罪隐蔽性强、取证难度大且容易产生大额犯罪所得，故有必要对既妨害了该七种上游犯罪追诉活动又破坏金融管理秩序的掩饰、隐瞒犯罪所得及其收益的行为予以单独规制。本文认为如此理解能够发挥复合法益互为补充的机能，也符合目前加强对洗钱罪打击的现实需要。

### （二）淡化方式差异，实质化认定洗钱罪客观行为

实质化认定洗钱罪客观行为可以达到执简以御繁的效果，不应把问题进一步模糊化、复杂化，方能为司法适用提供明晰指引。首先，洗钱罪客观行为的外延小于掩饰、隐瞒犯罪所得罪。虽然早在2009年最高人民法院就曾强调淡化二者在行为方式和行为性质上的差异，[①]但这种差异性还是存在的。即洗钱罪侧重于掩饰、隐瞒犯罪所得及其收益的来源和性质，而掩饰、隐瞒犯罪所得、犯罪所得收益罪不局限于此，还包括处所的转移等其他情况，外延更加宽泛。其次，实质上掩饰、隐瞒犯罪所得及其收益的来源和性质的行为即可被认定为洗钱罪的行为方式。本文不赞成区分转移和转换行为，如洗钱罪罪状之一“提供资金账户”，客观上只是转移，但因现代法律对于平稳占有秩序的倾向性保护，犯罪所得及其收益一旦转至他人名下与他人财产混同，危害金融管理秩序又为追赃带来困难。又如，罪状之四“跨境转移资产”，客观上仍是转移，但因为资产流向境外，超越我国管辖射程，威胁国家经济安全且给司法活动带来更大障碍。因此对洗钱罪的客观行为不应拘泥于外在表现，应采取实质化认定标准，即相应行为应当具有改变资金性质、特征、转换资金来源等使资

---

① 刘为波：《〈关于审理洗钱等刑事案件具体应用法律若干问题的解释〉的理解与适用》，载《人民司法（应用）》2009年第23期。

金表面上合法化的客观行为性质，且不需要局限在金融领域或通过金融机构来实现。最后，七种上游犯罪以外的“自洗钱”行为可以依照《刑法》第312条追诉。实务中对于掩饰、隐瞒犯罪所得、犯罪所得收益罪是最广义的洗钱犯罪认识不足，在《刑法修正案（十一）》颁行后，部分学者和司法工作者仍然坚持掩饰、隐瞒犯罪所得、犯罪所得收益罪的主体应当限定为他犯。[①]但本文认为，理论的提出应当契合立法精神和实践需要。立法机关先是在修改情况汇报中明确“作上述修改以后，我国刑法第一百九十一条、第三百一十二条等规定的洗钱犯罪的上游犯罪包含所有犯罪，‘自洗钱’也可单独定罪”，[②]后又在相关解读中提出，“自洗钱”行为可以按照洗钱罪定罪处罚后，“自洗钱”独立定罪处罚也一并适用于《刑法》第312条“掩饰、隐瞒犯罪所得、犯罪所得收益罪”。[③]司法工作人员应结合《刑法修正案（十一）》的立法背景与目的准确理解“自洗钱”，加大广义洗钱犯罪的适用力度。

### （三）化目的为特征，降低对主观故意的证明标准

洗钱罪罪状中表述的“为掩饰、隐瞒……性质和来源”不应理解为目的犯，而应作为行为特征根据全案证据予以推定。首先，将洗钱罪的主观故意限定为直接故意可能导致轻纵犯罪。目的犯要求行为人对于犯罪后果是积极追求的主观心态，但置身于个案中的行为人往往各种心理状态交织，对于出于何种目的实施洗钱行为可能本人也非常混沌。例如，张某等转移毒赃案中，被告人张某的朋友张某勇在贩毒被抓后担忧子女生活，被告人张某得知后伙同他人将张某勇贩毒所得的毒赃分多笔转出至多人微信账户，用于支付张某勇子女的

---

① 刘宪权、陆一敏：《自洗钱入罪司法适用的疑难解析》，载《检察日报》2021年5月12日，第3版。王婕妤、黄江南：《自洗钱行为入刑后的定罪与处罚》，载《人民司法（案例）》2021年第32期。

② 周光权：《全国人民代表大会宪法和法律委员会关于〈中华人民共和国刑法修正案（十一）（草案）〉修改情况的汇报》，载中国人大网，http://www.npc.gov.cn/npc/c2/c30834/202012/t20201228_309517.html，最后访问时间：2025年1月3日。

③ 许永安主编：《中华人民共和国刑法修正案（十一）解读》，中国法制出版社2021年版，第136页。

生活费等。[①]如果认为洗钱罪是目的犯，那么很容易以张某没有洗钱目的，是为了给朋友子女解决生活困难为由认为其不构成洗钱罪。若采这一逻辑，则认定转移毒赃罪也难言妥当，形成如此局面显然并不合理。其次，将具有“为掩饰、隐瞒……来源和性质”的目的作为指控所必需的待证事实会加大打击难度。他洗钱犯罪的行为人辩解多集中在对上游犯罪的不知情。虽然司法机关从规范层面[②]和实操层面[③]都出台了一系列推定规则和证据组织运用的指引，但主观要素“明知系犯罪所得及其收益”的认定仍是司法实践中的难点。如果在主观故意基础上，增加洗钱目的作为再证明内容，会导致洗钱犯罪主观故意方面证据收集工作难上加难，加重检察机关的证明责任，也与刑法修改的初衷不符。例如，在陈某某洗钱案中，辩护人对于“现有证据足以证实被告人陈某某明知他人汇入自己银行卡的钱系毒品犯罪所得而予以默认持有”没有异议，却提出“并无证据证明陈某某有将卡内他人汇入的资金合法化的主观故意和客观行为”的辩护意见。[④]最后，应将罪状表述理解为行为特征予以综合推定。不难看出，《最高人民法院、最高人民检察院关于办理洗钱刑事案件适用法律若干问题的解释》采纳了反洗钱金融行动特别工作组（FATF）对于我国打击洗钱犯罪提出的相关建议，适当降低了对他洗钱行为人主观内容的证明标准，认为包括“应当知道”行为对象系七类上游犯罪所得及其收益。因此本文认为，应当将“为掩饰、隐瞒”理解为主客观相统一的对于行为特征的归纳，只要有洗钱行为、有认识的可能性，则表明行为人能够认识其行为可以掩饰、隐瞒上游犯罪所得的来源和性质，成立犯罪故意。

---

① 参见广西壮族自治区北流市人民法院（2020）桂0981刑初28号刑事判决书，转引自肖先华主编：《毒品犯罪办案指引》，中国检察出版社2022年版，第171页。

② 参见《最高人民法院关于审理洗钱等刑事案件具体应用法律若干问题的解释》第1条。

③ 罗曦：《关于最高人民检察院、中国人民银行联合发布惩治洗钱犯罪典型案例的解析》，载《人民检察》2021年第20期。

④ 参见四川省盐源县人民法院（2018）川3423刑初76号刑事判决书中的辩护意见，转引自肖先华主编《毒品犯罪办案指引》，中国检察出版社2022年版，第189页。

### （四）厘清行为个数，明确毒品犯罪与洗钱犯罪边界

完成上游犯罪并取得或控制犯罪所得后，进一步实施的掩饰、隐瞒犯罪所得及其产生的收益的来源和性质的行为，依法与上游毒品犯罪数罪并罚。首先，时间先后不是划定上下游犯罪边界的标准。有司法人员提出，时间逻辑上是先有上游犯罪再可能有相应的下游犯罪，下游犯罪不可能与上游犯罪同时发生。①这一说法虽然符合本文理想中对于传统的上下游犯罪形象的朴素认知，却难以赶上实际案件中行为人洗钱的脚步。如为了切断自己和毒赃的直接联系，很多毒品犯罪分子以让他人代为收赃作为掩饰、隐瞒的手段。且最高人民检察院和中国人民银行联合发布的惩治洗钱犯罪典型案例中明确指出，在非法集资犯罪持续期间帮助犯罪分子转移集资款，符合《刑法》第191条的规定，应当认定为洗钱罪。②可见以时间为上下游犯罪的划分标准不具有周延性，并不可采。其次，不宜机械将构成要件是否全部实施完毕作为界分上下游犯罪的标准。毒品犯罪与走私犯罪等其他上游犯罪的客观构成要件不同，与自洗钱行为不存在重合。例如，《刑法》第155条规定，直接向走私人非法收购国家禁止进口物品或收购走私进口的其他货物、物品数额较大的，以走私罪论处。这种直接收购型的走私行为同时构成他洗钱和上游走私本犯自洗钱的帮助犯，但因行为个数仅有一个，故应当以想象竞合从一重处。③而贩卖毒品罪中，收取毒资虽然并非贩卖毒品罪成立或者既遂的条件，却是通常情形下会发生的当然后果。从这一角度而言，不宜将毒品犯罪实施中的接收、接受资金行为另行评价为洗钱行为。最后，应当以对毒赃的首次实际控制节点为界，区分毒品犯罪与自洗钱犯罪。有论者认为，从与其他犯罪相协调的角度看，一般应实行从一

---

① 罗开卷：《洗钱等下游犯罪认定三题》，载《人民法院报》2022年1月27日，第6版。

② 罗曦：《关于最高人民检察院、中国人民银行联合发布惩治洗钱犯罪典型案例的解析》，载《人民检察》2021年第20期。

③ 赵拥军：《涉走私犯罪的“自洗钱”行为认定》，载《人民法院报》2021年4月1日，第5版。

重罪处罚。[①]但从一重处罚的情形除想象竞合外，一般有吸收犯、牵连犯等。从吸收犯角度分析，目前我国面临的洗钱犯罪态势严峻，自洗钱的社会危害性已无法为上游犯罪所涵盖，也并非上游犯罪的必经阶段或当然后果。从牵连犯角度分析，上游犯罪与自洗钱也没有形成常见常发常伴随的类型性的手段与目的之间的牵连关系。因此在确认数行为的基础上，需准确把握自洗钱与上游毒品犯罪间的密切关联和法理界限，依法适用数罪并罚。

### （五）考察通谋内容，化繁为简认定共同犯罪

自洗钱入罪后，不应拘泥于相关司法解释的规定，可以重点考察共犯人通谋的内容，区分适用上游犯罪或洗钱罪的共犯。首先，单纯以事前有无通谋区分罪名看似清晰，实则混乱。以涉毒洗钱犯罪为例，毒品犯罪本犯与他犯事先沟通好用他犯的资金账户为本犯收取毒资，在《刑法修正案（十一）》实施后，如果仍参照原掩饰、隐瞒犯罪所得、犯罪所得收益罪的相关司法解释，那么对于本犯可以贩卖毒品罪和洗钱罪数罪并罚，而对于他犯因存在事先共谋就仅适用贩卖毒品罪的共犯，存在定罪不当之嫌。再举一例，若上游毒品犯罪本犯是在收取毒资后要求他犯提供资金账户帮助转移毒资，此时他犯适用洗钱罪，但以上二例中他犯发挥的实际作用并无区别，却要以不同罪名论处。其次，区分“明知”和“通谋”来适用罪名的观点有悖刑法客观主义立场。有论者提出，司法解释中“通谋”是主动的、积极的行为概念，如果各行为人基于相互沟通、共同谋划形成共同故意，可以适用上游犯罪共犯；而洗钱罪中的“明知”是相对被动、消极的行为概念，只能是“知”，不存在相互沟通、参与谋划、主动配合等情形。[②]本文认为，人为区分上述二种情形既带有浓重的主观主义色彩，又缺乏转化为案件证据的可操作性。最后，应以通谋内容为标准准确区分洗钱罪和上游犯罪共犯。A省的两起涉毒洗钱案

---

① 杨万明主编：《〈〈刑法修正案（十一）〉条文及配套〈罪名补充规定（七）〉理解与适用》，人民法院出版社2021年版，第162页。

② 周国良、须璐等：《“走私洗钱犯罪法律适用问题研讨会”研讨观点综述》，载《中国检察官》2022年第22期。

件中，共犯人事先对毒品犯罪的分工和洗钱行为均进行了通谋，共犯人既驾车帮助贩毒又提供微信账户收取毒资，最终以贩卖毒品罪和洗钱罪数罪并罚。其他仅就洗钱事项具备共同故意的，即使存在事先通谋也仅认定为洗钱罪。本文认为，这一司法适用倾向符合《刑法修正案（十一）》将洗钱行为从上游犯罪中独立的立法本意，事先通谋帮助洗钱也可以从上游犯罪的通谋中独立出来，认定为“自洗钱”犯罪的事先通谋，从而适用洗钱罪。

### （六）注重衔接补充，实现洗钱罪名体系的精准适用

《刑法》第312条和第191条、第349条之间是一般法与特别法的关系，《刑法》第191条和第349条之间是交叉关系。首先，应当承认《刑法》第312条和第191条是法条竞合关系。张明楷教授提出因洗钱罪有特殊的上游犯罪和特定的行为手段，加上自洗钱入罪，认为两罪之间系想象竞合关系。[①]但前文已经论及：一是立法者认为“自洗钱”的适用并不局限于《刑法》第191条；二是掩饰、隐瞒犯罪所得、犯罪所得收益罪客观行为的外延比洗钱罪更加宽泛。如此一来，两罪的区分主要在于上游犯罪。故本文认为，从一般法和特殊法的角度理解和适用两罪更有益于实现对法益的客观和充分保护。其次，《刑法》第191条和第349条并非相互绝缘的平行关系。《刑法》第349条的犯罪对象仅限于毒品、毒赃，上游犯罪仅针对毒品犯罪，较之洗钱罪的适用范围窄，但其客观行为的外延则大于洗钱罪。虽然该罪名主要适用于单纯物理隐藏、转移毒资毒赃的窝藏行为，但也包含掩饰、隐瞒毒赃来源和性质的行为。因此，上游犯罪为毒品犯罪的洗钱罪与窝藏、转移、隐瞒毒赃罪之间存在竞合空间，应当结合具体涉毒洗钱案件的数额、情节等择一重处。最后，应当注重发挥《刑法》第312条、第349条对第191条的补充作用。掩饰、隐瞒犯罪所得、犯罪所得收益罪与洗钱罪之间除了上游犯罪的区别，还涵盖了对洗钱罪的七种上游犯罪的除掩饰、隐瞒其性质和来源之外的窝赃等行为。窝藏、转移、隐瞒毒赃罪亦然。司法人员应精于广义洗钱犯罪罪名的运用，依法加大对洗钱犯罪的打击力度。

---

① 张明楷：《洗钱罪的保护法益》，载《法学》2022年第5期。

# 未成年人检察公益诉讼功能定位及完善路径研究

## ——以135例未成年人检察公益诉讼案件为样本

杨青青　陆　杰*

**摘　要**：通过对135例未成年人检察公益诉讼案件样本研究，发现涉未成年人公益诉讼领域具有多样性，民事公益诉讼案件占比较低，行政公益诉讼起诉率低，民事诉讼请求主要为停止侵害、公开道歉、损害赔偿等特征。同时还存在风险损害是否属于未成年人公益诉讼范围，涉未公益的判断标准，以及证明责任与标准不明确等问题。通过将行政公益诉讼功能定位为以风险预防为主、弥补损害为辅，将民事公益诉讼功能定位为以弥补损害为主，风险预防为辅，以此明确未成年人检察公益保护范围，即以“发散性”作为不特定多数人的核心标准，虚化“实际被侵害人数”的要件，明确涉未公益范围的判断标准；细化民事公益诉讼与行政公益诉讼诉前与诉讼中的证明责任与标准，以此完善未成年人保护公益诉讼制度。

**关键词**：未成年人；公益诉讼；公共利益范围；证明标准

“现在社会未成年人权益面临系统性、扩散性危险，这种典型性及集中性特征凸显出未成年人公共利益得不到有效保护。未成年人公益诉讼突破了传

* 杨青青，安徽省淮南市人民检察院第二检察部检察官助理。陆杰，东南大学法学院博士研究生，研究方向为刑法学、少年司法。本文为2023年安徽省侦查逻辑办案研究会课题《性侵未成年人犯罪相关问题研究》（AHZC2023C03）和2024年最高人民检察院第九检察厅理论研究课题《未成年人公益诉讼制度研究》的阶段性研究成果。

统少年司法个体主义方式的局限，形成维护未成年人群体集体安全的新的诉讼机制。”[①]2020年，未成年人保护正式纳入公益诉讼检察法定领域，检察机关作为提起公益诉讼的主体，进行了有益探索，尤其是未成年人四大检察机关综合履职以来，不仅拓展了涉未公益诉讼的保护领域，也总结了一批具有代表性的典型案例。但从制度确立到实践检验只有短短四年的时间，因此有必要梳理当下涉未公益案例，分析制度运行中存在的重点、难点、堵点，才能进一步加强对未成年人权益的保护。

## 一、涉未公益诉讼案件的特征分析

本次研究的案例样本共有135例，其中行政公益诉讼有114例，民事公益诉讼有21例，样本来源于北大法宝、调研数据、正义网、检察办案系统2.0等，时间跨度为2019年2月至2024年9月。[②]样本覆盖江苏、安徽、贵州、广东、北京、福建、浙江、河北、上海、宁夏、山东、重庆、云南、吉林、山西15个省（自治区、直辖市），样本具有一定的代表性。案件均为一审案件，民事公益诉讼中有14例由中级人民法院审理，4例是刑事附带民事公益诉讼，由基层人民法院审理，2例是由互联网专门法院审理，1例是通过商请指定管辖，由基层人民法院审理。

实证研究发现，涉未公益诉讼的135例案件具有以下特征：（1）涉未公益诉讼领域具有多样性；（2）民事公益诉讼案件占比较低，行政公益诉讼起诉率低；（3）民事诉讼请求主要为停止侵害、公开道歉、损害赔偿。

---

① 王广聪：《未成年人公益诉讼与少年司法国家责任的拓展》，中国检察出版社2021年版，第104页。

② 2020年10月17日修订的《未成年人保护法》于2021年6月1日起实施，规定了涉未成年人公共利益，可以提起公益诉讼。在2021年6月1日前仅有两例样本，分别为：广东省消费者委员会诉广州长某集团有限公司消费公益诉讼案（全国首例未成年人消费权益保护案件）以及杭州市余杭区人民检察院诉某短视频平台未成年人保护民事公益诉讼案［（2020）浙0192民初10993号］。

### （一）涉未公益诉讼领域具有多样性

针对侵害未成年权益问题，检察机关探索性开展行政公益诉讼与民事公益诉讼，更加全面保护未成年人权益。例如，针对未成年人滥用成瘾性药物，湖州检察机关向市场监督管理局制发诉前检察建议，潘集区检察机关向涉事药企提起民事公益诉讼并获法院支持。[①]履职范围具有开放性。检察机关积极在“等”外领域探索，除了传统食品药品领域，还在日租房、盲盒、电竞酒店、剧本杀、网络食品、个人信息等新型领域开展综合履职。

### （二）民事公益诉讼案件占比较低，行政公益诉讼起诉率低

民事公益诉讼占比约为15.6%，行政公益诉讼占比约为84.4%。出现该现象的主要原因是，行政公益诉讼能够通过诉前检察建议结案，耗费的时间短，较之民事公益诉讼更有效率，因此检察机关在民事公益与行政公益诉讼的诉权竞合时，往往会优先选择行政公益诉讼。以诉前检察建议结案的行政公益诉讼占比为98.2%。目前经法院判决行政违法的行政公益诉讼案件仅有2件，分别是贵州省沿河土家族自治县人民检察院督促履行食品安全监管职责行政公益诉讼案[②]以及云南省马关县人民检察院诉马关县文化和旅游局不履行监管职责公益诉讼案[③]。

### （三）民事诉讼请求主要为停止侵害、公开道歉、损害赔偿

检察机关对民事公益诉讼的诉讼请求，积极进行探索与实践，目前主要有以下几种方式：（1）停止侵害、公开道歉。例如，“电竞酒店违规接纳未成年人案”，检察机关提出诉讼请求，要求依法判决李某和酒吧立即停止招用未

---

① 徐奥萍：《全省首例未成年人滥用处方药民事公益诉讼案宣判》，载《安徽法制报》2023年12月21日第1版。

② 《检例第144号：贵州省沿河土家族自治县人民检察院督促履行食品安全监管职责行政公益诉讼案》，载《最高人民检察院公报》2022年第5号，第33—35页。

③ 云南省马关县（2022）云2625行初5号行政公益诉讼判决书。

成年人、禁止接纳未成年人进入，并在省级媒体及其社交营销账号向社会公众赔礼道歉。[①]（2）损害赔偿、公开道歉。例如，“检察机关诉刘某销售假冒奶瓶奶嘴刑事附带民事公益诉讼案”，检察机关提出诉讼请求，要求判决刘某承担公益损害赔偿金人民币135452.4元并在国家级新闻媒体上公开赔礼道歉。[②]（3）仅公开道歉。例如，假冒“贝亲”销售不符合安全标准的母婴用品，检察机关提出诉讼请求，要求在国家级新闻媒体上公开赔礼道歉。[③]

## 二、涉未公益诉讼存在的问题

通过分析涉未公益诉讼案件发现，主要存在的问题包括，仅存在损害风险时能否提起公益诉讼，未成年人公益诉讼的具体范围，涉未公益诉讼的责任的分配与证明标准的明确等问题。

### （一）涉未公益诉讼保护范围是否包含损害风险

要求造成不特定多数未成年人的实然损害还是损害可能性？侵害不特定多数未成年人的权益要求造成现实损害还是可能损害，存在争议。例如，在督促落实医疗领域未成年人强制报告制度行政公益诉讼案中，某市检察机关提前介入史某强奸案时发现，被害人曾到医院就诊，医生在明知孙某未满14周岁的情况下，未履行强制报告职责，该案暴露出相关医疗机构在落实强制报告中存在盲点，对未成年人健康成长具有潜在危害。该市检察机关向卫健

---

① 参见《江苏省宿迁市人民检察院对Z电竞酒店提起民事公益诉讼案》，载最高人民检察院网站，https://www.spp.gov.cn/spp/bhsndn/202205/t20220525_558427.shtml，最后访问时间：2024年3月24日。

② 参见《最高人民检察院发布10件“3·15”消费者权益保护检察公益诉讼典型案例之八：广东省深圳市南山区人民检察院诉刘某销售假冒奶瓶奶嘴刑事附带民事公益诉讼案》，载最高人民检察院网站，https://www.spp.gov.cn/xwfbh/wsfbt/202403/t20240315_649539.shtml#2，最后访问时间：2024年3月24日。

③ 参见《假冒“贝亲”销售不符合安全标准的母婴用品 法院：构成销售伪劣产品罪》，载上海市高级人民法院网站，https://www.hshfy.sh.cn/shfy/web/index.html，最后访问时间：2024年3月24日。

委开展行政公益诉讼，制发诉前检察建议。[①]在本案中医疗机构未落实强制报告制度，是否达到了启动公益诉讼的标准？造成了一名未成年人权益受到实质侵害，不符合“多数人”标准，而本案提起公益诉讼的依据是造成其他不特定未成年人受影响的危险。那么，不特定未成年人受影响的危险，是否属于公益诉讼保护范围？

### （二）未成年人公共利益的范围不明确

未成年人保护作为公益诉讼的一个特殊领域，尚未明确基本概念。[②]开展“两益论证”是检察机关提起涉未公益诉讼，应当论证的核心。《未成年人保护法》第106条规定“公共利益”的范围不明确，主要体现在两个方面：一是是否特指未成年人公共利益；二是是否要求损害具体领域的权益。

第一，“公共利益”是特指未成年人公共利益吗？《未成年人保护法》第106条是检察机关提起未成年人公益诉讼的重要依据，[③]但该条并未明确检察机关提起公益诉讼的条件。针对该条文规定的“公共利益”有不同的观点：一是认为“公共利益”不特指未成年人利益，怠于履行未成年人保护职责，侵害公共利益，就可以提起涉未公益诉讼；二是认为“公共利益”特指涉未成年人公共利益。这两种观点的争议，决定了公益诉讼的受案范围。例如，多个未成年人家长，怠于履行监护职责，导致未成年人拉帮结伙，在某地区实施聚众斗殴、盗窃、故意伤害等违法犯罪行为，侵害了社会秩序。家长怠于履职，导致特定未成年人违法犯罪，在违法犯罪实施过程中，选择的犯罪对象不特定，可以认为侵害了不特定多数人的权益。再如，监护人对未成年人实施暴力、虐待、遗弃等行为，不仅侵害未成年人权益，给未成年人造成阴

---

① 李新、季美君、赖敏娓：《检察公益诉讼制度研究》，中国检察出版社2023年版，第228页。

② 王广聪：《未成年人公益诉讼与少年司法国家责任的拓展》，中国检察出版社2021年版，第16页。

③ 《未成年人保护法》（2024年修正）第106条规定：“未成年人合法权益受到侵犯，相关组织和个人未代为提起诉讼的，人民检察院可以督促、支持其提起诉讼；涉及公共利益的，人民检察院有权提起公益诉讼。”

影，也对社会公共秩序造成威胁。[①]若根据观点二，上述行为符合提起公益诉讼的条件。

第二，是否要求损害具体领域的权益？未成年人公共利益是指泛化的未成年人公共利益，还是具体的未成年人公共利益范围？目前对该条文的理解有两种观点：第一种观点主张泛化的未成年人公益保护目标，即只要涉及未成年人公共利益，人民检察院则有权提起公益诉讼；第二种观点主张具体的未成年人公益保护范围，只有涉及未成年人具体（特定）公共利益时，检察机关才有权提起公益诉讼。[②]

### （三）证明责任与标准不明确

证明标准是指诉讼中承担证明责任的人提供证据对案件事实加以证明所要达到的程度。[③]因此在讨论证明标准前，需要明确检察机关在未成年人公益诉讼中应当承担何种证明责任。

行政公益诉讼中，相比行政相对人，检察机关拥有调查核实权，是否还应当遵循行政诉讼的证明责任与标准？行政公益诉讼相较行政诉讼，增加了诉前检察建议程序，诉前检察建议的证明要求没有明确规定，导致检察建议制发过程中，也有行政机关认为没有达到证明标准，不应向其制发检察建议。同时，行政公益诉讼中制发诉前检察建议对行政违法或行政不作为的证明标准，与检察机关提起行政公益诉讼起诉的证明标准是否相同，目前也缺少明确规定。

民事公益诉讼中，由于检察机关的介入，打破了两造的平等地位，是否还应遵循民事诉讼的证明责任与标准？民事公益诉讼增加了诉前公告程序，对于诉前公告应当达到何种证明标准也不确定，缺少明确的司法指引。司法实践会将发布诉前公告的标准与起诉的标准相统一，即在发布诉前公告前，

---

① 赵卿、李庆：《未成年人检察公益诉讼制度构建研究——以全国首例民政部门申请撤销监护权案为例》，载《青少年犯罪问题》2015年第5期。

② 王广聪：《未成年人公益诉讼与少年司法国家责任的拓展》，中国检察出版社2021年版，第145页。

③ 李勇：《刑事证据审查三步法则》（第二版），法律出版社2022年版，第389页。

就审查违法主体、事实、损害后果、因果关系，确认达到了可起诉标准才会公告，等公告期一过就提起诉讼。诉前程序与提起诉讼的证明标准统一而存在的问题：一是压缩了调查核实权发挥的空间；二是缩小了民事公益诉讼的起诉范围。一些未达到起诉标准，通过调查核实权能够达到起诉标准的，侵害公告利益的民事行为被排除在民事公益诉讼范围外。

## 三、涉未公益诉讼制度功能定位：风险预防与损害弥补

对于未成年人公共利益范围不明确，风险损害是否应当纳入涉未公益诉讼范围等问题的争议，究其本质，是由于涉未公益诉讼制度功能定位的不确定。

### （一）行政公益诉讼功能定位：以风险预防为主，弥补损害为辅

少年司法机制传统的事后处置模式无法发挥法律的御前功能。[①]民事公益诉讼与行政公益诉讼的制度定位应当区分。检察机关提起民事公益诉讼应当受到比例原则的约束，在二者存在诉权竞合时，应当优先选择行政公益诉讼。[②]因此，行政公益诉讼的功能定位应当是“以风险预防为主，弥补损害为辅”。

行政公益诉讼作为一种新型的诉讼机制，公益诉讼的开放性能够适应风险社会的确定性，将可能危害的行为纳入提起诉讼的范围，一定程度上能够预防和减少社会公共利益的损失。[③]只要存在不特定多数未成年人被侵害的风险，不需要造成实际损害，就可以提起涉未行政公益诉讼。例如，关于校园200米禁设区的规定，文旅局为校园周边200米内的KTV颁发了娱乐许可证。目前，未出现未成年学生进入该KTV的问题，但存在侵害不特定未成年人权

---

① ［日］关哲夫：《现代社会中法益论问题》，王充译，载《刑法论丛》2007年第2辑（总第12卷）。

② 王广聪：《未成年人公益诉讼与少年司法国家责任的拓展》，中国检察出版社2021年版，第16页。

③ 王广聪：《未成年人公益诉讼与少年司法国家责任的拓展》，中国检察出版社2021年版，第16页。

益的风险，检察机关可以制发诉前检察建议。

因此，在以风险预防为主、弥补损害为辅的功能指导下，行政公益诉讼中，只要存在影响不特定多数未成年人权益的风险，就可以制发检察建议，提起行政公益诉讼。

### （二）民事公益诉讼功能定位：以弥补损害为主，风险预防为辅

应当区分民事公益诉讼与行政公益诉讼的制度定位，由于诉权竞合时优先提起行政公益诉讼，而在行政责任不足以覆盖公益损失时，应通过民事公益诉讼追究行为人的民事赔偿责任。[①]例如，安徽省潘集区人民检察院办理的涉未成年人滥用处方药案件，在向行政机关制发检察建议，要求行政机关履行监护职责后，又向涉案药店提起民事公益诉讼，诉请主要围绕弥补被损害的公共利益展开。针对侵害不特定多数未成年人权益的民事主体，提出民事公益诉讼，应当造成实际损害，诉讼请求不能只有赔礼道歉一项。

因此，民事公益诉讼的启动，需要以造成实际损害为前提。同时，在公共利益受到损害，行政处罚有限，而私力救济也有限时，也可以优先民事公益诉讼。例如，淮南市检察机关正在办理的某公司以免费送养宠物为名，在合同中设置大量的“霸王条款”，排除与限制了不特定众多未成年人消费者的权益，约定纠纷解决地为外省的某仲裁院，免除了甲方责任。而行政处罚难以解决合同霸王条款问题，消费者又难以实现私力救济，此时就可以直接提起民事公益诉讼。

## 四、功能视角下涉未公共利益的判断标准

未成年人作为公益诉讼的一个特殊领域，尚未明确基本概念。[②]“何谓公

---

① 刘梦洁：《聚焦民事公益诉讼　推进民事程序法治现代化——民事诉讼法学研究会2020年会议述要》，载《人民检察》2020年第22期。

② 王广聪：《未成年人公益诉讼与少年司法国家责任的拓展》，中国检察出版社2021年版，第16页。

共利益？”这是一个无可回避且必须回答的问题。如果不能对公共利益予以界定并确定公共利益的代表机制的话，我们其实是无从谈论什么是公益诉讼，何种主体能够以及如何提出公益诉讼的。[①]关于未成年人公共利益范围，主要有两个判断标准：第一，是否侵害不特定多数人利益；第二，是否属于涉未公益诉讼保护范围。以涉未民事公益诉讼与行政公益诉讼的功能为视角，对涉未公共利益的判决标准进行解释。

### （一）以“发散性”为判断的“不特定多数”核心要件

一是以“发散性”作为不特定未成年人判断的核心。“只有发散性地对归属某集体的不特定成员权益形成了一致性侵害才属于公益诉讼保护范围。”[②]样本中经营者向未成年人提供文身服务[③]，网络平台允许未成年人注册账号并高额消费[④]，销售假冒奶瓶奶嘴[⑤]，要求停止以身高作为未成年人优惠标准[⑥]，电竞酒店违规接纳未成年人提供上网服务[⑦]，秀山县某食品加工坊、秀山县某绿豆粉加工坊消费者保护权益案[⑧]等案件中，都具有共同特征，即开放性，针对不

---

① 徐卉：《通往社会正义之路：公益诉讼理论研究》，法律出版社2009年版，第47页。

② 张卫平：《民事公益诉讼原则的制度化及其实施研究》，载《清华法学》2013年第4期。

③ 《检例第142号：江苏省宿迁市人民检察院对章某为未成年人文身提起民事公益诉讼案》，载《最高人民检察院公报》2022年第5号，第28—30页。

④ 《检例第174号：未成年人网络民事权益综合司法保护案》，载《最高人民检察院公报》2023年第4号，第44—46页。

⑤ 参见《最高人民检察院发布10件“3·15”消费者权益保护检察公益诉讼典型案例之八：广东省深圳市南山区人民检察院诉刘某销售假冒奶瓶奶嘴刑事附带民事公益诉讼案》，载最高人民检察院网站，https://www.spp.gov.cn/xwfbh/wsfbt/202403/t20240315_649539.shtml#2，最后访问时间：2024年3月24日。

⑥ 参见《第九届（2019年度）十大公益诉讼案件之一：广东省消费者委员会诉广州长隆集团有限公司消费公益诉讼案》，载人民网，http://legal.people.com.cn/n1/2019/0301/c42510-30952284.html，最后访问时间：2024年3月24日。

⑦ 参见《江苏省宿迁市人民检察院对Z电竞酒店提起民事公益诉讼案》，载最高人民检察院网站，https://www.spp.gov.cn/spp/bhsndn/202205/t20220525_558427.shtml，最后访问时间：2024年3月24日。

⑧ 参见《2022年重庆法院未成年人司法保护典型案例（第二批）》案例10，载澎湃新闻网，https://m.thepaper.cn/baijiahao_21380701，最后访问时间：2024年3月24日。

特定群体开放，才能侵害不特定未成年人的权益。当然提起民事公益诉讼还要求存在造成多数人实际损害的要求。

二是虚化“实际被侵害人数”的要件。关于“多数人”的理解，有观点认为，应当根据《最高人民法院关于适用〈中华人民共和国民事诉讼法〉的解释》将《民事诉讼法》第53条、第54条、第199条等条款中的人数“众多”界定为“10人以上”。也有实务观点认为，应当将《刑法》中规定的“多人”，界定为三人以上。在涉未公益诉讼案件受理标准时，往往考虑造成实际损害的人数。[①]根据涉未公益诉讼的功能定位，行政公益诉讼只要存在损害风险即可，因此并不要求存在量化的人数。而民事公益诉讼，要求存在具体受害人的原因是完善诉讼请求。若没有具体受害人，诉讼请求难以体现弥补损害，只包括赔礼道歉时，难以启动民事公益诉讼。

### （二）涉未公共利益的具体范围

第一，涉未成年人公益诉讼保护的利益应当仅是指涉及未成年人的权益。对于父母未履行监护职责，导致未成年人重复犯罪的行为不应纳入涉未公益诉讼范围。不履行监护职责侵害的只是特定未成年人，该未成年人实施违法犯罪，虽然对公共秩序造成侵害，侵害了不特定多数人的权益，但公共秩序法益并不属于公益诉讼保护的法定范围。因此，针对该行为不应当提起民事公益诉讼。

第二，涉未公共利益保护范围应当是具体利益范畴。将未成年人本身作为一个整体的公共利益进行任意解释，将导致未成年人检察公益诉讼受案范围的不确定性，过于宽泛的理解不符合司法规律，从根本上说不利于对未成年人公共利益的司法保护。未成年人检察部门不能笼统地以“未成年人利益”就当然赋权进行公益诉讼。[②]具体包括：（1）涉未食品药品领域，保障未成年

① 高志宏：《未成年人公益诉讼受案范围：实践扩张、理论逻辑与制度选择》，载《政法论坛》2023年第5期。

② 王广聪：《未成年人公益诉讼与少年司法国家责任的拓展》，中国检察出版社2021年版，第145页。

人生存权；（2）涉未环境安全领域，包括校园周边交通、食品安全、环境（噪声）安全等，保障发展权；（3）涉未日常消费领域，包括网络消费、线下消费等，保障发展权与参与权；（4）涉未教育等领域，包括对校外培训机构的监督，校内入职查询的监督，保障教育权。

第三，积极稳妥探索"等"外领域。积极探索是指针对侵害不特定未成年人权益探索开展涉未公益诉讼。稳妥探索是指涉未公益诉讼保护的范围仍旧应当遵循《未成年人保护法》第3条第1款"国家保障未成年人生存权、发展权、受保护权、参与权等权利"的规定。

## 五、细化涉未公益诉讼证明标准

涉未公益诉讼证明标准以及证明责任分配是检察机关办理案件的关键，尤其是在提起诉讼阶段。针对涉未公益诉讼的特殊性，可以进一步细化民事公益诉讼中诉前与提起诉讼阶段所需达到的证明标准，而在行政诉讼中则需要明确诉前检察建议与提起诉讼所需达到的证明标准。

### （一）民事公益诉讼证明标准的细化

涉未民事公益诉讼证明责任分配没有明确规定，但根据多地办理的为未成年人提供文身的民事公益诉讼司法实践[①]，证明责任分配仍旧遵循民事诉讼法的规定。民事公益诉讼相较于民事诉讼，还具有特殊的诉前公告程序，因此应当分阶段细化民事公益诉讼的证明标准。

#### 1.诉前公告阶段：合理怀疑标准

为充分发挥检察机关调查核实权，诉前公告阶段应当采用合理怀疑标准（reasonable suspicion）。合理怀疑标准由美国宪法第四修正案的"相当理由"

① 检例第142号江苏省宿迁市人民检察院对章某为未成年人文身提起民事公益诉讼案为全国首例，此后重庆市、吉林省白山市、德州市、太原市检察机关也先后办理了此类案件。

标准发展而来，是指“有合理理由怀疑是××”[①]。在公益诉讼中的内涵是“有合理的理由相信可能存在侵害不特定未成年人权益”。合理怀疑标准较优势证明标准低，诉前阶段降低了证明标准。一方面能够充分发挥检察机关调查核实权，收集关于违法主体、因果关系以及损害程度的证据。另一方面扩大了民事公益诉讼的保护范围。针对一些没有达到优势证明标准的违法线索发布诉前公告，通过调查核实达到提起诉讼的证明标准，提起民事公益诉讼。

**2. 提起诉讼：优势证明标准**

提起民事公益诉讼应当采用优势证明的标准。根据2018年《检察公益诉讼案件适用法律若干问题的解释》规定，检察机关提起民事公益诉讼时要提交“被告的行为已经损害社会公共利益的初步证明材料”。但并未明确初步证明标准是何种证明标准。《未成年人检察业务》一书中提到，对于民事损失数额的认定标准，可以采用低于刑事案件证明标准的标准，[②]因此可以是优势证明标准，清楚而令人信服的标准（clear and convincing），合理怀疑证明标准。

域外考察发现，英国民事公益诉讼中，告发人制度[③]经历了从优势证明标准到排除合理怀疑标准，再到优势证明的标准的波折。二次变更的原因是证明标准的提高，导致告发人诉讼案件急剧减少，甚至消失。因此1986年国会再次修改告发人诉讼证明标准，明确规定为“优势证据”标准。[④]考虑到我国民事公益诉讼的参与主体不仅有检察机关，还有其他组织，因此证明标准不应过高，应当与民事诉讼统一，采用优势证明标准。

---

① 李勇：《互殴与防卫：优越利益原理下实体与程序规则重构》，法律出版社2023年版，第206—209页。

② 童建明、万春、宋英辉主编：《未成年人检察业务》，中国检察出版社2022年版，第482页。

③ 指告发人为了自己利益和公共利益，根据相关法律规定，对侵害公共利益的行为以政府的名义提起民事诉讼。

④ 李新、季美君、赖敏娓：《检察公益诉讼制度研究》，中国检察出版社2023年版，第92—93页。

### （二）细化行政公益诉讼的证明标准

行政公益诉讼相较于民事诉讼，还具有诉前检察建议程序，并且绝大部分案件都是以诉前检察建议结案，因此应当分阶段细化行政公益诉讼的证明标准。

对于制发检察建议，应当达到优势证据的证明标准。一方面，行政公益诉讼诉前检察建议相较于社会治理类检察建议，具有诉前程序司法化倾向。[①]另一方面，民事公益诉讼的诉前公告并不必然启动诉讼，但制发检察建议后，行政机关怠于履行检察建议，将会启动行政公益诉讼，因此要求比民事公益诉讼诉前公告更高的证明标准。

从应然层面，检察公益诉讼中应享有的调查核实权必须与举证责任、证明标准相结合进行动态联系分析，三者之间具有目的主义的关系：调查举证权服务于举证责任、证明标准。[②]行政公益诉讼中仍旧应当由行政机关举证证明其行为的合法性。行政公益诉讼中，关于“举证责任”的承担目前有四种观点：第一种观点认为，不应突破行政诉讼的举证模式，即举证责任倒置；第二种观点认为，应当遵循平均主义的举证模式；第三种观点认为，应由检察机关举证行政行为是否合法；第四种观点认为，由检察机关提出初步的证据，行政机关仍旧承担证明具体行政行为合法性的举证责任。[③]事实上，应当将行政诉讼法规定与公益行政诉讼举证责任相统一，这是现实的，也是适宜的。[④]

---

① 王广聪：《未成年人公益诉讼与少年司法国家责任的拓展》，中国检察出版社2021年版，第188—199页。

② 樊华中：《检察公益诉讼的调查核实权研究——基于目的主义视角》，载《中国政法大学学报》2019年第3期。

③ 李新、季美君、赖敏娓：《检察公益诉讼制度研究》，中国检察出版社2023年版，第67页。

④ 黄学贤：《行政公益诉讼若干热点问题探讨》，载《法学》2005年第10期。

## 六、余论

任何一项重大制度的诞生与发展，都与时代脉搏息息相关。未成年人检察公益诉讼从2020年设立以来，蓬勃发展，方兴未艾。未成年人公益诉讼不仅需要明确公益范围，细化证明标准，还需要解决涉未公益诉讼诉前公告规范化、诉讼请求的精准性、可执行性等问题。例如，公开道歉中如何确定发布道歉信息的新闻级别？公开道歉是弥补公益损害的方式，目前绝大部分民事公益诉讼都有该项诉请，但有的是在国家级平台，如《法治日报》等，有的则是省级新闻平台，还有的是市级新闻平台。这些司法实务中的问题，还需要检察同人进一步深入研究。

# Y省“无国籍”刑满释放人员驱逐出境的实证研究

周建军　袁钰博*

**摘　要：**“无国籍”刑满释放人员的驱逐出境与处遇问题值得关注，笔者研判了Y省441份相关判决书发现：Y省“无国籍”犯罪人驱逐出境的司法适用存在裁判结果不统一、身份调查职责不明确、治理效能不足等方面的问题。结合对“无国籍人”身份状态的考察，应当在人类命运共同体思想的指引下，采取职责规定明确化、程序完善、刑事政策指引等方面的措施，完善对“无国籍人”身份的解释和查明，进一步推动边疆刑事法治现代化的进程。

**关键词：**无国籍；刑满释放人员；驱逐出境；实证研究

《最高人民法院关于适用〈中华人民共和国刑事诉讼法〉的解释》（以下简称《刑诉法解释》）第477条规定：“外国人的国籍，根据其入境时持用的有效证件确认；国籍不明的，根据公安机关或者有关国家驻华使领馆出具的证明确认。国籍无法查明的，以无国籍人对待，适用本章有关规定，在裁判文书中写明‘国籍不明’。”从上述规定可知，国籍无法查明的外国人适用的规定与无国籍人相同，也就是说外国人“国籍不明”的事实状态在法律适用之时与“无国籍人”的法律状态相同。[①]基于上述规定，本文将“无国籍”刑满释放人员界定为在中国境内被判处有期徒刑或者无期徒刑，并在服

---

* 周建军，法学博士，云南师范大学法学与社会学学院教授、博士生导师，研究方向为刑事政策学、未来法治与国家安全。袁钰博，云南师范大学法学与社会学学院2022级本科生。

① 1954年通过、1960年6月日生效的《关于无国籍人地位的公约》将无国籍人定义为“任何国家根据它的法律不认为是其国民的人”。

刑期满后被释放，但没有任何有效身份证明或者难以确定其国籍或者原籍国不承认其为本国公民而无法驱逐出境的外籍人员。但是，"无国籍"人员存在"国籍查明"的可能性。在司法实践中，监狱机关迫于刑罚执行的压力，查明了很多"无国籍"刑满释放人员的国籍，推动了依法对犯罪的外国人驱逐出境的工作。即便如此，"无国籍"刑满释放人员的驱逐出境依然面临身份查明、驱逐目的地不明确、缺少与他国（地区）对接的通道、犯罪人被驱逐之后再次非法入境等方面的问题。因此，落实"无国籍"刑满释放人员的驱逐出境，对于边境管理秩序、边疆社会发展与涉外法治工作都有重要的意义。

为此，本文通过对Y省"无国籍"刑满释放人员驱逐出境的专门研究，呈现Y省"无国籍"刑满释放人员驱逐出境司法适用的现状，分析相关问题和原因，借此提升外国人刑罚处遇的科学、规范程度。

## 一、Y省"无国籍"刑满释放人员驱逐出境适用现状

Y省是中国与东南亚和南亚接壤的重要边境省份，与缅甸、老挝、越南三国接壤，边境线长达4060千米。由于地理位置特殊，历史文化交流频繁，Y省一直是中国涉外犯罪案件最多的省份。"无国籍"刑满释放人员的驱逐出境工作一直是Y省司法部门和公安部门的重点工作，也是Y省安置帮教工作的难点和重点。为解决这一问题，Y省司法机关采取了一系列措施，包括加强与原籍国的沟通协调，加快身份核查，加大对"无国籍"刑满释放人员的社会救助和安置帮教力度，加强对"无国籍"刑满释放人员的监管和管理等。经过多年的努力，Y省"无国籍"刑满释放人员的数量有所下降，但仍然存在"无国籍"刑满释放人员无法驱逐出境的问题。

### （一）样本选择

本文选取Y省驱逐出境适用案例为样本，主要通过两种方式开展样本的收集工作。一是通过大量的实证调研，搜集Y省驱除出境适用的主要情况。

二是以“驱逐出境”为关键词在北大法宝进行全文检索，并设置时间范围为2009年至2024年、案由为“刑事”、文书类型为“判决书”、审理法院为“Y省”，共查阅到490份判决书。其中，可公开检视的判决书为476份，剔除10份二审判决和25份适用简易程序的判决，最终选取441份一审判决驱逐出境犯罪人的裁判书。对通过北大法宝搜集到的案例，进一步运用SPSS（Statistical Product Service Solutions，社会科学统计软件包）软件，根据“判决日期”“审判法院”“审判机关”“审判阶段”“罪犯性别”“所犯罪行”“主刑”“罪犯国籍”8个关键词，对Y省驱逐出境的具体适用做进一步的统计分析。

（二）适用现状

**1.Y省各年份适用驱逐出境的案件数情况**

如图1所示，2009年至2024年，Y省适用驱逐出境刑满释放人员的裁判书的数量（案件数）分别为：2、3、1、3、1、26、27、45、37、45、92、115、37、1、1和3。从上述数据看出，在2020年之前驱逐出境的案例整体呈增长趋势，意味着在此期间外国人在华犯罪的数量不断增长，驱逐出境制度得到了较好的应用。然而，2020年到2023年数量大幅减少。

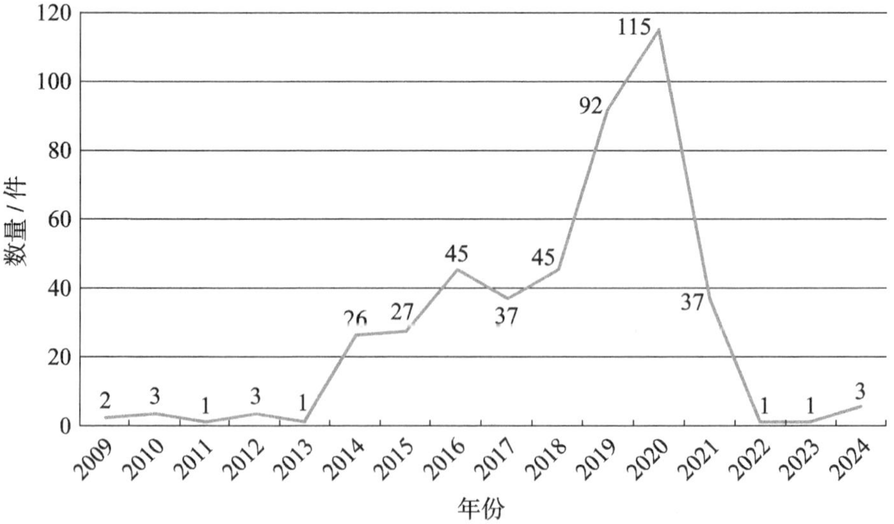


**图1 Y省各年份适用驱逐出境案件的情况**

### 2.Y省适用驱逐出境案件的罪名分布

由表1可以看出，441份判决书中涉及的罪名共466个[①]，占比较大的罪名有：偷越国（边）境罪112个，占比24.0%；盗窃罪104个，占比22.3%；组织他人偷越国（边）境罪46个，占比9.9%；运送他人偷越国（边）境罪47个，占比10.1%；走私、贩卖、运输、制造毒品罪62个，占比13.3%。从上述数据可以看出：第一，罪名相对集中，但不单一。第二，罪行社会危害性较大。毒品类、走私类、妨碍边境管理类、侵害人身权利类的犯罪频率较高，对我国边境地区的安全、经济发展和社会秩序存在较大的负面影响。

**表1　Y省驱逐出境犯罪人涉罪罪名**

| 有效性 | 罪名 | 频率 | 百分比（%） | 有效百分比（%） | 累计百分比（%） |
|---|---|---|---|---|---|
| 有效 | 绑架罪 | 1 | 0.21 | 0.21 | 0.21 |
| | 盗窃、侮辱尸体罪 | 1 | 0.21 | 0.21 | 0.42 |
| | 盗窃罪 | 104 | 22.3 | 22.3 | 22.72 |
| | 妨害传染病防治罪 | 1 | 0.21 | 0.21 | 22.93 |
| | 妨害公务罪 | 3 | 0.64 | 0.64 | 23.57 |
| | 危害国家重点保护植物罪 | 2 | 0.43 | 0.43 | 24.00 |
| | 非法持有、私藏枪支、弹药罪 | 3 | 0.64 | 0.64 | 24.64 |
| | 非法持有毒品罪 | 7 | 1.50 | 1.50 | 26.14 |
| | 非法经营罪 | 5 | 1.10 | 1.10 | 27.24 |
| | 非法拘禁罪 | 1 | 0.21 | 0.21 | 27.45 |
| | 非法收购、运输、出售珍贵、濒危野生动物、珍贵、濒危野生动物制品罪 | 7 | 1.50 | 1.50 | 28.95 |
| | 故意伤害罪 | 6 | 1.29 | 1.29 | 30.24 |
| | 拐卖妇女、儿童罪 | 6 | 1.29 | 1.29 | 31.53 |
| | 交通肇事罪 | 2 | 0.43 | 0.43 | 31.96 |
| | 抢夺罪 | 3 | 0.64 | 0.64 | 32.60 |
| | 抢劫罪 | 8 | 1.72 | 1.72 | 34.32 |

① 存在一份判决书涉及两个罪名的情况，此时按两个罪名分别计数一次。

续表

| 有效性 | 罪名 | 频率 | 百分比（%） | 有效百分比（%） | 累计百分比（%） |
|---|---|---|---|---|---|
| 有效 | 扰乱公共秩序罪 | 5 | 1.10 | 1.10 | 35.42 |
| | 偷越国（边）境罪 | 112 | 24.0 | 24.0 | 59.42 |
| | 危险驾驶罪 | 4 | 0.90 | 0.90 | 60.32 |
| | 协助组织卖淫罪 | 1 | 0.21 | 0.21 | 60.53 |
| | 寻衅滋事罪 | 1 | 0.21 | 0.21 | 60.74 |
| | 引诱、容留、介绍卖淫罪 | 1 | 0.21 | 0.21 | 60.95 |
| | 运送他人偷越国（边）境罪 | 47 | 10.09 | 10.09 | 71.04 |
| | 诈骗罪 | 2 | 0.43 | 0.43 | 71.47 |
| | 走私、贩卖、运输、制造毒品罪 | 62 | 13.3 | 13.3 | 84.77 |
| | 走私国家禁止进出口的货物、物品罪 | 2 | 0.43 | 0.43 | 85.20 |
| | 走私普通货物、物品罪 | 3 | 0.64 | 0.64 | 85.84 |
| | 走私武器、弹药罪 | 1 | 0.21 | 0.21 | 86.05 |
| | 走私珍贵动物、珍贵动物制品罪 | 9 | 1.93 | 1.93 | 87.98 |
| | 组织卖淫罪 | 10 | 2.15 | 2.15 | 90.13 |
| | 组织他人偷越国（边）境罪 | 46 | 9.87 | 9.87 | 100.0 |
| | 总计 | 466 | 100.0 | 100.0 | |

### （三）Y省“无国籍”刑满释放人员驱逐出境适用现状

在统计的441份判决书中，402份涉案人员的国籍是明确的。其中，包含原本“无国籍”的涉案人员，经相关部门努力查询到真实国籍后驱逐出境的情况。此时，保留原有检索条件，添加“国籍不明”和“无国籍”分别作为关键词在结果中检索，共得到39份涉案人员“国籍不明”的判决书①，占所有判决书的8.84%。（如图2所示）在符合搜索条件的39份判决书中，有23份来

① 共检索出40份判决书，但其中案号为（2019）云2625刑初160号的判决书涉案人员的国籍是明确的，因此排除。

自Y省F县，11份来自Y省L县，其中含有“国籍不明”的涉案人员未被判处驱逐出境的共17份，占比达到43.6%。

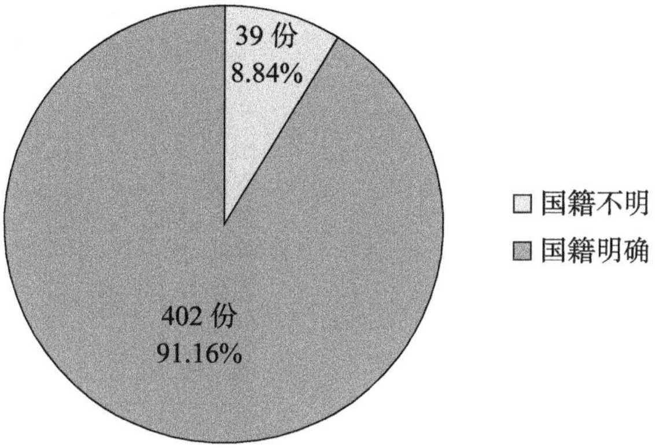


**图2　Y省适用驱逐出境“国籍不明”人员与国籍明确人员的占比**

## 二、Y省“无国籍”刑满释放人员驱逐出境的问题与原因

### （一）主要问题

从裁判文书与上述统计来看，Y省对“无国籍”刑满释放人员的驱逐出境，主要存在如下问题：

首先，驱逐出境的司法裁判不统一。主要包括以下情形：第一，对“无国籍”犯罪人是否判处驱逐出境，做法不完全相同。例如，在本某古、何某强偷越国（边）境、运送他人偷越国（边）境一案①中：被告本某古等五人“国籍不明”，仍然因偷越国边境罪被判处了驱逐出境；而在毕某某、觉某某盗窃案②中，被告貌某甲犯盗窃罪和偷越国（边）境罪，却因“国籍不明”未被判处驱逐出境。因此，产生了量刑失衡的问题。第二，在共同犯罪中，存在因国籍能否查明导致共同犯罪人裁判结果不统一的情况。例如，在Y省L

① 云南省富宁县人民法院（2019）云2628刑初153号刑事判决书。

② 云南省陇川县人民法院（2020）云3124刑初193号刑事判决书。

县的多份判决书中，出现了两人共同犯罪，只判处国籍明确的人驱逐出境的情况。[①]第三，当外国犯罪人为累犯时，存在因国籍明确被判处驱逐出境[②]，“国籍不明”未被判处驱逐出境的情形[③]。换言之，在因“国籍不明”未被判决驱逐出境的案件之中，罪行的轻重、犯罪情节等因素均被犯罪人的国籍掩盖，犯罪人的国籍能否查明成为“国籍不明”犯罪人是否判罚驱逐出境的关键因素。这既是法官从后果考量的角度认为驱逐出境难以执行而采取的妥协之举，也是涉外法治体系不足的表征。《刑事诉讼法》第160条第2款规定：“犯罪嫌疑人不讲真实姓名、住址，身份不明的，应当对其身份进行调查，侦查羁押期限自查清其身份之日起计算，但是不得停止对其犯罪行为的侦查取证。对于犯罪事实清楚，证据确实、充分，确实无法查明其身份的，也可以按其自报的姓名起诉、审判。”从该规定可知，现行法律制度承认确实存在“无法查明身份”的情况，但这一规定也为“无国籍”刑满释放人员驱逐出境的刑罚适用留下隐患，产生了法官判罚不统一的实践样态。

其次，查明国籍的职责不够明确。在查明外国人身份的职责机构上，《刑事诉讼法》第160条规定侦查机关履行对犯罪人身份进行调查的职责。《公安机关办理刑事案件程序规定》（2020年修正）第359条规定，“国籍不明的，由出入境管理部门协助予以查明”。由是观之，公安机关负有查明国籍的主要义务。但是，个别地方依然存在公安机关和其他司法机关以“查明国籍的职责不够明确”相互推诿的情况。

最后，“无国籍”刑满释放人员驱逐出境的治理效果不显著。《拘留所条例实施办法》第5条第2款规定：“被公安机关依法决定拘留审查的人，以及被依法决定、判处驱逐出境或者被依法决定遣送出境但不能立即执行的人，可以在拘留所拘押。”根据上述规定，待遣羁押对象可分为三类：被决定遣送出境、被决定驱逐出境和被判处驱逐出境的。其中，被决定遣送出境的属于

① 云南省陇川县人民法院（2014）陇刑初字第133号刑事判决书。

② 云南省河口瑶族自治县人民法院（2021）云2532刑初7号刑事判决书。

③ 云南省芒市人民法院（2019）云3103刑初29号刑事判决书。

行政强制措施执行对象，被决定驱逐出境的属于行政处罚执行对象，被判处驱逐出境的属于刑罚执行对象，这也涵括了驱逐、遣送出境的所有情况。但该规定仅规定了适用条件和执行场所，并无程序、救济和限制性规定，在实际适用上还有较大的限制。①因此，待遣羁押制度成为目前大多数“无国籍”刑满释放人员在无法被驱逐时相关部门所采取的措施。从待遣羁押制度设立的初衷来看，是为不能“立即执行”的驱逐、遣送出境的人员提供暂时性的管控场所。前文的分析也表明，“无国籍”状态在短期内并不会消除，致使在查明真正国籍或者明确具体可以驱逐的地点前无法将“无国籍”刑满释放人员驱逐。

### （二）主要问题的成因分析

首先，在于制度与理念上。关于“无国籍”刑满释放人员如何驱逐出境缺少相应的实施细则与司法解释。“无国籍”人员身份的确定是执行“无国籍”刑满释放人员驱逐出境的前提和基础。而在实践中，“无国籍”人身份的确定并不容易，许多犯罪外国人在被捕时，没有携带有效的身份证件，或者携带的身份证件是伪造或变造的，难以证明其真实身份和原国籍。更有甚者为了逃避惩罚或者获得利益，在入境时就故意销毁了能证明其身份的相关文件，成为所谓的“三非”人员，增加了公安机关核实其身份的难度。许多“无国籍”刑满释放人员在服刑期间，无法与原籍国政府取得联系，或者因缺乏有效的沟通渠道，原籍国政府不愿意合作。有些“无国籍”刑满释放人员来自一些动荡不安或者政治复杂的地区，存在没有正式登记过自己的身份或者没有获得过任何国家的承认和保护的情况。对此，也没有一个统一的标准和程序。

“无国籍”人员身份的确定问题，影响了“无国籍”刑满释放人员驱逐出境的执行效率和效果。无法确定一个人的国籍，就无法确定应该遵循哪个国家的法律规定，享受哪个国家的保护和服务，以及应该被送往哪个国家或者

---

① 叶氢、覃嫄：《我国非法移民待遣羁押制度的审视与思考》，载《政法学刊》2021年第5期。

地区。这可能导致“无国籍”刑满释放人员在出境问题上陷入一种长期的悬而未决或者反复纠缠的状态，造成其精神上的痛苦和生活上的困扰。

其次，在职责分配上，出境程序协调是执行“无国籍”刑满释放人员驱逐出境的保障和保证。然而，在实践中，出境程序的协调并不容易。执行“无国籍”刑满释放人员驱逐出境涉及多方参与和协作，如司法机关、公安机关、边防机关、外交机关、移民机关等。然而，这些机关存在一定的分工、职责、权限、信息等方面的差异和不统一，导致“无国籍”刑满释放人员的驱逐出现了沟通、协调、配合等方面的困难。

再次，出境目的地的选择是执行“无国籍”刑满释放人员驱逐出境的关键和难点。然而，在实践中，出境目的地的选择并不容易，主要有以下几个方面的原因：

第一，许多“无国籍”刑满释放人员在中国建立了一定的社会关系，如亲友、同伴、工作等，因此不愿意离开中国。这些“无国籍”刑满释放人员可能会拒绝或者抵制公安机关指定或者安排的出境目的地，甚至采取暴力或者自残等极端手段来表达自己的不满和反抗。

第二，许多“无国籍”犯罪人员难以获得原籍国政府的承认和接收。有些原籍国政府对于“无国籍”刑满释放人员持有否认或者回避的态度，认为他们不是该国公民或者居民，或者没有足够的证据证明他们是该国公民或者居民。有些原籍国政府对“无国籍”刑满释放人员持拒绝或者抵制的态度，认为他们是犯罪分子或者叛徒，或者没有足够的能力和条件接收他们。这些原籍国政府可能会拒绝或者拖延与我国公安机关沟通协商，或者提出过高或者不合理的条件和要求，加剧了“无国籍”刑满释放人员身份查明和行刑的困难。

第三，“无国籍”犯罪人可能寻求第三国政府的帮助和保护。有些第三国政府对“无国籍”刑满释放人员持有同情或者支持的意向，认为他们是难民或者受害者，或者有特殊的政治或者人道主义价值。为此，第三国政府可能会主动或者被动地向我国公安机关提出接收或者转移“无国籍”刑满释放人员的请求或者建议，使得“无国籍”刑满释放人员的出境目的地变得更加复杂或者敏感。

最后，“无国籍”刑满释放人员驱逐出境司法适用的社会效果仍需提升。执行“无国籍”刑满释放人员驱逐出境往往涉及跨境合作和协商，如与原籍国政府或者第三国政府进行沟通、协商、签署协议等。这些合作和协商可能涉及一些敏感和复杂的因素，如主权、领土、民族、宗教、政治等。这些因素容易导致在执行“无国籍”刑满释放人员驱逐出境时遭遇抵触、冲突、干扰等方面的风险。

## 三、改善Y省“无国籍”犯罪人驱逐出境制度的思考

从以上实践现状与原因出发，应从如下几个方面入手，改善“无国籍”犯罪人驱逐出境的实践：

第一，加强司法合作，消除“无国籍”事实状态。对于“无国籍”人员的身份确认自然是解决其驱逐出境何去何从的关键所在，Y省须加强和其他省份在“无国籍”刑满释放人员驱逐方面的沟通协作，尽早建立统一的信息平台和协调机制，共享“无国籍”刑满释放人员的身份信息、出境情况等数据，协同解决“无国籍”刑满释放人员出境所涉及的各种问题和困难，提高“无国籍”刑满释放人员驱逐出境的效率和效果。同时，完善“无国籍”刑满释放人员出境管理制度，制定一个明确的标准和程序来确定无国籍人员身份，强化科学和客观的方式和方法，如借助指纹、DNA、语言等技术手段来核实“无国籍”刑满释放人员的真实身份和原国籍。相关公安、监狱部门也要杜绝在查明过程中出现推诿扯皮，敷衍应付的情况，将权责一致的平衡理念贯彻至责任体系的每一个节点，实现责任治理的程序理性和“过程控制”[①]，为治理外国人犯罪尽到更多的责任。

第二，健全“无国籍”刑满释放人员驱逐出境的执行程序。对于驱逐出

---

① 周建军、刘明宇：《迈向新时代的社会治理法治化》，载《云南民族大学学报（哲学社会科学版）》2019年第1期。

境执行过程中相关部门存在的推诿扯皮现象，应该建立一个统一的刑罚执行体制，司法机关仅仅负责明确审判时涉案人员“无国籍”的状态，将查明犯罪嫌疑人身份的任务全权交给侦查机关，而公安机关作为执行机关必须严格行使执行权，负责将查明身份的“无国籍”人遣送回其国籍国，避免执行权、侦查权、审判权三者之间的冲突与矛盾。

Y省在执行“无国籍”刑满释放人员驱逐出境时，应该总体上遵循中国刑法和出境入境管理法等法律规定，并根据相关国际公约措施。例如，由于我国是《禁止酷刑和其他残忍、不人道或有辱人格的待遇或处罚公约》的缔约国，[①]对于已经查明了有效身份证件或者能够与原籍国政府联系并获得其承认和接收的“无国籍”刑满释放人员，应该对即将被驱逐出境的外国人进行风险评估，确保其不符合“禁止遣返”条件后[②]，再由公安机关将其押送至国（边）境口岸，交由边防机关办理出境手续。整个过程应该尽快进行，避免刑满释放人员被羁押在监狱等场所。

对于尚未查明真实身份或者无法与原籍国政府联系或者被原籍国政府拒绝接收的“无国籍”刑满释放人员。应该严格将其羁押在相关场所，避免其因为“国籍不明”而无法执行驱逐出境，在主刑执行完毕后就使其重返中国社会中，避免再犯可能性的发生，重点维护我国的国家安全和社会稳定。

对于确实没有国籍的刑满释放人员，应该严格贯彻《关于无国籍人地位的公约》[③]中禁止驱逐无国籍人的条款，不得将其驱逐出境。同时由于我国是《关于难民地位的公约》[④]的缔约国之一。因此，应明确难民不予刑事驱逐出境，贯彻“禁止遣返”原则；设置对具有中国永久居留资格的人驱逐出境阻

① 该公约于1988年11月3日在中国生效，其第3条规定，“如有充分理由相信任何人在另一国家将有遭受酷刑的危险，任何缔约国不得将该人驱逐、遣返或引渡至该国”。

② 黄风、杜少尉：《国际法视角下驱逐出境的去刑罚化》，载《河南社会科学》2019年第5期。

③ 《关于无国籍人地位的公约》第31条第1款规定：“缔约各国除因国家安全或公共秩序理由外，不得将合法地在其领土内的无国籍人驱逐出境。”

④ 中国于1982年加入了《关于难民地位的公约》，其中第32条第1款规定：“缔约各国除因国家安全或公共秩序理由外，不得将合法在其领土内的难民驱逐出境。”

却条款；设置保护家庭团聚权的阻却条款；明确驱逐出境不适用于罪犯在接收国可能会因其种族、肤色、族群、宗教、民族属于特定社会团体、政治信仰而使其生命或者人身自由面临危险。[①]对于查明其国籍后发现其国家正发生战乱或正在受自然灾害等非人力因素影响时，不得立即将其驱逐出境，而是本着人道主义的原则，为其提供必要的保护和帮助。

第三，统一司法裁判，实现法律效果、社会效果与政治效果的统一。卢曼认为应当以二阶观察的方式来观察法律判决，即让法院担负起监视法律判决前后一致性的任务。[②]比起根据罪责刑相适应原则确定具体适用驱逐出境的罪行，保留原有的驱逐出境制度，让法官在刑事政策的指引下实现能动司法的目标，将自由裁量权的理解与运用限制于合法的边界之内，在程序理性的要求下弥合事实与规范之间的鸿沟，达成刑事政策渐进治理的司法过程。这是因为刑事政策承载着社会防卫抑或系统治理的责任，兼有观察科学和行为艺术的属性。[③]在刑事政策贯通的过程中，保障刑事司法的体系性、系统性与科学性，进而逐渐影响到驱逐出境司法裁判的惯常做法，让司法权力在互动中增加可操作性与被理解性，才是目前Y省司法机关应该追求的目标。

第四，推动理念更新，携手构建人类命运共同体。2024年8月发布的《中华人民共和国和越南社会主义共和国关于进一步加强全面战略合作伙伴关系、推进中越命运共同体建设的联合声明》明确提出：“防务安全合作是中越关系的支柱之一……早日批准生效《中越关于移管被判刑人的条约》，建立并扩大中国应急管理部与越南公安部之间的合作。”质言之，如何管控全球化时代人口的无序流动是各国参与国际社会治理的重要实践，而涉及驱逐国与被驱逐国利益的驱逐出境只有加强合作才能够破解当前所面临的难题。过往对“无国籍”刑满释放人员驱逐出境的实践为日后积累了经验，也产生了问题，然而由于未将该制度放置于国际法治的语境中进行反思，有关对策始终难以达

---

① 杜少尉：《我国刑事驱逐出境的立法检视与完善》，载《河南大学学报（社会科学版）》2020年第1期。

② ［德］卢曼：《社会的法律》，郑伊倩译，人民出版社2009年版，第172页。

③ 周建军：《刑事政治导论》，人民出版社2021年版，第208页。

致行之有效的目的。因此在逐步推进周边国家共同体、人类命运共同体的过程中，加强安全合作与交流，定期开展各层级机构会面，将会为“无国籍”刑满释放人员难题的纾解提供新的思路与方法。

第五，加大对“无国籍”刑满释放人员的教育和帮扶力度。为了实现刑罚的预防目的，应提高“无国籍”刑满释放人员的法律意识和社会责任感，引导他们遵守中国的法律法规，尊重中国的国家主权和社会秩序，积极配合公安机关执行驱逐出境的决定。推行犯罪治理的合作机制，吸收犯罪的合理因素，实现犯罪的自然治理。[①]同时，应该为“无国籍”刑满释放人员提供一些必要的生活和就业方面的帮助和服务，如提供临时的住所、食物、医疗等，帮助他们找到一些适合他们的工作或者培训等，改善他们的生活状况，增强他们的自立能力和自尊心。

在驱逐出境的过程中保障“无国籍”刑满释放人员的基本人权和合法利益，尊重他们的人格和尊严，保护他们免受任何形式的歧视、虐待、伤害或者侵害。在执行“无国籍”刑满释放人员驱逐出境时，应该参照《关于无国籍人地位的公约》《减少无国籍状态公约》[②]等国际法律规范，以及中国与相关邻国签订的双边协议等法律依据，充分听取“无国籍”刑满释放人员的意见和建议，尽量满足他们的合理要求和期望，同时维护国家安全和社会稳定。

## 四、结语

“无国籍”刑满释放人员驱逐出境是一个涉及国家主权、人权和国际法等多方面因素的复杂问题。Y省作为中国西南边陲省份，与缅甸、老挝、越南三国接壤，是中国无国籍人口最多的省份之一。Y省在处理“无国籍”刑满释放人员出境问题上，总体上遵循了中国刑法和出境入境管理法等法律规定，

① 周建军：《犯罪治理的斯芬克斯之谜》，载《检察风云》2016年第5期。

② 中国未加入联合国1975年12月13日生效的《减少无国籍状态公约》，但该公约规定的预防和减少无国籍现象的措施，如简化归化程序、避免因婚姻或离婚而造成无国籍状态的产生等也可以对驱逐出境制度的完善起到指导作用。

但也存在着一些困难和挑战。这些困难与挑战的解决不单要依靠调整或修改制度，更需要更新制度设计的理念与视野。因此，要在总体国家安全观的指引下，进一步统筹边疆社会安全与发展的关系，完善“无国籍”刑满释放人员出境管理制度，加大对“无国籍”刑满释放人员的教育和帮扶力度，保障其基本人权和合法利益，进一步推动边疆刑事现代化的进程。

# 法学教育专题

# 大一学生对于刑法学课程的感受研究

## ——以安师大法学院2018—2022级学生期末总结为样本

陈银珠*

**摘　要：**在刑法学教学改革过程中应当关注学生的听课和学习感受。学生不仅是教学的对象，更应该是教学的参与者和贡献者。通过对安徽师范大学法学院2018—2022级大一学生《刑法总论》和《刑法分论》课程期末总结的分析，可以感受到大一学生对于刑法学课程甚至是法学课程乃至大学生活的收获与焦虑、好奇与迷茫、希望与挣扎。大一学生经历了如下认识转变：从冷冰冰的刑法到有温度的刑法，学习方法上从背诵法条到理解法条，在讨论问题上从寻找标准答案到寻找充分说理。丰富的课堂教学形式激发了学生的学习兴趣、培养了学生的批判思维能力、营造了轻松平等的课堂氛围、坚定了学生对于法律职业的热爱等。困惑体现为，部分同学不敢在课堂上主动回答问题，对学习专业术语或者概念存在困惑，课堂所学知识点不能有效与习题对接，司法实践经验的缺失等。学生期望课堂为考试做准备、有充分的讨论、平时成绩多元化、知识的梳理、教师推荐书籍等。学生的这些丰富、琐碎、细腻的感受对刑法学教学改革具有重要启发和指导意义。

**关键词：**司法实验班；刑法学课程；期末总结；学生感受；教学改革

---

* 陈银珠，法学博士，安徽师范大学法学院副教授，研究方向为刑法学。本文为安徽师范大学2023年高峰学科和奖补学科建设项目《刑法分论》（2023GFXK197）和2023年第二批国家级一流本科课程“线下一流课程”《刑法总论》（2023231082）的阶段性研究成果。

## 一、问题的提出

我连续担任安徽师范大学法学院（后文统称为安师大法学院）2018—2022级司法实验班《刑法总论》和《刑法分论》的授课老师。每到学期期末，我会要求每位学生撰写期末总结，没有格式要求、没有字数要求，只有一个要求就是写真话。研究的样本是，2018级、2019级、2020级、2022级司法实验班《刑法总论》和2021级司法实验班《刑法分论》课程的期末总结。2018级至2021级司法实验班学生的《刑法总论》在大一第一学期开设，2022级司法实验班学生在大一第二学期开设，2022级司法实验班学生的《刑法分论》在大二第一学期开设。

从这些期末总结中，我感受到了大一学生对于刑法学课程，甚至是法学课程乃至大学生活的收获与焦虑、好奇与迷茫、希望与挣扎。在阅读这些期末总结的过程中，萦绕在我脑际的问题是，如何把刑法学课程与学生的感受相对接。本文的目标不是通过刑法学课程解决学生所有的焦虑、迷茫和挣扎，比较现实的目标是，刑法学的授课目标、内容和方法不能让学生产生厌恶和抵触心理，希望学生能够积极参与、乐于接纳和探索。授课的基本观念是，不能把学生作为听课的机器或者客体，而是课程和课堂的参与者、探索者和创造者。老师更像是导游，学生是游客，老师带领学生领略刑法学的一个又一个“景点”。在老师的解说中，学生学到了知识；在学生的提问和交流中，老师和学生获得了对于“景点”新的认识和体验。

## 二、大 学生对于刑法学课程的感受

从研究样本中明显发现，大一学生经过刑法的学习，经历了认识转变，有很多收获，也有很多困惑，还有很多期望。大一学生经历了如下认识转变：从冷冰冰的刑法到有温度的刑法，学习方法上从背诵法条到理解法条，在讨论问题上从寻找标准答案到寻找充分说理。他们认为，案例教学法、课堂讨论、课堂汇报和实务专家进课堂等课堂教学形式激发了他们的学习兴趣、培养了他们的批判思维能力、营造了轻松平等的课堂氛围、坚定了他们对于法律职业的热爱等。困惑体现为，部分同学不敢在课堂上主动回答问题，对学习专业术语或者概念存在困惑，课堂所学知识点不能有效与习题对接，司法实践经验的缺失等。他们期望课堂为考试做准备、有充分的讨论、平时成绩多元化、知识的梳理、教师推荐书籍等。

### （一）认识的转变

#### 1.从冷冰冰的刑法到有温度的刑法

在学习刑法以前，很多学生对于刑法的认识是，刑法是冷冰冰的法律条文，在学习了刑法以后，他们认为刑法是有温度的。比如："以前我只觉得法律是冷冰冰的，但经过这学期的学习，接触了些许案例之后，发现确实印证了陈老师在开始的几节课里说的话：法律是一种爱，刑法有正义的面孔和仁慈的心。""在初步学习刑法之前，我一直以为这部法律是冷酷无情的，因为通过它决定了很多人的罪与罚、生和死。不过在初步学习后我又对刑法有了改观，它在冷漠的白纸黑字下也兼具常识常理常情，即使是犯罪人，法律也会考虑保护他们的权益。在短短几个月的学习后，我意识到刑法并不仅仅代表着惩罚，而是希望通过对犯罪者的制裁来扬善除恶，维护社会稳定公平正义。""以前我打心底里觉得刑法与刑罚密切联系，是冰冷的、残酷的。但是通过短暂地学习以后，我看到了合理性与正当性以及它的温度。它最冷血、没有人性的一面只展示给那些心术不正的罪犯，它会给予误入歧途的良民合理的宽容。""在正式上刑法课之前，我对于刑法的感受是：威严、神圣、刑罚、暴力手段。但是后来在不断的接触和学习中，我感觉，刑法更像是一把可以度量的尺子，分辨善与恶，让应当得到保护的人有一个庇护所，让应当受到惩罚的人无法逍遥法外。""那时候我仍然觉得刑法就是一种冷冰冰的工具，比任何法律都严肃和冷酷。但是，在之后的学习中，在陈老师的循循善诱下，我渐渐明白：我们学的果真不是法律，是正义；我们学的不是刑法，更多的是一种爱！""之前，在我眼中，刑法无非就是那种杀人偿命的同态复仇，因为‘刑’这个字包含着立刀，法不容情或许就是刑法的真实写照。但是事实并非如此，在生活中，并不是每个杀人犯都需要偿命，也并不是每一个案件都是冷冰冰、血腥的，法不外乎人情或许更能体现刑法存在的意义。”“在没有进入大学具体学习法律之前，在我的印象里刑法和法律似乎是对等的。我能想象到的法庭都是对犯人的审判。而且，每当想起法律我总是会想到刑罚，在电视上的普法节目里看到犯罪分子被判处有期徒刑、无期徒刑，甚至死刑，这让我产生了对于刑法最懵懂的印象——刑法是严厉的，它是惩处罪恶、匡扶正义的。这时在我的眼里，刑法是没有温度的。我也慢慢感受到刑法并不是冷冰冰的，刑法的每一个条文背后都充满着故事。经过一年的学习，我知道了刑法也是有温度的。我认识到要成为一名合格的法律人，首先是要成为一个合格的人。”“我一开始对刑法不是特别感兴趣，认为刑法是冰冷的、严厉的、残酷的，就像是法律史中肉刑的存在，尽管它的目的是惩罚犯罪、保护人民。但是跟着老师将近一学期的学习，我渐渐改变了之前片面的认知。在每一次案件分析时对人道主义的考虑中，在对正当行为的保护中，在对犯罪形态严格的辨析中，在从客观危害、主观危害、人身危险性的多角度分析中，我感受到了刑法的温度，并对刑法逐渐感兴趣。”“在没有系统学习刑法之前，我先入为主地片面认为刑法只有惩罚的功效，是冰冷的，但在这学期的学习中，我在老师的引导下逐渐发现了刑法惩罚的痛苦外衣背后的仁慈，无论是对于原告还是被告，刑法永远是保留着它的温情。”“我们明白了原来刑法并不是如秋风扫落叶般无情，而在其中是蕴含了许多的温暖与情理。”

**2. 从单纯背诵法条到理解法条**

在学习方法上，有些同学认为，学习刑法或者法律就是背法条。经过一个学期的学习之后他们发现，对于法律的理解更为重要。“我对电视上那些可以把法条倒背如流的人充满了崇拜，片面地觉得刑法只是背背法条。经过这些天的学习，我懂得了刑法更多的是对条文的理解。”“其实我跟所有人一样，在学法律之前，认为法律就是单纯地背法条就行了，但是这一个学期的法律学下来，我发现并不是这样。学习刑法已经一个学期了，其实收获的主要是学习法律的心态，它会让我对于学习法律的心更加坚定，让我在学习法律的这条路上越走越远。”“在没学习法律之前，我认为法律就是单纯地背背法条，但是这一个学期的法律学下来，理解法条才是最重要的。”

3.从寻找标准答案到寻找充分说理

有些同学在课堂讨论或者学习过程中，总是认为存在标准答案，经过一段时间的学习之后，他们发现很多刑法问题没有标准答案，需要在讨论中逐渐寻找到解决问题的方案。“课堂其实从某种意义上颠覆了我对答案的理解，从小学到高中，一次次的考试让我觉得一个问题往往只有一个标准答案，但是，在刑法课堂上，我发现很多问题都是有争议的，‘存在即合理’，每个人都可以持有自己的观点，只要你能有充分的理由，你就可以撑起一片天，不必盲从课本，更不必盲从同学。”“在以前的学习生活中，数学理综什么的都是有固定答案的，对就是对、错就是错，但是陈老师上课的时候说，‘这里没有正确答案，只要能说服我，你就是对的’。这带给我的感触特别大，每次思考案例分析的时候，总想先找到正确答案，再去思考问题，思维就局限于正确答案了。”“在学习的过程中，我渐渐发现，原来对于法学来说，一道题可能是没有标准答案的。受高中的思维影响，我总是觉得什么事情都是有标准答案的。但在法学学习中，运用不同的学说理论，得出的结论居然会截然不同。”

研究发现，个体认知发展分为三个层次：第一层次是早期阶段，特点是学生认为所有问题都有唯一的答案，寻找答案的方法便是询问专家，或者从其他权威处获取信息；第二层次是中级认知阶段，特点是学生认为不同人持有不同的观点，每个人都不能随意评判他人的观点；第三层次是最高层次，特点是学生意识到许多问题并没有肯定的答案，但人们仍须作出评判，而且可以比较各种评判的优劣程度，即使经过严密的逻辑推理得出的结论是暂时的，一旦出现强有力的相反事实和观点，这些结论将被推翻。[①]大多数大一学生处于认知发展的早期阶段，需要经过学习、讨论、思考等过程，才会逐渐

---

① ［美］德雷克·博克著：《回归大学之道》（第二版），侯定凯等译，华东师范大学出版社2012年版，第77页。

提高认知的层次。

4.从被动听课到主动回答问题

部分同学在经常回答问题过程中变得更加自信，观点越来越明确、逻辑越来越清晰、论证越来越充分、思维越来越敏捷。“我从一开始每次回答问题需要做足思想准备，反反复复心跳加速好几次，才肯颤颤巍巍地举起手通过不准确的语言表达自己的感受……到现在经过很多次课堂上的回答之后，不仅提升了语言表达能力，更是增强了在公众场合‘说’出来的自信。”“在上课回答问题方面我也很有感触，我是一个性格比较内向的人，原先上课很少回答问题。但是在刑法课上我却不是，也就是说这也是我的一种转变，从不爱举手回答问题到积极回答问题。”“第二是课程设置很有特色，不同于我经历的高中教学方式（老师完全讲授，学生完全听课，很少有互动环节），刑法课堂的互动总是源源不断。有时针对一个案例，老师会利用一两节课的时间让我们发言探讨，目的在于让我们在实践中掌握所学知识。这种教学方式对我很受用，具体体现在我对所学知识的记忆程度。我在学习其他法律时，如果一段时间不复习可能什么都不记得了，但是对于刑法课上的知识点却可以记忆得比较清晰。”

（二）课堂的收获

《刑法总论》和《刑法分论》授课的特点包括案例教学、课堂讨论、现场记录成绩。案例教学都是真实案例，很多都是热点案例，上课前我会把即将用到的案例发给学生。课前发布案例，有利于学生为上课讨论进行充分的准备。课堂讨论，一般是围绕着案例提出的问题进行讨论，我会对讨论进行引导，甚至进行追问，从而把问题引向深入。现场记录成绩的标准不是学生回答是否符合最后的答案，而是能否提出不同的观点以及论证水平。现场记录成绩的主要目的在于鼓励学生积极发表观点。从期末总结来看，学生对这样的授课方式印象很深刻，收获很丰富。

1.学生们体会到学习刑法的乐趣

“陈老师的课堂总是鲜活有趣的，他或是微笑着倾听同学们的观点看法，或是犀利地追问来启发思考，或是案例总结完毕后献唱改编版《同桌的你》，又或是讲解正当防卫时拎本子代刀，模拟被害人的感受情景。在这样极具感染力的课堂氛围中，可以看出陈老师是享受着教学过程的，正如我们也享受着听讲互动过程中一样。在他的课堂上体会思想的碰撞，感受刑法学习的乐趣。”“陈老师总是能够将一些晦涩难懂的专业理论术语拆解，来给我们精细讲解，有时也会用很幽默诙谐的故事和搞笑的肢体动作辅助讲解，时常令我们哄堂大笑。”“以往我总觉得，法律的光辉是阳光一样刺眼的，让我们敬而远之，但如今却发现法律的光辉是柔和而温暖的，笼罩在人与人之间。”“第一次上法学专业性的课程，就是刑法课，一首蕴含诗意的小诗告诉我们，法律是虚无缥缈但值得一生去追寻的美好佳人，在大众认知中一向冷酷、理智的法律，突然变得轻柔、梦幻，喜欢上刑法课一瞬间就变成了理所当然的事情。”

### 2.案例和课堂讨论激发了学生学习刑法的兴趣和积极性

“刑法课程上的案例到现在还让我记忆犹新，一个个鲜活的人，一件件匪夷所思但又在情理之中的事情，都让我对刑法产生了强烈的兴趣。”“老师您将案例发给我们分析，刚开始，我们和任何没有学过刑法学的人一样，用自己的朴素认知判断犯罪人的危害，您或许心里觉得我们的看法特别稚嫩，但您仍然将我们不成熟的看法认真写在黑板上，评价着每个观点的可取之处与不足；而当有同学运用了所学知识去解决问题，您也从来不吝夸赞，这使我们有更高的积极性去充分运用新知识。”“对于比较抽象的法律概念和规定，老师会用一个个生动有趣的案例来帮助我们理解。老师还会与同学们之间进行互动，在课堂上点名让同学们自己分析案例，然后再给予评价和讲解。大大提高了大家学习刑法的积极性，同时加深了同学们对抽象概念的理解。”“我对陈老师通过上课回答问题来进行平时考试测评的方式感觉很好，虽然我自己就只有两次，但这一方法极大地刺激了我们的积极性。大家在刚开始还不太敢于发表自己的意见，但回答的次数多了，大家的兴趣和胆量都被锻炼出来了，也有越来越多的同学加入回答问题的队伍中。有很多同学的观点十分精辟，听了让人有拍案叫绝的冲动。”“我常常感受到自己的思想与老师的或其他同学的思想在不断的碰撞之中产生出新的火花，这样的感受也往往让我在原本的基础上对刑法产生更加浓厚的兴趣。”

3.连环发问有利于拓展思考的深度和广度

连环发问主要是在课堂讨论过程中，老师对学生回答的提问、质疑和引导，使得对于问题的思考能够不断深入下去，学生对于问题的表达能够越来越精确，思路越来越清晰。“陈老师的特色便是连环发问——‘为什么呢’‘你有什么依据呢’‘你的理由是什么呢’‘这是什么意思呢’……如果有人回答到某个关键的点了，这种发问尤为漫长，能很好地引导学生。我特别喜欢老师连续反问式的提问方式，虽然每次站起来回答最后都会站在那手足无措，但是在这个过程中，思考问题的深度加深，广度拓宽，能够拥有自我反思的机会。”“基本每个案例都会让我们思考讨论，最后展示的有不同专家的观点，有陈老师的观点，也有我们学生自己的观点，得到的不仅仅是结论，更是过程带来的收获。”“对同一个案例有时候甚至会有不同见解，不仅培养了我们的逻辑与表达能力，更培养了我们思考问题的能力和批判意识。”

4.课堂讨论有利于营造轻松、平等的课堂氛围

轻松、平等的课堂氛围有利于鼓励学生的参与热情，有利于产生思想碰撞的火花。“课堂里老师给出思考的自由空间使我们能充分地互动，老师开明、亲和的态度，也让大家能够大胆地提出自己的想法，表达观点，进行交流。而我在其中就特别享受思想碰撞带来的充满活力与激情的课堂学习过程。同学们越思索越兴奋，越讨论越澎湃，觉得时间过得很快。”“大家回答问题的氛围也比较轻松，因为不必担心想法错了被指责，哪怕我上课回答问题因为想法奇特或者逻辑不清总是会被追问（还因此被同学调侃每次回答问题都是一场‘拉锯战’），但我并没有产生过害怕回答错误所以回避答题的心理。这也归功于轻松开放的课堂环境。”“陈老师采用启发式的教学，会让我们就案例发表自己的看法，课堂气氛活跃，能让我们在课堂讨论中检验自己掌握的知识，锻炼我们的表达能力和逻辑思维能力。”“分析案例的时候，大家都集中注意力积极思考，表达自己的观点，展示自己的想法，集思广益的同时，拓宽了我们的思维面。因为对这些案例的思考，让我有了课堂参与

感，同时聆听别人的发言也能开拓我的思路，让我真正专心于课堂，这是我所向往的课堂。”“在陈老师的课堂上，同学们总是非常积极而又活跃，所以每次上课都充满了挑战，当老师提出一个问题时，每个同学都竭尽全力去思考、去回答，我仿佛能够看到思维的火花在碰撞，让人不禁摩拳擦掌，跃跃欲试。”“您总是以平等、开放和包容的态度对待每一个学生，鼓励我们积极发言、提出自己的观点。在您的课堂上，我感受到了自由、轻松和愉悦的学习氛围。这种氛围不仅激发了我的学习兴趣和动力，更提高了我的自信心和表达能力。”

5. 课堂讨论的收获

同学与同学、学生与老师之间的课堂讨论，不仅对于参与者有启发作用，对于没有参与讨论的同学也有启发作用。“课堂发言中的收获，在回答问题时发现自己思考和表达方面的不足，在倾听别人发言时通过比较加深对问题的理解。”“刑法课，就其形式而言，我很喜欢和学生的互动环节，可以有效地了解大家的学习情况和对知识的掌握程度，也可以提出自己的看法和观点，会给我很大的吸引力，上课不至于分神。”“您的课堂总是那么有趣。从一开始的毫无逻辑，东拉西扯，到现在逐渐有逻辑，更清晰，由浅入深，对问题有了更深层次的认识。这些是我所收获的，也是成长与进步。”“课堂互动很多，同学们发言较多，陈老师和同学之间交流很多，在交流之中可以很容易地启发其他同学的思考。在刑法课的案例讨论中，我逐渐培养了独立思考与批判力，得到自己认为的最优解，这是在其他课上所没有的。”“在刑法课上，大家各抒己见，纷纷讨论对一个案例的观点，可能部分人的观点自己并不是很认同，却在聆听中扩大了知识面，对一件事情多一个视角。”“在刑法的课堂上，我们经历过激烈的辩论，同学们纷纷舌战群儒，各自提出新的观点和见解，这种思维的碰撞不仅激发了我们对法律知识的兴趣，也让我们对刑法的理解更加深入和全面。”“陈老师的课堂上，我最喜欢案例分析环节，他总是给予我们充足的时间各抒己见。而他会把各种理论和观点向我们铺陈开来，这是我感受到的这门课最大的特点——观点的争议和冲突很严重，各种概念和理论背后都各自代表了人和法律之间关系的立场。很多案例到最后并没有确切的答案表明到底应该怎么判。而最后的最后，老师会加上一句他说得也不一定对。我在一次次的案例分析中培养了不盲目崇拜权威的意识。”

### 6. 通过不设标准答案的方式鼓励课堂讨论

“更重要的是，课堂上对于不同想法的包容：这个问题没有标准答案。只要你能把我说服或者你能为自己的说法提供充分的理由，你就是对的。回答错误没关系，同样对提出不同想法的同学予以褒奖，很喜欢这样的上课氛围。”“最精彩的时刻，便是每次陈老师让大家回答问题的时候，各种观点百花齐放，同学们的观点也许稍显稚嫩，但毕竟都是原创，大家从刚进入大学时的羞涩不愿表达，在银珠老师的带动下，渐渐活跃，渐渐勇于去表现自己的观点，这对于一个法科生而言，甚至比从课本上学来的知识，更加宝贵。这里以许霆案为例，老师在课上就此问题进行讨论，当时我们班近1/2的同学参与了此次讨论，大家的参与度极高，对于许霆案提出了许多不同的看法，即使同学们当时对于刑法分论的了解较少，仍然对该案进行较为精彩的交流，课上的讨论直接推动了课下同学们主动搜集了解类似的案件或者相关有较大争议的案件。”“在课堂上陈老师对于某个问题的介绍常常会列出各方多元的观点，再对其中的主流观点进行重点阐释，有时也会提出自己的理解和看法。原来学术本就是百花齐放的，可以没有定论，但必须有自己的角度和思考方式。”“老师总是会提问同学，同学们积极地回答问题，可这不是简单地回答问题，更是一种对话。老师在很多时候会进行一些反问。就像是小型的辩论，通过质疑、反驳、回答，对知识的学习也就不仅仅是局限于课件、书本，而是引导学生进行着更加深入的思考。”

### 7. 课堂汇报为学生提供锻炼平台

在授课过程中，有时会安排学生汇报学术论文，实现课上与课下、教材与论文、听课与汇报的结合。“老师每隔一段时间会布置一次论文演讲任务。进行演讲的同学会在老师的指导下阅读一篇学术前沿的论文，并在全班同学前结合PPT进行汇报。这种形式既能增强身边同学的亲切感，又能提供公开演讲的平台。”“在整个过程中，自己获得了一个全面的锻炼，我觉得这对于一个法学生来说是很好的提升机会，同时也可以对一些新的理论观点，首先自己了解学习，然后带入课堂，和同学们分享，补充课外知识的同时，对于课内知识的了解也有一定的深化作用。”“有一个我认为特别好的教学方式，就是老师让我们班的同学读论文来汇报，感觉这是一个特别好的促进学生学习的方法，汇报者会精读文章并且制作PPT，而大部分倾听者认真听，由于讲台上的演讲者是学生而不是老师，这种新鲜感可能会提高大家的兴趣和专注度，形成汇报者和倾听者双赢的局面。”

#### 8.“实务专家进课堂”活动有利于激发学生对于法律职业的热爱

“实务专家进课堂”活动的目的在于，通过实务专家与学生面对面的交流，培养学生对法学专业和职业的热爱，激发学生对法学专业的学习兴趣。自2013年以来，学院推出“实务专家进课堂”计划，多年以来的实践证明，该活动有利于培养高素质的法治实践人才。同学们反馈认为，“实务专家进课堂”活动深化了学生对于法律职业的认识，认识到法律职业的辛苦，实务专家对法律事业的热爱感染了同学们。通过与实务经验丰富和专业能力过硬的专家接触，同学们不仅收获了法律实务知识，还收获了法律人的思考方法和法治情怀。同学们感受到职业规划的重要性，感受到努力和坚持的重要性，想要在行业内出彩，更多的是靠自己的汗水。同学们感受法律专业的自豪感和责任感，希望为全面依法治国贡献自己的力量。“这也是卓司班的特色所在，因为它使我们的视野跨出大学，通过实务讲座接触到公检法机关的优秀前辈，听他们以一个过来人的角度介绍自己的工作、交谈自己的学习工作经历，并且以不同的视角回复同学们的问题。”

### （三）学习的困惑

#### 1.部分同学不敢在课堂上主动回答问题

“对于老师提出的问题，不敢举手回答，因为发现自己的想法与正确答案不同。我比较遗憾的就是没有在您的课上回答过问题，感觉我思考得比较慢，每次都被抢先。”“首先是上课举手发言，从小到大我一直对于发言有一种恐惧感，害怕在老师的面前暴露自己浅薄的知识，不敢在很多人的面前表达自己的思想。”“我是个比较害怕在课堂上发言的人，总是顾虑自己回答错误。在下学期我将鼓起勇气，在课堂上表现自己，积极展示自己的想法。”“我本身就是一个不是特别喜欢上课积极发言的人，从高中开始就这样了，总是害怕说错，害怕被嘲笑，可能老师会觉得大家都是同学，没什么好嘲笑的，但我还是会觉得有一些羞涩。并且在上课的过程中我总是会迟疑，每次都想着刚刚应该说的，然后我就会在一次次的迟疑中失去发言、展现自己的机会。”“我是一个不太敢在不确定情况下回答问题的人，每次举手之前都要确保自己的回答没有问题（或许有，但是至少我自己要足够确定），所以我回答问题的次数较少，也就错过了许多老师对我一步步深入提问的机会。我想，之后我要大胆举手才行，人总不是生来就正确的，在老师的引导下走向正确或许收获更大。”“有时是觉得自己的问题或想法过于简单幼稚，不好意思在课堂上提，想着课下找资料或同学讨论，解决不了再去咨询老师。一次次的犹豫间便错过了课堂提问的机会。”“我也一直为自己的懦弱感到后悔。我是一个敏感而怯懦的人，每当老师您提出一个问题的时候，我非常希望自己是勇敢地举起手回答问题的那个人，但我一次次地与这些问题擦肩而过，时间长了，也就逐渐消磨了想要回答问题的心思，更可怕的是，当我告诉自己不用回答问题的时候，我开始怠于思考，丧失了思考的习惯。”

2.部分同学对学习专业术语或者概念存在困惑

“刑法总论以概念为主，虽然老师上课会结合案例帮助理解，但是会有记忆概念时的头疼与枯燥。虽然老师将一个概念分成多个部分来分析很科学，但是就是不太能够集中注意力和记下，可能是我自己的问题吧……”“概念理解不清，这对我来说真的是一个难题，我好像有时候想得太多，有时候又想少了，总之，老是理解不对。”“任何一门科目的学习都永远不可能仅仅停留在显而易见的道理上，越往下学，我越能明显地感受到好像有些概念模糊，好像有些关系不清楚，好像有些案例分析起来并不是很清晰。”

3.其他学习困惑

包括做题效率低、不能记住教材内容、实践经验的缺乏。“课堂所学知识点不能有效与习题对接，即在课堂上听懂的点在做题尤其思考案例题时，总是不能很快反应出题目想要考查的点，做题效率太低。”“查看教材后不能有效记住教材的内容，高铭暄教授主编的刑法学内容深刻丰富，每次阅完都让我受益匪浅，但问题在于我总记不住。对于具体案例的分析在逻辑架构和语言表达能力方面十分欠缺。”“然而事实的沉浮，或者理论的招摇，像烟上升，像水下降。当我反观自己坐在教室里的十几年，由于实践经验的缺失，我在现实生活中不过是初生的婴孩，而具有粗糙双手的那群人的生命显然更加成熟和鲜活。在法律世界里，我更是牙牙学语，总感到被逻辑玩弄，疑问正义为何物。”

**4.部分同学会被负面情绪困扰**

从样本来看，负面情绪来自学习压力、与同辈的比较、信心不足。“在县城里重点高中最好的理科班，感受到的只有年级前几的压迫，老师的快节奏、同学的恶性内卷。多方面的压力，身体情况急转直下，我已经没有信心去学好弱项，也不想和人沟通。”“我身边有很多同学就读于‘985’‘211’院校甚至是北大、复旦、人大、浙大这样的顶级名校。如果我一味沉浸在不甘心、痛苦情绪的纠结里面，我就永远不可能真的接受自己和进步。”“法学专业的学习远比我想象的要困难，而我的适应能力也远比我想象的要差。我本就是一台动力不足的机器，乐于处理简单运算，依靠太阳能来发电，因为缺少润滑，零件的运作显得尤为困难，死机、断电更是常有的，时常无法回应指令。我有时会思考自己是否更加适合没有压力的学习生活，想象也许躺平是我最好的选择。但它们都只是过眼云烟。”

### （四）学生的期望

**1.期望课堂为考试做准备**

“不过我也希望老师上课可以更多地结合司法考试，毕竟将来大家都必须面对这场考试，也许功利，但也是一定程度的必要吧。”“我觉得老师可以在每章的学习之后布置少量的题目，比如选择题、判断题之类的。因为上课的内容是可以听懂的，课下看书也知道，可少了题目就感觉少了什么东西，知识掌握程度也无法检测，应对考试也很迷茫。”“希望在后续的学习中，陈老师的课堂中可以与大家分享一些练习题，与考试题型结合，这样我们可以开心地学习，充分地巩固复习，自信满满地考试。”

2.其他期望

其他期望包括期望平时成绩多元化、老师能提供思维导图、推荐书籍、课堂随机提问、课前推荐论文等。“对于平时成绩的计算，也可以增加对于平时笔记的检查，因为在我看来笔记也是课堂学习中的一部分。”“希望老师在上课后能够提供一张章节的思维导图和一点法谚素材。这些内容有助于在课下梳理知识时更加清晰，也能更加方便对相关法律内容的形象化的理解与记忆。”“我觉得可以多推荐与刑法相关的书籍，加深我们对刑法的认识和理解。”“如果老师不嫌麻烦的话可以从名单上随机提问一个同学，如果回答得好就加平时分，回答得一般或不好可以不加，这样可以整治开小差（我有时候第四节课会），让我们更专心。”“不过想要引导我们思考，或许每次在课前给我们留一项阅读一篇相关主题的论文是一个好方法？自觉地落实可能有些难度。这只是我预设的一个可能的方向，不过老师您也可以思考一下，如何使我们在课堂上的练习与思考更加专业。这也是我希望课堂可以改进的方向。”

（五）印象深刻的话

老师每次授课都会说很多话，无法确定哪句话会打动学生。在打动学生的话语中，或许可以发现学生真正需要的东西。从学生期末总结来看，涉及法治精神的话和做人、做事道理的话更容易被学生们记住。

1.涉及法治精神的话

“有一句话让我记忆犹新，不管遇到什么样的外界影响和舆论的压力，我们都应该坚守法律的原则和底线。这句话深深地铭刻在了我心里，也将会成为我人生中要永远铭记和守护的东西。”“陈老师也说过，要做一个善良的人。总之，我想怀着一颗善良的心在法律这条道路上继续走下去，并且做到不忘初心。”“但是刑法课上的一句‘法律不强人所难’让我感受到法律的人情温暖。”“我感触特别深的一点就是，在没有学习法学之前，我一直很疑惑‘律师为什么要为罪犯辩护？这也太有违良心了’。但再学习了刑法之后，我明白了其中的原因。因为刑法的意义不仅仅是惩罚犯罪，也要保护罪犯，罪犯的犯罪行为必然是罪大恶极的，但当他面对法院等国家强制机关时，他又是弱小的，要保证他作为一个人的最基本权益得到保障，所以律师对罪犯的辩护是合理的，法律对罪犯的保护也是情有可原的。”“在课程初期，陈老师就告诉我们刑法不仅保护民众的法益，同时也约束掌权者的权力来保障罪犯的人权。自此，严苛的刑法在我眼中多了一抹‘温情’。”“法律不是和人作对，目的也不是惩罚，法律是关于爱的，这是我学到的最重要一课。”

**2.涉及做人和做事道理的话**

“老师不仅教会了我们知识也教会了其他方面的道理，如老师说，没有人做的事情我要做，别人都做的事情我不做，这句话很有意思。”“还有一句话‘轻易得到的东西都是没有价值的’，这句话第一次听到就击中了我，我之前总是觉得自己的努力没有得到应有的结果对我是很不公平的，但这句话告诉我我想得到的东西需要的不止是几个月、几年的努力，不是轻易就能获得的，真正有价值东西需要不只一次拼尽全力。”“第一节课您跟我们介绍了很多，我已经记不清您当时到底说了具体的哪些，但是老师的一句话，做自己觉得对的事情，不要做什么事情都带有功利性。我现在记忆犹新，一下课我就发了朋友圈，希望能够勉励自己。”“陈老师有一句话让我印象深刻。在一次案例讨论之后，他对我们说：法律人要有耐心，不能刚开始播种就想着收获。一个社会法律完善的进程是缓慢的，不能一蹴而就。”“像陈老师所说，法律是一位蒙着面纱的姑娘，我感受到了她的神秘，希望有朝一日能够揭开她的面纱，一睹其芳容。”“我特别喜欢老师的一句话：‘学法和谈恋爱一样，要行胜于言。’老师在黑板上写下‘行胜于言’四个大字，如今还珍藏在我的手机相册里，当时的我是赞同的，现在的我回过头再看这个文字，是感动的。”“陈老师还鼓励我们要积极主动一点，有一次，他说：‘同学们，你们千万不要谦虚，说自己不行，否则谦虚着谦虚着，发现自己真的不行了。’”“陈老师一直告诉我们，大学的课程不仅学知识，还要学做人的道理。他会告诉我们积极面对生活，他会告诉我们对待喜欢的人应该积极行动而不是止于口头，他会告诉我们主动争取机会、主动表达看法，他会告诉我们读万卷书的同时，别忘了行万里路的重要性……这足以说明陈老师的课堂影响力不止于期末结束，还将贯穿我们的一生。”

## 三、刑法教学改革的启示

### 1.刑法教学改革不可忽略的导向是学生的参与和感受，聚焦调动学生学习的兴趣和积极性

从学生的期末总结中可以发现，学生比较喜欢的课堂包括如下特征：授课知识体系简洁、授课形式丰富、学生有参与感和主体意识、课堂张弛有度、精心准备案例教学、充分的课堂讨论、平等和宽容的课堂氛围等。学生不应当被视作灌输知识的客体，而应当参与知识的产生过程；课堂不应当仅仅是知识单向传输的场所，应当有老师与学生、学生与学生之间相互讨论、相互启发的空间；刑法学知识不应当仅仅是被老师分析、被学生记忆的对象，还应当是学生身心体验的过程。“好的教育能让人感受到知识的生动性，伟大的知识永远和身心体验联系在一起。”①虽然教学内容是固定的和系统化的，但是教学形式可以丰富多彩。除了教师讲授之外，还包括课堂讨论或者辩论赛、实务专家进课堂、案例研讨、案例情景模拟、高年级学生或者研究生参与等形式，这有利于激发学生学习兴趣，调动学习积极性，并对专业知识获得感性认识和更深入思考。

### 2.刑法学教学改革应当为学生提供更多课堂参与的氛围和机会

学生的期末总结中可以发现，学生不喜欢“填鸭式”的灌输，喜欢参与和互动。学生有很强的主体意识，正如有学生所言，“在自由的环境下，我更加愿意去汲取知识”，教学改革应尊重学生的主体意识，并且激发学生的积极性和参与感。目前很大部分的刑法学课堂还是以满堂灌、填鸭式教学为主，教师在课堂上讲，学生在课堂上拍PPT，然后课下整理成笔记。在填鸭式教学过程中，学生是被动的接受者，这种教学模式的局限性越来越明显。美国的研究发现，被动的填鸭式教学和作业练习固然有助于学生记住一些规则和

① 彭凯平、闫伟：《活出心花怒放的人生》，中信出版集团2020年版，第240页。

概念，并让学生运用所学知识解决与新习得知识的背景相似的问题，但无法教会学生将知识迁移到新的问题情境中。教师需要为学生创造一个主动学习的环境，其方式包括向学生提问、对他们的答案提出疑问、鼓励学生用所学知识去解决各种问题。[①]课堂讨论不同于填鸭式的课堂灌输，旨在通过讨论达到学习专业知识的目的。把专业知识与学生的认识相对接，有的专业知识与学生的前见相协调，有的专业知识与学生的前见相冲突。只有在把学生的前见暴露出来以后，学生才能通过反思接纳新的专业知识，把专业知识变成自己知识体系的一部分。

**3. 老师言传身教的重要性**

老师对于专业、教学、课堂和学生的热爱，学生都会感受到，并且会感染学生。正如有的学生在期末总结所言："最后，我要再次感谢刑法老师的辛勤付出和无私奉献，是您的智慧和爱心让我在这门课程中取得了如此大的进步和成长。""上大学之后，很容易对未来失去信心，现实无法忽略，而未来似乎虚无缥缈。刑法课堂极小化专业知识的晦涩，但从不避讳现实的严峻与罪恶，课上是幽默的、烧脑的、参与感极强的，我常常感受到陈老师对刑法的爱、对学生的爱，由此也感受到了法律的爱，自己对法学的感情也越来越深了。"

---

① ［美］德雷克·博克：《回归大学之道》（第二版），侯定凯等译，华东师范大学出版社2012年版，第79页。

# 青少年法治教育：发展历程、运行逻辑与优化策略

张　磊　李　江*

**摘　要**：改革开放以来，青少年法治教育历经萌芽期、快速发展期及至纵深发展期。国家作为青少年法治教育的推动主体，以理性意识和法治精神为导向建构了一套自上而下的法治教育体系。由此，青少年法治教育呈现出政治服务和公民教育的双重属性，蕴含着以“守法”为核心的政策设计逻辑、“学校为主、多元参与”的主体参与逻辑和以“学业评价”为主的教育评价逻辑。在运行过程中，青少年法治教育呈现出守法教育的对象化、主体参与的松散性和教育评价的单一性等特点。在青少年违法犯罪频发和国民教育体系建构大背景下，应当以“公民教育”为核心，增强青少年法治认同、提升法治信仰；以“共同体”意识为主线，构建青少年法治教育共同体；以“德法并重”为立场，构建多维度综合评价机制，以使青少年真正成为具备法治精神的法治公民。

**关键词**：青少年；法治教育；运行逻辑；公民教育

依法治国时代背景下，青少年法治教育已经从教育领域普法工作的一个

---

* 张磊，安徽师范大学教育科学学院2022级博士研究生、安徽师范大学法学院讲师、安徽师范大学司法案例研究中心研究员，研究方向为刑事执行法学、教育政策与法学。李江，重庆第二师范学院外国语言文学学院讲师、安徽师范大学教育科学学院2022级教育学博士研究生，研究方向为教育政策分析、社会变革与教师发展研究。本文为安徽师范大学2023年高峰学科和奖补学科建设项目之一流课程建设项目《刑法分论》（2023GFXK197）、安徽省2022年社会科学创新发展研究课题《中华优秀传统文化融入社区矫正教育研究——以安徽省为例》（2022CX541）、2023年第二批国家一流本科课程“线下一流课程”《刑法总论》（2023231082）和2024年国家教育考试科研规划课题《教育精神融入中小学教师资格考试内容的路经研究》（GJK2024004）的阶段性研究成果。

面向，逐步上升为全面依法治国总体战略布局的重要组成部分。作为国民教育体系的重要组成部分，其开展实效事关法治中国的建设进程。虽然青少年法治教育已历经40余年，各界对其重要性也已达成广泛共识，但在实际运行中始终存在“上面热、中间温、下面冷”的现象。已有相关研究多集中于青少年法治教育的现状描述、困境表达和对策建议等方面，但对于青少年法治教育的历史发展及其运行逻辑分析相对不足，不利于全面认识和优化青少年法治教育政策。本研究通过对青少年法治教育政策的历史梳理，聚焦其背后的运行逻辑，进行反思性评价并提出策略优化建议。

## 一、青少年法治教育的发展历程

青少年法治教育的产生和发展与中国改革开放及法治发展的进程同步进行，具有鲜明的时代色彩。回顾40余年青少年法治教育的历程，大致可以分为三个阶段。

### （一）萌芽期（1979—1985）：青少年“法制教育”的提出

青少年“法制教育”的提出，源于社会主义现代化建设新时期国家法制建设进程中全民普法的政治需求，以及面对社会转型过程中青少年违法犯罪的高发而作出的应对之举。改革开放之前，除了《中华人民共和国婚姻法》（1950年）和《中华人民共和国宪法》（1954年）之外，我国没有专门的青少年法治教育；改革开放之后国家大规模立法，才具备法治教育的前提。因此，笔者将1979年集中立法至1986年第一个五年普法规划（以下简称“一五”普法）实施之前作为第一阶段，这一阶段是青少年法治教育的萌芽期。[①]由于当

① 学界主流观点将“一五”普法规划的实施作为我国普法教育的起步，但笔者认为，“一五”普法只是在国家层面所倡导的正式的、专门的、全面的普法教育活动。事实上，在“一五”普法之前已有相关的普法建议、普法理念和部分学校青少年法制教育的开展，如1979年中宣部、教育部等8部门联合提交的《关于提请全党重视解决青少年违法犯罪问题的报告》中提出“从现在起，各级党委都要把加强青少年的培育教育，包括解决极少人的违法犯罪问题，放到重要议事日程上来”；另外，针对当时青少年违法犯罪的突出情况，前述报告认为，工读学校是一种教育挽救违法和轻微犯罪学生的学校，于是，恢复工读学校，重点对违法犯罪青少年进行思想道德教育和法制教育。因此，在青少年法治教育的历史划分上，应当把改革开放之后到“一五”普法前的时间段算进去。

时法律制度还不够健全，所以，当时的普法教育被称为“法制教育”。

为了消除文化大革命带来的社会混乱问题，国家通过大规模立法[①]以建立全新的社会秩序，并有意识地展开自上而下的宣传新法运动。同时，改革开放之后，青少年犯罪率更是呈现出几倍乃至十几倍的增长，[②]青少年犯罪人数持续占据刑事犯罪总数的一半以上。[③]（见表1）

**表1 1978—1985年全国刑事案件立案率与青少年在作案成员中的占比**

| | 1978年 | 1979年 | 1980年 | 1981年 | 1982年 | 1983年 | 1984年 | 1985年 |
|---|---|---|---|---|---|---|---|---|
| 全国刑事立案率（件/10万人） | 55.91 | 65.53 | 77.05 | 89.4 | 73.7 | 60 | 49.9 | 52.1 |
| 青少年在作案成员中的占比（%） | 70左右 | 70左右 | 61.2 | 64 | 58.8 | 60.2 | 63.3 | 71.42 |

加强法制宣传、推广普及法律常识已经成为迫在眉睫的大事。1980年12月，邓小平在中央工作会议上指出：“在党政机关、军队、企业、学校和全体人民中，都必须加强纪律教育和法制教育。”[④]“法制教育”的概念首次被提出。1982年9月，党的十二大报告提出：“要在全体人民中间反复进行法制的宣传教育，从小学起各级学校都要设置有关法制教育的课程，努力使每个公民都知法守法。”[⑤]为了落实这一目标，1985年11月，全国人大常委会通过“一五”普法决议，决定从次年起，用5年左右时间，有计划、有步骤地在一切有接受

① 1979年7月，第五届全国人民代表大会第二次会议一次性通过了《中华人民共和国刑法》《中华人民共和国刑事诉讼法》《中华人民共和国选举法》等7部法律。此后，中国法制建设进入立法快速发展期，也进入社会主义法律体系的初步形成阶段。

② 阴家宝主编：《新中国犯罪学研究综述》，中国民主法制出版社1997年版，第413页。

③ 中国青少年犯罪研究编委会编：《中国青少年犯罪研究年鉴（首卷·1987）》，春秋出版社1988年版，第41—42页。

④ 邓小平：《贯彻调整方针，保证安定团结》（1980年12月25日），载邓小平：《邓小平文选（第2卷）》，人民出版社1994年版，第319页。

⑤ 《十一届三中全会以来重要文献选读（上）》，人民出版社1987年版，第494页。

教育能力的公民中，普遍进行一次普及法律常识的教育。[①]决议确定青少年为重点普法对象，以学校作为重要阵地，在各级各类学校中设置法制教育课程。至此，在国家主导下，以5年为周期、以知法守法为目标的全民普法教育拉开序幕，青少年法制教育也随之正式展开。

### （二）快速发展时期（1986—2015）：青少年“法制教育”的发展

青少年违法犯罪作为社会问题的集中反映，是一种社会“综合征”。鉴于青少年违法犯罪已发展成为危害社会治安的严重问题，因此，邓小平指出，“法制教育要从娃娃抓起，中小学都要进行法制教育”。[②]基于这种理念，从“一五”（1986—1990年）普法到“八五”（2021—2025年）普法，青少年一直都是重点普法对象。其中，“一五”普法至“六五”普法的理念是，通过“法制”宣传教育增强青少年法制观念，提高青少年法律素质。到了2014年10月底，党的十八届四中全会提出“法治教育”的概念，此后，从2015年开始到之后的“七五”普法、“八五”普法，法律教育理念实现从“法制教育”到“法治教育”的巨大转变。[③]因此，笔者将“一五”普法至“六五”普法划入第二阶段，这一阶段是青少年法制教育的快速发展时期。

学校作为开展青少年法制教育的主要阵地，在普法的各个阶段被赋予了不同的任务。“一五”普法规划以普及法律常识为基本目标，要求全国各大、中、小学根据不同对象、不同要求，由浅入深、循序渐进地开设相关法制教育课程。随着经济社会的发展，法制建设逐步迈向正规，“二五”普法从“普及法律常识”的提法转为“开展法制宣传教育”，以宪法为核心学习内容、以专业法为重点，要求各级各类学校进一步完善法制教育体系，实现法制教育系统化，增强学生的法制观念。大学开设了必修的法学基础课；中

---

① 《全国人民代表大会常务委员会关于在公民中基本普及法律常识的决议》，载《全国人大常委会公报》1985年第6期。

② 《邓小平文选（第3卷）》，人民出版社1993年版，第163页。

③ 王树荫、房玉春：《试论从“法制教育”到“法治教育”的转变》，载《甘肃社会科学》2017年第2期。

小学则按照不同年级学生的特点，在思想政治课中安排了必要的法律知识内容。[①]“三五”普法规划要求各级各类学校把法制教育列为必修课，做到教学有大纲，学习有教材，任课有教师，课时有保证。“四五”普法期间继续深入普及以宪法为核心、以经济法律为重点的法律知识，要求把法制教育和思想道德教育紧密结合，各级、各类学校要做到计划、课时、教材、师资“四落实”，保证普法任务在九年义务教育期间完成，同时，要求中小学配备兼职法制副校长协助学校开展法制教育，初步形成了学校、家庭、社会“三位一体”的青少年法制教育格局。[②]“五五”普法规划提出了“以人为本”的工作原则，开展“法律进校园”活动，发挥第一课堂的主渠道作用，落实法制教育教材、课时和师资。“六五”普法时期，要求各级各类学校进一步明确法制教育的定位和目标，完善内容和体系，实现学校法制教育的系统化、科学化。

从“一五”普法到“六五”普法，以学校为主要阵地，以青少年学生为重点的青少年法制教育遵循了循序渐进、不断深入的理念，逐步实现了法制教育的系统化、科学化，从普及法律常识到普及法律知识，在社会法律秩序的塑造、青少年法律知识的储备和守法意识的提升方面，都发挥了积极的作用。

### （三）纵深发展时期（2016—2024）：青少年“法治教育”的深化

为全面推进依法治国战略，建设中国特色社会主义法治体系，2014年党的十八届四中全会调整了“法制教育”的提法，首次提出“法治教育”的概念，强调“深入开展法治宣传教育”，并提出“把法治教育纳入国民教育体系”。[③]从“法制”到“法治”提法的变化，表明依法治国的重心已由静态的法

---

① 肖扬：《关于第二个五年法制宣传教育规划实施情况和“三五”普法工作安排意见的报告》，载《全国人大常委会公报》1996年第4期。

② 司法部：《关于“四五”法制宣传教育基本情况的报告和对〈关于加强法制宣传教育的决议（草案）〉的说明》，载《全国人大常委会公报》2006年第5期。

③ 习近平：《中共中央关于全面推进依法治国若干重大问题的决定》，载《人民日报》2014年10月29日，第1版。

律规制建设转向动态的法律实施落实，标志着我国法治化建设上了一个新的台阶，[①]也标志着我国青少年法治教育迈向更加偏重于法治观念、法治信仰和法治行动的层面。

2015年以后，青少年法治教育以习近平法治思想作为全面依法治国的根本遵循和行动指南，以持续提升青少年法治素养、增强法治教育实效为主要发力方向。“七五”普法规划及“八五”普法规划强调，要完善中小学法治课教材体系和内容；增加法治知识在中考、高考中的内容占比；充分利用第二课堂和社会实践活动开展青少年法治教育；进一步完善国家机关与家校社共同参与的青少年法治教育新格局。新时期青少年法治教育的重要特点是立足“法治”目标，从注重法律知识灌输转变为法治“知识、思维和能力”三位一体的综合培养，意图将法治教育的重心由静态知识灌输转向动态思维内化，注重品格培养和育人实效的养成，实现从“学法、知法”到“尊法、用法”的演变。这种以法治价值培育取代法律工具主义，本质上体现了法律由制度形式到实践行为的逻辑嬗变，[②]也标志着青少年法治教育高质量发展时代的到来。

纵观青少年法治教育的发展历程，可以发现其蕴含着双重属性。

一是政治服务属性。青少年法治教育伴随着全民普法运动而产生，是党和国家对“文革”的反思和面对青少年犯罪率畸高而采取的应对措施，遵循着“问题持续累积—焦点事件诱发—公众关注议题—重大行动出台”的运作逻辑。国家作为青少年法治教育的推动主体，以理性意识和法治精神为导向建构了一套自上而下的法治教育体系，使得青少年法治教育演变为权力政治学的一部分。这充分体现了法治教育服务党和国家的发展规划和战略布局的

---

① 李晓燕：《中小学教师法律素养在法治教育中的师表作用及其实现》，载《中国教育学刊》2018年第3期。

② 李森、郑伟民：《青少年法治教育高质量发展的基本特征、现实困境与优化进路》，载《中国教育学刊》2024年第3期。

政治服务属性。[①]青少年法治教育既是当代中国对法治的呼唤，也可以说是对秩序的呼唤。[②]

二是公民教育属性。青少年法治教育从一般普法到作为现代国民教育的重要内容，并非专业学习，而是一种素养教育，重在对法治精粹的了解和领悟，成为具有国家意识和公民观念的现代公民。[③]现代公民人格中通常蕴含理性精神，民主、法制精神因素和人格独立、自由、平等因素。[④]在此意义上，青少年法治教育是社会主义现代化进程中“人的现代化”的重要实现方式。从青少年法制教育到法治教育的时代转向，就是通过探索现代公民法治教育的新模式，积极培育青少年公民的理性自主精神、参与意识和自治能力，[⑤]因而，青少年法治教育也体现出公民教育的属性。当然，在青少年法治教育完善和升级的过程中，是否达成了预期的效果，还需要结合青少年法治教育的运行逻辑和实效评价加以反思。

## 二、青少年法治教育的运行逻辑

青少年法治教育内嵌于全民普法教育的过程中，既体现出普法教育的总体运行特点，又表现出一定的独特性。

### （一）以“守法”为核心的政策设计逻辑

守法既是社会主义国家发展初期政治经济顺利发展的基本要求，也是现

---

① 程林、李安：《新时代法治教育人才培养的理论反思与体系构建》，载《法治研究》2022年第1期。

② 苏力：《道路通向城市——转型中国的法治》，法律出版社2004年版，第5页。

③ 江必新：《青少年法治教育需要进行“五个转变”——兼评〈中小学法治教育读本〉》，载《中国司法》2017年第9期。

④ 檀传宝：《论公民教育是全部教育的转型——公民教育意义的现代化视角分析》，载《安徽师范大学学报（人文社会科学版）》2010年第5期。

⑤ 马长山、李金枝：《青少年法治教育中的公民性塑造》，载《上海师范大学学报（哲学社会科学版）》2018年第4期。

代法治国家、法治社会构成的根本基础。自党的十二大提出“努力使每个公民都知法守法”，到党的二十大报告强调“努力使尊法学法守法用法在全社会蔚然成风”，在从“知法守法”到“尊法学法守法用法”的跨越进程中，以“守法”为目标的核心价值指向未曾改变。青少年作为守法的关键群体，成为守法的合格公民，是法治国家的必然要求。因此，青少年法治教育作为国家治理的重要手段，亦是围绕守法为核心进行制度设计。为保障青少年“守法”目标的实现，国家在政策设计上采取了三个方面举措。

第一，在政策文件的发布方面，由司法部、教育部等中央机构发布权威性政策文件，制定全国性青少年法治教育政策。通过历次普法规划统一青少年法治教育的指导思想、确定行动主体、明确工作任务。“一五”普法规划到“六五”普法规划以“法制教育”为导向，重点落实青少年知法守法教育目标，以此实现社会秩序稳定的核心价值。“七五”普法规划到“八五”普法规划以“法治教育”为导向，在守法的基础上强调增强青少年的法治观念。国家还先后出台了专门的青少年法治教育文件，包括《司法部、共青团中央关于加强对青少年法制教育的通知》（1988年）、《关于加强学校法制教育的意见》（1995年）、《教育部、司法部、中央综治办、共青团中央关于加强青少年学生法制教育工作的若干意见》（2002年）、《中小学法制教育指导纲要》（2007年）、《教育部、司法部、中共综治办、共青团中央、全国普法办关于进一步加强青少年学生法制教育的若干意见》（2013年）、《青少年法治教育大纲》（2016年）等。此外，还在其他的国家性文件中专门对青少年法治教育作出强调，如《国家中长期教育改革和发展规划纲要（2010—2020年）》（2010年）、《中小学综合实践活动课程指导纲要》（2017年）、《国家教育事业发展“十三五”规划》（2017年）、《法治中国建设规划（2020—2025年）》（2021年）等。

第二，在政策时间的设定方面，青少年法治教育以5年为一个周期，从运动模式进入常态模式。在最初进行政策设计时，中央计划用5年左右的时间普及法律基本常识，期待以速战速决的运动模式达成青少年知法守法的目标。[①]

① 邹瑜：《五年左右普及法律基本常识是能够实现的》，载《现代法学》1985年第3期。

但事实证明，政治环境、社会背景、法制环境的变化以及青少年的复杂状态，远远超出了政府最初的预想。普法的复杂性和艰巨性，决定了涵括于全民普法的青少年法治教育的持久战势在必行。党的十八届四中全会再次强调，要坚持把全民普法和守法作为依法治国的长期基础性工作。[①]因而，青少年法治教育也从粗放式、突击式、分散式教育模式进入规划性、长期性、系统性教育模式。

第三，在政策工具的选择方面，以学校作为主阵地、以课堂教学作为主渠道开展青少年法治教育。教学时空具有教化功能，表现为，学校场域对个体具有规训力量，而课堂是各种教育目标达成的关键所在。[②]学校和课堂作为教育规训的重要场所和活动空间，是青少年知识学习和习惯养成的重要时空，因此，成为落实青少年法治教育的最佳场域和达成守法政策目标的手段选择。

### （二）“学校为主，多元协同”的主体参与逻辑

青少年法治教育是一个系统工程，其参与的主体经历了从单一到多元的发展变迁。在“一五”普法到“二五”普法期间，学校是青少年法治教育的唯一主体，通过第一课堂进行规范化的法治教育。在“三五”普法期间，为了丰富青少年法治教育的形式，《关于加强学校法制教育的意见》（教政〔1995〕12号）提出，充分利用第二课堂和社会实践活动对学生进行生动、直观的法治教育。在课堂教学之外，通过法治音频视频传播、知识竞赛、模拟法庭、参观监狱、开设法治讲座等形式，积极开辟第二课堂。此后的数年间，青少年法治教育的参与主体逐步走向多元化，有更多的校外力量加入，如从法学教育或法律服务机构等单位聘请的兼职法治副校长、法治辅导员，青少年法治教育基地的司法工作人员，开展社区青少年普法的社区工作人员、社会工作者，以及家庭当中的监护人等。青少年法治教育从学校单一主体走向多元协同主体，

---

① 《中共中央关于全面推进依法治国若干重大问题的决定（二〇一四年十月二十三日中国共产党第十八届中央委员会第四次全体会议通过）》，载人民网，http://cpc.people.com.cn/n/2014/1029/c64387-25927606.html，最后访问时间：2024年4月18日。

② 魏宏聚：《略论“教学时空”的教化意蕴》，载《教育理论与实践》2008年第9期。

逐步构建起政府、学校、家庭、社会“四位一体”的法治教育格局，形成了第一课堂和第二课堂联动、校内和校外联动、线下和线上联动的多元共育局面。

在共育格局下，青少年法治教育范式正逐步转向系统化，体现出科学性、螺旋式的特点。在教育目标上，呈现出从“法制”到“法治”的转变；在教育内容上，呈现出从“德育为先”到“德法相济”的转型；在教育范式上，呈现出从“单向”到“系统”转向的基本特征。[①]《我国青少年法治教育发展报告（2018）》调研显示，“一方面，中小学的法治教育课程开设整体情况良好；在受访的536所学校中，87.69%的学校已开设了专门的法治教育课。另一方面，法治副校长（辅导员）制度得到落实与完善，调查显示，中小学法治副校长和法治辅导员的配置已基本普及”。[②]

### （三）以“学业评价”为主的法治教育评价逻辑

法治教育效果是指通过法治教育使教育对象所产生的，稳定、持续的变化。运用评价手段激励和监督教育政策的实施，是青少年法治教育政策目标实现的必然要求。青少年法治教育评价应当是包含对学校、法治课教师和学生在内的综合评价。但由于青少年法治教育归根结底是对学生教育效果的考察，所以，这里主要探讨对学生（青少年）的法治教育评价机制。《教育部、司法部、中央综治办、共青团中央关于加强青少年学生法制教育工作的若干意见》（2002年）规定，法制教育要纳入学校教育质量和学生综合素质评估体系，开展专项评估。教育部青少年法制教育基地、中国政法大学青少年法制教育研究中心联合发布的《我国青少年法制教育调查报告（2013）》指出，要建立一套青少年法制教育评价机制，对各地方、各中小学法制教育的效果进

---

① 李森、郑伟民：《青少年法治教育高质量发展的基本特征、现实困境与优化进路》，载《中国教育学刊》2024年第3期。

② 《〈我国青少年法治教育发展报告（2018）〉发布》，载央广网，http://china.cnr.cn/gdgg/20180417/t20180417_524201496.shtml，最后访问时间：2024年4月18日。

行客观、公正的评价。[①]《青少年法治教育大纲》（教政法〔2016〕13号）明确规定，要建立健全科学的青少年法治教育评价机制，将必要的法律常识纳入不同阶段学生的学业评价范畴。

在长期的法治教育实践中，对青少年的法治教育评价主要呈现出以下三个方面特点：一是评价主体具有单一性，主要由学校和教师进行。二是评价内容以知识性为主，集中于必要法律常识的基本概念、权利义务等知法守法方面的内容。三是评价方式以应试考核为主，通过闭卷考试的方式进行评价，采取分数或成绩来衡量青少年法治教育的效果。简言之，青少年法治教育评价是在“学业评价”为主的逻辑思路下，由学校和教师通过考试，以成绩这种单一的量化指标来衡量法治教育的效果。这种“以考代评”的教育评价逻辑与以“守法”为核心的政策设计逻辑相呼应，以法律知识的获得作为青少年法治素养的核心评价内容。

## 三、对青少年法治教育的反思

作为影响范围最广、时间跨度最长的官方法治教育行为，各界对青少年法治教育的成效既有充分性肯定，也有隐忧性评价。在理论界，乐观者认为，中小学阶段的法治教育可以大大降低中、小学生在未来社会中的犯罪率，减少社会管理成本。[②]隐忧者则认为，青少年法治教育存在着定位不明确、思想认识不到位、教育内容不系统、保障条件不充分等问题。[③]我国中小学法治教育的现状并不理想，嵌入中小学程度极为有限。[④]青少年法治教育在法治精神

① 《我国青少年法制教育调查报告发布——青少年用法意愿随年龄增长反下降》，载北大法律信息网，http://chinalawinfo.com/News/NewsFullText.aspx?NewsId=66072&NewsType=0，最后访问时间：2024年4月18日。

② 何树彬：《青少年法治教育：目标定位、实施原则与路径》，载《青少年犯罪问题》2016年第2期。

③ 靳玉军：《加强青少年法治教育的若干思考》，载《教育研究》2015年第4期。

④ 徐辉：《中小学法治教育地方课程改革的设计及实施》，载《教育研究》2017年第1期；余雅风、吴会会：《深化依法治国实践亟须提升中小学法治教育实效》，载《中国教育学刊》2018年第3期。

提升和预防违法犯罪方面也不尽如人意。从逻辑反思的视角，发现青少年法治教育在运行中呈现出以下三个方面特点。

### （一）守法教育过程呈现出对象化特点

就个体守法的发生机制而言，有主动守法和被动守法两种情形。青少年法治教育模式是一种“自上而下”的政府主导型模式，具有被动式守法的发生特征。政府不仅负责政策制定、方案调整和方向把关，还主导法治教育资源的筹集和分配，通过40余年的青少年法治教育，不遗余力地推动“守法”目标的实现。青少年守法教育的过程，主要表现为以政府、学校、教师以及其他参与主体为外在力量的法治教育规训，法治教育内容的输入式、强加性和义务约束性特征明显。在达成青少年守法期望的过程中，取得了一定的成效，但也衍生出了对象化逻辑下青少年法治教育的工具主义倾向和被动式守法逻辑。

我国的青少年法治教育是一种以国家为教育主体（学校和教师为实际执行主体），将受教育者（青少年）作为教育客体的对象化活动。在对象化逻辑指导下，青少年法治教育以主体对对象施加影响为基本框架，以知识教育为主要手段，侧重于青少年守法和预防犯罪的内容。国家对法治教育的认知期望，主要着眼于社会的有效治理和社会秩序的和谐稳定。①就本质而言，法治教育是国家以实现青少年知法守法和预防犯罪为目的的工具性手段，在工具理性的支配下，借助种类日益繁复的教育手段进行知识和理念灌输，并用考试、知识竞赛、征文比赛、演讲比赛等方法来考察青少年法治教育的效果。

回看过去数年的青少年法治教育，可以发现，法治教育课程是传授法律知识的中介；学校和教师虽然是执行主体，但也是法治教育的手段；学生是承载法律知识的容器。在这一过程中，忽视了法律实践品格的学校法治教育，

① 赵天宝：《中国普法三十年（1986—2016）的困顿与超越》，载《环球法律评论》2017年第4期。

教师和儿童的生活世界被人为地抽离出了教育的视域。[①]青少年法治教育成为教师和学生必须完成的任务，脱离了现实生活感知的法治教育，更多彰显出的是工具性价值。“只要教育目标清晰明确，教育手段运用得当，教育内容选择合适，便可以把学生改造成所期望的人。”[②]事实是，教师在教学理性主义的束缚下，为教学而教学，演绎着一种理性、刻板、严肃的授课方式；而学生在应试压力下，既难燃起追求法治精神的热情，亦不能用所学知识指导现实生活。这种知识性教育很难不被批评，因为它忽视了法律规则构成新的人间秩序的重要基础，是以生活方式的渐次变更为结果。

对象化逻辑支配下的青少年法治教育实践忽视了价值教育的规律，使青少年法治教育沦为工具性的治理手段。此种方式的缺陷在于二元对立的思维预设把受教育者抽象化，忽视了青少年的主体性，方法选择的灌输性与技术性、内容的知识性、效果评价的量化，导致青少年法治教育难以达到人的法治化的目的。再精细的“普法”设计，也只能是一种“供体”的视角与立场，它的局限也因此而定。[③]

### （二）主体参与过程呈现出松散性特点

多元法治共育格局在形式上不断完善的同时，也日益呈现出松散性和实效性不足的深层次问题。《我国青少年法治教育发展报告（2018）》指出，中小学法治教育师资配置和教学能力明显不足；法治副校长组成结构不合理、专业知识不足；青少年法治教育实践基地的覆盖率还比较低；各级教育行政部门充当“旁观者”“指挥者”的角色等问题。因此，青少年的法律常识认知并未随着年龄的增长而提升，学生高频违法犯罪行为在普通高等中学中较为

① 张双凤、张祥君、陈兆亮：《主客体的复归：教育回归生活的本真追求》，载《当代教育科学》2009年第17期。

② 赵长顺：《教育回归生活世界的反思与前瞻》，载《教育与教学研究》2012年第3期。

③ 汪太贤：《从“受体”的立场与视角看“普法”的限度》，载《探索》2006年第1期。

严重。[①]相关实证研究也显示，当前青少年具备基本的法律知识，守法意识较强，但青少年整体的法治意识、权利认知有待加强，法治教育途径实践性不足、活动性不强，法治教育效果亟须优化。[②]这说明，青少年法治教育参与主体的政策设计虽然较为完善，但在实际执行中仍存在着教师专业能力不足、多元主体协同不畅等问题。

一是校内法治教育教师专业化不足。青少年法治教育的关键在于教师的专业化和示范效应。一方面，具有法学专业背景的专职法治教育教师数量匮乏。受教育系统用人机制的影响，非师范专业的法学毕业生很难通过招聘进入学校从事法治教育工作。在少数配备了法治教育专职教师的学校中，教师的专业背景也以政治专业为主、语文和历史专业为辅，具有法律专业背景的专职教师仅占14.39%。[③]另一方面，兼职法治教育教师的法律专业能力不足。中小学法治教育课通常由班主任或者其他学科教师兼任，虽然每年都有法治师资培训，但短期的突击式学习和日常繁重的教学任务，很难使教师建构起系统的法治教育体系，因而，在法治教学当中常常力不从心，为避免发生错误只能照本宣科，或者使法治教育成为德育或者纪律教育的翻版。[④]

二是多元主体之间协同不畅，校外法治教育主体的教育内容随机性、形式化明显。"政—校—家—社"四位一体的法治教育共育格局，初衷在于瞄准目标共同发力、协同共育，但在实际运行中，过于分散、随机而为，缺乏法治教育共同体意识，无法形成教育合力。在政策要求下，很多学校聘请了法治副校长或者法治辅导员，每学期开展一两场法治教育讲座。虽然讲座内容通常新鲜有趣，在一定程度上能够弥补学校法治教育资源的不足，但校外教

---

① 《〈我国青少年法治教育发展报告（2018）〉发布》，载央广网，http://china.cnr.cn/gdgg/20180417/t20180417_524201496.shtml，最后访问时间：2024年4月18日。

② 张晓冰、王若凡：《未成年人法治教育状况研究——基于全国3108名学生的实证调查》，载《预防青少年犯罪研究》2022年第4期。

③ 《〈我国青少年法治教育发展报告（2018）〉发布》，载央广网，http://china.cnr.cn/gdgg/20180417/t20180417_524201496.shtml，最后访问时间：2024年4月18日。

④ 雷槟硕：《中小学法治教育实践：难点、成因与突破——以上海市六所中小学法治教育实践探索为例》，载《青少年犯罪问题》2020年第5期。

师与校内法治课教师之间并未建立备课共同体，授课内容具有临时性、随机性，难以对青少年形成持续的教育影响和法治滋养。教育在本质上也是教师对学生的认识和实践过程，是一种借助教学特殊交往的过程，[①]缺少了师生间的特殊交往，法治教育大多成了浮于表面的宣讲。而有的地方法治副校长的名字，甚至仅仅在汇报材料中出现，[②]导致法治教育进校园流于形式。法治实践课程和青少年法治实践基地则多以零星的主题活动和场地参观为主，蜻蜓点水的活动，只能留下点滴印象。社区人员的普法宣讲和家庭各自的法治教育效果则更是良莠不齐，收效甚微。

### （三）教育评价过程呈现出单一性特点

当前，青少年法治素养属于国民教育的内容之一，而对公民素质的评价，既不能由单一主体来进行，也不宜用单一量化指标来衡量。由学校进行的单一内部评价主体模式，不利于保证评价的客观性和公正性。仅通过闭卷考试的方式进行静态评价，既不符合法治教育的实践性学科特点，也不符合法治思维评价的综合性要求。因此，传统法治教育评价片面追求知识积累与显性目标达成，强调共性，忽视了特殊性与动态过程，表现出明显的弊端。[③]《中国儿童发展纲要（2021—2030）》强调，要完善学校、家庭、社会共同参与的儿童法治教育工作机制，运用多样化方式深入开展法治教育和法治实践活动。理论界和实务界也一致认为，青少年法治教育评价标准不够科学，存在评价体系笼统、评价标准模糊等问题；[④]法治教育教学效果评价体系与教师考核、

---

① 李森：《现代教学论纲要》，人民教育出版社2018年版，第71页。

② 王明峰、刘毅：《四川代表团小组会议：普法教育不能流于形式》，载人民网，http://lianghui.people.com.cn/2013npc/n/2013/0311/c357183-20753658.html，最后访问时间：2024年4月10日。

③ 赵宏、张亨国、郑勤华、陈丽：《中国MOOCs学习评价调查研究》，载《中国电化教育》2017年第9期。

④ 邢东伟：《林方略委员指出青少年法治教育亟待加强健全青少年法治教育评价机制》，载《法制日报》2015年3月14日，第7版；金娣、张远：《青少年法治教育效果评价的维度、标准及实施》，载《江西社会科学》2018年第3期。

晋升机制等还未建立起来，[①]这些都在一定程度上影响了其导向和激励功能的发挥。

## 四、青少年法治教育的优化策略

尽管青少年法治教育在运行上还存在制度悬空问题，但在青少年违法犯罪频发和国民教育体系建构大背景下，策略的完善和优化成为亟须解决的问题。

### （一）以“公民教育”为核心，增强法治认同、提升法治信仰

党的二十大报告强调，“引导全体人民做社会主义法治的忠实崇尚者、自觉遵守者、坚定捍卫者”。[②]新时代的青少年法治教育不应只是普及具体法律知识，而应从知识、情感、能力三个层次全面提升青少年法治素养，使青少年在掌握与日常生活密切相关的基本法律知识的基础上，形成尊崇法治、信仰法治的情感心理，具备运用法治思维、依法妥善解决社会问题的能力。这就要求推动从守法教育到公民教育的转变，把单纯的守法教育转变为对公民意识的培养，把对国家法律制度的合法性与合理性的认同作为重中之重，进而培养适合法治中国需要的新型公民，从而为法治国家建设提供深层基础和核心动力。[③]作为中国教育的现代诉求，公民教育展示了中国教育发展的新方向。[④]以公民教育为核心的青少年法治教育，应着力于增强法治认同和提升法治信仰。

---

① 程林、李安：《新时代法治教育人才培养的理论反思与体系构建》，载《法治研究》2022年第1期。

② 习近平：《高举中国特色社会主义伟大旗帜 为全面建设社会主义现代化国家而团结奋斗——在中国共产党第二十次全国代表大会上的报告》，载中国政府网，https://www.gov.cn/xinwen/2022-10/25/content_5721685.htm，最后访问时间：2024年4月18日。

③ 马长山、李金枝：《青少年法治教育中的公民性塑造》，载《上海师范大学学报（哲学社会科学版）》2018年第4期。

④ 王啸：《公民教育：意义与取向》，载《教育研究与实验》2010年第1期。

一是从被动守法逻辑转向主动尊法逻辑，优化显性教育的内容。在“守法”逻辑下，绝大多数学校的法治教育方法主要局限于生硬的灌输，很少从观念层面和概念入手去阐释法律的构成、目标及内在价值，这就使学生因缺乏对法的必要认同，而难以真正形成积极守法的动机。①虽然经过了40余年的普法，青少年法律常识认知率仍然较低，法治价值认同和法律常识认知率之间不匹配，同时，法治实践的缺乏使得中小学生的法治认同随着时间逐渐消逝。②从法治认同各要素的逻辑关系来看，法律常识是法治认同的知识起点，法治价值是法治认同的心理基础，群际关系是法治认同的社会因素，③三者结合，共同促成法治认同的形成。转变青少年法治教育和法治课程的弱势地位，建立符合法治国家建设需要的公民法治教育新模式和新机制，已成为大势所趋。因此，从优化显性教育的层面而言，应当改变以往法治教育附属于道德教育和政治教育的边缘地位，确立其在公民教育格局中的独立地位，凸显法治教育的法治启蒙地位，以公民品格为主线，实现“德育—政育—法育”的互动融通。④整合思想品德教育、安全教育、环境教育、禁毒教育等教学内容，建立以青少年法治教育为核心的公民教育课程体系。⑤通过法育、德育、政育的共同有效实施，传递社会共同体的基本准则和集体诉求，从而强化青少年个体趋向法治的内在动力。

二是从对象化逻辑转向主体性逻辑，强化隐性教育的内容。法治观念和法治精神的内隐性和缄默性特征，决定了单纯通过显性课程很难完成精神的内化。因此，需要强化隐性的法治教育，注重法治教育的生活性。正如卢梭所言，“最重要的法律既不是铭刻在大理石上，也不是铭刻在铜表上，而是铭

① 曾坚：《对我国“普法”目标取向的法理学思考》，载《当代法学》2001年第7期。

② 王敬波：《我国中小学生法治认同的实证分析》，载《北京联合大学学报（人文社会科学版）》2020年第1期。

③ 王敬波：《我国中小学生法治认同的实证分析》，载《北京联合大学学报（人文社会科学版）》2020年第1期。

④ 马长山、李金枝：《青少年法治教育中的公民性塑造》，载《上海师范大学学报（哲学社会科学版）》2018年第4期。

⑤ 徐辉：《中小学法治教育地方课程改革的设计及实施》，载《教育研究》2017年第1期。

刻在公民内心里”。[①]青少年法治教育必须渗透进生活世界，成为青少年日常交往实践的一部分。从生活世界出发的青少年法治教育，源于“我们的教育是同我们的生命一起开始的”。[②]对此，习近平总书记指出，“法治也并不体现于普通民众对法律条文有多么深透的了解，而在于努力把法治精神、法治意识、法治观念熔铸到人们的头脑之中，体现于人们的日常行为之中”。[③]因此，青少年法治教育应当循着杜威的“教育即生活”和陶行知的“生活即教育”理念，从对象化逻辑转向主体性逻辑，将法律知识的专业化与法治教育的生活化相结合，坚持教育者的主导性与受教育者的主体性动态融合，加大对学生的认知规律和接受特点的研究，发挥学生的主体性作用。

应当通过学校制度设计与实施过程中的法理规范性、程序正义性以及学生参与的正当性，提升依法治校的水平，使学生感受到学校治理的法治性与规范性；通过建设去等级化、去歧视性的教育制度、评价机制，以及教师在尊法守法用法方面所发挥的示范作用，使学生感受到公平公正、尊法崇法的法治文化氛围；通过维护学生的正当权利、实施恰当的教育惩戒，传播和落实权利义务观念，建设权责分明的法治校园文化，使学生具备法律维权意识的同时，也养成乐于履行法律责任和公民义务的习惯；通过引导学生通过合法程序参与学校公共事务的管理、增加对学校公共权力的监督以及对校外法治活动的参与，[④]让学生感受到法治实践的日常性与必要性，使法治理念具象为鲜活的生活事实。

### （二）以“共同体”意识为主线，构建青少年法治教育共同体

在青少年法治教育的过程中，多元参与主体的教育力量过于分散，教育主体不仅专业化不足，而且普遍缺乏内在共识和集体凝聚力，因而造成协同性不足、教育效果不彰问题。人才培养质量是教育政策执行效果的反映，而

---

① ［法］卢梭：《社会契约论》，何兆武译，商务印书馆2003年版，第70页。

② ［法］卢梭：《爱弥儿（第1卷）》，李平沤译，商务印书馆1978年版，第13页。

③ 习近平：《之江新语》，浙江人民出版社2007年版，第205页。

④ 叶飞：《论法治教育隐性课程的建构》，载《中国教育学刊》2018年第3期。

是否形成了有共同精神信仰的教育共同体，则是教育成败的关键。尤其是，当前青少年违法犯罪形势严峻，亟须青少年法治教育效果的提升。尽快打造一支政治素质优良、认同法治教育意义、具有共同使命担当的专业化青少年法治教育队伍，是青少年法治教育的总体要求，也是当前的迫切需求。

“共同体”（Gemeinschaft）概念最初由德国社会学家斐迪南·滕尼斯在《共同体与社会》一书中提出，即“通过某种积极的关系而形成的群体，统一地对内对外发挥作用的一种结合关系，现实的和有机的生命组合”。[①]简言之，共同体是指基于积极协作关系而形成的有机群体，其内在具有共同的精神意识和归属感，其外在表现为形散而神合的组织形态。作为一种基本的社会联结方式，它通过根深蒂固的集体意识，将许多同质的个体凝聚成一个以情感为纽带的整体。[②]作为教育领域关注的主要问题之一，对共同体的讨论热度一直不减。一般认为，教育共同体是基于一致的教育信仰，为了共同的教育目标，在培养人的社会实践活动中形成的有责任感的个体联合。[③]理想的教育共同体应当是理论主体、实践主体、行政主体和其他社会力量联合而成的教育共同体。[④]如日本教育家佐藤学所言，“21世纪的学校教育，必须立足于学校的专家集团、社区共同体、教育行政人员、教师以外的专家的广泛的协作关系，重建、维持和发展教育的公共领域”。[⑤]

因此，有意识地构建学校法治教育教师与多元社会力量彼此间团结合作、优势互补的青少年法治教育共同体，不失为切实路径。青少年法治教育共同体的构建策略注重激发和唤醒青少年法治教育群体的教育理想和教育激情，倡导精诚团结、追求卓越，走向行动自觉。新时代青少年法治教育共同体的

---

① ［德］斐迪南·滕尼斯：《共同体与社会：纯粹社会学的基本概念》，张巍卓译，商务印书馆1999年版，第58、61页。

② 陶佳：《教师交往行为与网络学习共同体构建路径——基于哈贝马斯交往行为理论视角》，载《安徽师范大学学报（人文社会科学版）》2018年第3期；杜静、常海洋：《教师专业学习共同体之价值回归》，载《教育研究》2020年第5期。

③ 林上洪：《“教育共同体”刍议》，载《教育学术月刊》2009年第10期。

④ 张荣伟：《教育共同体及其生活世界改造》，苏州大学2006年博士学位论文。

⑤ ［日］佐藤学：《学习的快乐——走向对话》，钟启泉译，教育科学出版社2004年版，第113页。

基本形态，应表现为以学校法治教育教师为主体、由多元社会力量辅助整合，以有效教学并提升青少年法治素养为目标，以共同学习和研讨为支撑的，相对稳定且不断发展壮大的教学研一体的有机组织。①

具体而言，一是通过价值激励，构建信仰共同体。由教育部门牵头，通过舆论宣传、联席会议、调研走访等形式，启发教育主体的职业荣誉感和身份认同感，愿意成为依法治国事业的价值共同体，并愿意通过自主学习、集体研讨、参加培训等多种途径持续提升专业技能和教学水平。二是建立备课机制，形成备课共同体。形成专家、教师与实务部门等人员构成的课程研发团队，对法治课与道德、政治课之间的关系和比例进行合理设定，完善教学大纲框架、教学内容设计、教学板块承担，形成讲授式、探究式、体验式法治教育方法的灵活运用，构成螺旋式上升的法治教育体系。学校教师重点进行理论阐释，校外教师重点进行疑难法律问题分析、法治思维形成过程经验分享、法治实践案例提供等。各自清晰教学目标，明确教学任务。三是优化在职培训模式，助力教师专业成长。教育行政部门协调优化现行的法治教育教师在职培训模式，在增加线上培训内容的同时，加强线下在职培训体系的构建，将常用和最新的法律规定及其典型案例、办案经验，传统与新型法治教育方法的应用、融合等三个内容层次的课程体系，有计划地对每位专职法治教师进行两年到三年的体系性在职培训，增强其专业能力。

### （三）以“德法并重”为立场，构建多维度综合评价机制

青少年法治教育评价是为了促进法治教育育人效果的提升，即通过法治教育使教育对象发生稳定的、持续的变化。传统上以“学业评价”为核心原则的青少年法治教育评价标准，难以实现以公民教育为核心的价值追求。从观照被评价对象全方位发展的角度出发，综合评价正成为教育评价的趋势和导向。②青少年法治教育作为一种思维型、价值型、实践型教育活动，尤其应

---

① 程林、李安：《新时代法治教育人才培养的理论反思与体系构建》，载《法治研究》2022年第1期。

② 周光礼、袁晓萍：《聚焦“四个评价”深化教育评价机制改革》，载《中国考试》2020年第8期。

当以多维度视角开展综合评价。因此，需要以“德法并重”为立场，健全青少年法治教育综合评价机制，从法治教育评价主体、标准和内容三个方面予以完善。

一是健全多元评价主体制度，实现青少年法治教育评价的自评与他评相结合的方式。青少年法治教育评价是为了激发评价主体和客体的能动作用，发现法治教育中存在的问题，探索适合学生发展的教育模式，而非仅服务于排名、分数等关乎现实利益的单一化结果。因此，应改变单纯由教师评价学生的做法，采取自评与他评相结合的方式，即加强学校、学生、政府、家长及社会各方共同参与的交互多元评价效果。特别是加强学生在评价中的地位，重视学生的自我反思性评价，撰写不同学习阶段的法治体验总结或报告。

二是构建大中小学一体化、长期化评价制度，实现青少年法治教育评价的阶段性与长期性保持统一。青少年法治教育评价是一个完整的、动态的评价体系，应当构建一套完整的、长期的青少年法治行为习惯评价体系，包括过程性评价、发展性评价和增值性评价。可以将青少年的法治教育和法治实践情况在个人的学生档案中独立出来，重点考察学生自身法治素养的纵向发展及增值过程。

三是评价内容全面性原则。青少年法治教育评价应当从多个维度开展综合评价，包括法治常识、法治意识、法治实践及法治能力四个维度，以促进其法治情感的陶冶和法治行为习惯的培养。在法治常识的评价方面，侧重于考察与生活密切相关，并随着年龄增长不断深化法律知识的掌握和理解。在法治意识的评价方面，侧重于青少年法治心态和法治观念的考察，具体包括主动学法、自觉守法、遇事找法、解决问题靠法的意识水平。在法治实践的评价方面，侧重于考察青少年在现实中是否养成理性的学习、生活方式，并力所能及地参与学校和社会中的法治活动。在法治能力的评价方面，侧重于考察青少年将法治常识内化为实践过程的能力，包括法治问题、法治事件的反应和关注程度，以及依法解决问题的能力。

# 青年法学园地

# 假冒注册商标罪中“使用”行为的认定

## ——以罗某洲等假冒注册商标案为起点

谢金豫*

**摘　要**：随着我国公民商标意识的不断增强，社会对商标的应用逐渐重视。但是与此同时，商标侵权方式的多样导致实践中对假冒注册商标罪的认定仍存在争议。如罗某洲等人假冒注册商标案中争议焦点即在于本案中的“使用”是否属于假冒注册商标罪中的“使用”。从刑法谦抑原则出发，“使用”这一概念应限定于“在商业活动中使用”，同时以“商标性使用”为必要条件。“旧瓶装新酒”的行为除了侵犯注册商标权，还涉及生产、销售伪劣产品，属于想象竞合，应当从重论处；反向假冒行为虽然应该受到刑法规制，但是不应认定为假冒注册商标罪；而销售翻新产品行为及无实际假冒对象的行为相比之下行为人的主观恶意和客观危害都相对较小，不应该被纳入刑法的管辖范围。

**关键词**：假冒注册商标罪；使用行为；刑法谦抑原则

## 一、案情简介

### （一）基本案情

苹果公司持有的“Designed By Apple In California”“Airpods”“Airpods Pro”

---

*　谢金豫，北京师范大学法学院2024级刑法学硕士研究生，研究方向为刑法学。

等注册商标，核定使用商品明确涵盖第9类中的耳机、耳塞机等。2020年9月至12月，深圳市昇某电子实业有限公司法定代表人罗某洲，以及深圳市聆某科技电子有限公司法定代表人马某华等人未经注册商标权人苹果公司的明确授权许可，利用两公司场所、人力以及生产流水线，合作制造并销售了假冒苹果公司注册商标的蓝牙耳机，并且以此牟取非法利益。

经过调查，两公司组装生产的蓝牙耳机不管是商品上还是包装上都有没有苹果公司的注册商标，蓝牙耳机与电子设备终端连接配对时均会在电子设备屏幕上弹出"Airpods"或者"Airpods Pro"的字样。经过权利人鉴别分析，上述蓝牙耳机均系假冒苹果公司注册商标的商品。2020年9月至12月，罗某洲、马某华等人非法销售假冒苹果蓝牙耳机的总金额高达人民币2210万余元。此外，侦查机关在现场查获了尚未销售的涉案假冒苹果蓝牙耳机，其潜在市场价值估算为人民币77万余元。

一审法院认为，在本案中罗某洲、马某华等人通过非法组装、生产并销售假冒苹果公司注册商标的蓝牙耳机，其行为已构成假冒注册商标罪，且犯罪情节特别严重。本案属于共同犯罪，罗某洲、马某华均为主犯，其余人为从犯。

被告人不服，提起上诉。上诉人及辩护人意见有：1.本案中罗某洲、马某华等人制造、销售外观上并未直接展示苹果公司商标标识但连接电子设备时弹窗界面显示"Airpods"或者"Airpods Pro"的蓝牙耳机的行为不属于《中华人民共和国刑法》（以下简称《刑法》）第213条规定的"使用"行为，不应当构成假冒注册商标罪，该部分的经营数额应当从原判认定的非法经营数额中剔除；2.罗某洲、马某华等人在本案中已经销售的部分蓝牙耳机缺乏相关物证，部分已销售的蓝牙耳机没有弹窗，应当从原判认定的非法经营数额中剔除；3.罗某洲、马某华等人的行为应当定性为单位犯罪。

二审法院认为，首先，综合对侵权蓝牙耳机进行生产、销售的主观意图以及侵权蓝牙耳机实际使用方式可以认定，罗某洲、马某华等人系共同故意制造和销售侵权产品，其制造的蓝牙耳机与电子设备配对时，弹窗界面显示出"Airpods"或者"Airpods Pro"字样的行为实质上构成了假冒注册商标罪中的"使用"行为。其次，侦查机关现场扣押的涉案蓝牙耳机均会出现弹窗，且在现场的单据及销售明细表等中未发现有表明蓝牙耳机有无弹窗功能的标注。最后，有证据证实罗某洲与马某华合作后两公司的主营业务即为生产和销售假冒苹果公司注册商标的蓝牙耳机，不应以单位犯罪论处。最终，二审法院驳回上诉、维持原判①。

### （二）争议焦点

本案中，二审法院在充分说理的基础上对上诉意见进行了具体回应。其中，有一点值得重点关注，即生产、销售外观上并无注册商标标识，但在与其他电子设备配对时会出现弹窗的蓝牙耳机的行为，是否属于假冒注册商标罪犯罪构成中的“使用”行为?

本案的特殊性在于，本案中的涉案产品为蓝牙耳机。对于购买蓝牙耳机的消费者来说，由于蓝牙耳机无法单独使用，需要通过蓝牙配对寻找设备，所以对蓝牙耳机这一产品的来源识别并不仅仅是通过观察产品的外观包装，更重要的是需要通过电子设备查找并连接到正确的配对项以最终实现蓝牙耳机的功能。涉案蓝牙耳机在寻找、激活直到最终配对成功的过程当中向消费者呈现的是苹果公司持有的注册商标“Airpods”或者“Airpods Pro”，消费者就会误认为其使用的蓝牙耳机是苹果公司制造。被诉使用行为具有向消费者传达商品来源的功能，所以应当认定为假冒注册商标罪中的“使用”行为。

从法益维护的视角出发，假冒注册商标罪的核心不法要素聚焦于商标的“使用”。商标的价值源自于其实际的“使用”，商标亦因不当“使用”而遭受侵害。精确界定商标“使用”行为的具体范畴，对于判定假冒注册商标罪是否成立具有举足轻重的意义。

## 二、假冒注册商标罪中“使用”行为的认定现状

我国《刑法》第213条规定：“未经注册商标所有人许可，在同一种商品、

① 广东省深圳市中级人民法院（2022）粤03刑终514号刑事裁定书。

1.限缩“在商业活动中使用”的范围

《解释》第8条明确规定了刑法上商标“使用”行为的含义，即应该在商业活动中使用假冒的注册商标。但是，对于“在商业活动中使用”的具体内涵，还需要进一步解读。

首先，《解释》第8条规定“使用”的范围除在商品、商品包装上使用外，还包括在产品说明书、交易文书、广告宣传、展览等上使用。但是，有学者认为“使用”行为的范围应该适度限缩，仅限于在商品、商品包装或容器上使用。[①]本文认同该观点，理由如下：第一，只有将商标标识应用于商品本身或外包装上时才能够真正起到辨别的功能，才会直接影响消费者的识别和选择。产品说明书、交易文书、展览等与商品本身并不直接联结，消费者注意到说明书、展览等上的商标时大概率不会立即确定商品的来源，而是会继续寻找商品本身及商品包装上是否存在商标，所以说在消费者选择商品的过程中，商品及其包装上所展示的商标无疑是最重要的影响因素，对消费者的购买决策起到导向作用。第二，商标应用于商品及包装上与商标应用于说明书、展览等上所引发的社会危害性各异。具体而言，商标直接附着于商品及外包装上，更易导致消费者在选购过程中发生误认与混淆，而在非商品如说明书、展览等上的“使用”行为是为了提高假冒商品的销量而进行的宣传，对商品的销量并不起主导作用。如果商品本身没有商标，而只在广告宣传中使用了他人注册的商标，消费者仅会在售前产生误认，在购物行为中不会混淆，社会危害性较小。综上，本文认为刑法中商标的“使用”行为范围应该进一步限缩。

其次，强调商标需要“在商业活动中使用”是否等同于要求商标的使用必须“进入流通环节”，此问题在当前学术界与实务界尚未达成统一见解。一种观点认为仅当行为人将侵权商品实际投放至市场流通，才能认定其实现了对该商标的“使用”。另一种观点则认为“使用”不应该限制必须进入流通领

① 凌宗亮：《假冒注册商标罪中商标使用的认定》，载《中华商标》2021年第2期。

域。[①]本文认同第二种观点，只要将假冒商标与商品本身或商品容器、包装相结合即可以认定为“在商业活动中使用”。根据《解释》第12条规定，在假冒注册商标罪的审理过程当中，对于未销售的侵权产品，其“非法经营数额”的认定应当以商品的标价或经调查核实的侵权商品过往销售记录的平均售价作为计算基准。同时，在罗某洲等人假冒注册商标案中，法院将尚未销售的涉案假冒苹果蓝牙耳机的估算市场价值也计算入经营数额中。由此可知，我国在法律法规以及司法实践中认定非法经营数额包括未进入流通领域的假冒产品价值，即商标在商业活动中使用并非绝对以进入市场流通环节为前提。

**2.使用行为应当满足“商标性使用”**

《中华人民共和国商标法》（以下简称《商标法》）第48条以及《解释》均对商标“使用”作出了清晰的界定。尤其值得注意的是，相较于《解释》，《商标法》第48条在阐述时特别强调了“用于识别商品来源”的特定条件，该条件在学界被广泛称为“商标性使用”。基于此，有学者认为商标的“使用”在《商标法》和《刑法》的语境下有不同含义，在《刑法》中并不强调商标的来源识别功能[②]。对此观点，本文持否定态度。虽然《刑法》中的“使用”并未明确规定“用于识别商品来源”这一构成要件，但是也应当符合这一条件，理由如下。

首先，“商标的目的主要在于区别不同生产者与经营者”。[③]只有将注册商标与商品结合在一起，才有使消费者产生混淆商品来源的可能，进而才会损害相关社会公众以及注册商标权人的合法权益。例如，罗某洲等假冒注册商标案中，部分公众由于将涉案蓝牙耳机与电子设备连接后出现显示“Airpods”或者“Airpods Pro”的弹窗，才会误认为自己购买了苹果公司生产的蓝牙耳机。因此，只有在商标“使用”行为满足“用于识别商品来源”这一要件时，才会对假冒注册商标罪的保护法益造成损害。

---

① 许成磊等：《侵犯注册商标权犯罪问题研究》，载《法律科学（西北政法大学学报）》2002年第3期。

② 周波：《“商标使用”概念在商标法及刑法中的区别》，载《中国知识产权报》2015年第7期。

③ 张明楷：《刑法学》，法律出版社2021年版，第1066页。

其次，“用于识别商品来源”作为判断商标侵权行为的一个重要因素，已经被广泛地应用于商标侵权案件当中。刑法是我国最严厉的部门法，是所有法律的最后保障。刑法只能对民事、行政等领域内情节严重的侵权行为进行规制，所以在刑法的框架内商标“使用”同样需要满足“商标性使用”这一前提条件。

除上述“用于识别商品来源”是否应当应用于刑事领域中的“使用”外，其具体内涵也存在争议。其中争议焦点为，“商标性使用”是否需要考虑地域性，即如果假冒注册商标的商品不在我国境内销售，该行为是否属于“商标性使用”。对此，部分学者持肯定态度，认为若商品全部销往国外，没有任何商品进入我国市场，避免了与我国消费者的接触，那么在此情境下，所涉商标在我国境内无法起到识别商品来源的作用，同样也不会使消费者对商品的来源造成混乱。本文对此持否定态度。商标权具有地域性，但是判定某一行为是否构成“商标性使用”的过程则更倾向于客观性的考量。“使用”并不仅限于销售这一行为，其中可能包括生产产品、加贴商标、商品流通进入市场等多个流程，在对该行为性质进行认定时，将“销售”与其他“使用”行为割裂开进行单独评价恐有不妥。根据上文论述，“商标性使用”并不必然要求该商品最终必须进入流通领域。此外，如果“商标性使用”需要考虑地域性，则对于部分外贸企业而言，如果该企业所有商品均销往国外，那么该企业的行为则不构成“商标性使用”，进而可能导致其注册商标因为连续三年未在国内使用而面临被撤销的风险，使得此类企业进行商标注册这一行为的意义大打折扣。

## 四、特殊的商标“使用”行为定性

虽然前文已经详述了关于刑法中商标“使用”行为的认定原则，然而，伴随着社会和经济的不断发展，在社会实践中出现了多种特殊的商标“使用”行为。此类特殊行为与直接将假冒商标附着于假冒商品之上的使用不同，往往采取更为复杂、间接的使用模式。在刑法谦抑原则下，对于特殊的商标“使用”行为是否应该纳入刑法评价体系？如果应当纳入刑法评价体系，是否应当以假冒注册商标罪论处？这些都是需要厘清的问题。

### （一）“旧瓶装新酒”

“旧瓶装新酒”行为在司法实践中，往往会出现认定不同的情况。例如，刘某将低价酒灌装进自己购买的五粮液、剑南春、茅台等价格较高的白酒中并购买带有商标的包装进行封装后向外销售，最终被判假冒注册商标罪。①而陈某将低价白兰地灌装进自己回收的轩尼诗、名仕、人头马等价格较高的洋酒瓶中并购买瓶盖、商标、包装等封装后向外销售，最终被判处生产、销售伪劣产品罪。②

上述两个案例中，行为人同样是将低价酒灌入收购的高价酒瓶后进行销售，但是判决结果却不相同。“旧瓶装新酒”行为之所以会在实践中引发较大争议，主要是因为现实生活当中将低价酒灌装进高价酒瓶中并流入市场贩卖获利的行为可能同时构成假冒注册商标罪和生产、销售伪劣产品罪。一方面，此类行为恰好符合了生产、销售伪劣产品罪行中的“以次充好”这一具体情形，虽然目前国家对于酒类的品级、档次并没有规定统一标准，但是从某种意义上来讲，商品的价格一定程度上就能反映商品的档次。如果价格较高的酒瓶中灌装的是低价酒，消费者的合法权益就会受到侵害。另一方面，此类行为构成假冒注册商标罪。出于牟利的目的，行为人采取“旧瓶装新酒”的行为显然绕过了商标权人的授权程序，实质上等同于未经注册商标权人许可，在同种商品上擅自使用与其注册商标相同标识的行为，严重侵害了注册商标权人的利益。

关于以假冒注册商标手段生产、销售伪劣商品行为的定性，目前学术界存在不同的观点和解读：有学者认为这种行为属于牵连犯，因为假冒他人注册商标是后续销售伪劣商品从而获利的中间手段；有学者认为这属于法条竞合。但是，本文并不认同上述观点。生产、销售伪劣产品罪旨在保护不特定

① 湖南省石门县人民法院（2022）湘0726刑初222号刑事判决书。

② 广东省肇庆市端州区人民法院（2020）粤1202刑初203号刑事判决书。

多数消费者的合法权益，而假冒注册商标罪旨在保护商标权人的权利，两罪的保护法益不同。“旧瓶装新酒”这一行为触犯了两种不同的保护法益，所以本文认为这属于想象竞合，应当从一重罪论处。

### （二）销售翻新产品

销售翻新产品是指行为人收购他人使用过的商品进行翻新后作为新产品重新投入市场进行销售的行为。实践中，销售翻新产品主要分为两大类：一类是翻新后加贴原商标进行销售；另一类是翻新后未去除原有商标但加贴自己的新商标进行销售。

对于行为人回收原商品零部件进行组装，或者将作废的商品重新加工后加贴他人注册商标再进行销售的行为应该构成假冒注册商标罪。首先，行为人出于谋取经济利益的目的对商品进行翻新处理时，几乎可以断定，并未获得商标权人的明确授权或同意。其次，该种行为并未改变商品种类，仅仅是对原有商品进行翻新组装，属于“同一件商品”。最后，将伪造的商标直接贴附于商品或其外包装之上，这一举动无疑属于直接且主动性的“使用”。因此，应该判定该类行为构成假冒注册商标罪。

针对行为人将商品翻新后未去除原有商标又擅自添加新商标的行为，本文认为不应当受到刑法规制，原因如下。第一，从行为人的主观心理来看，此类行为的主观恶性较小。相较于在商品上直接贴附他人的注册商标，此种情形下行为人并未公然进行假冒，可以看出行为人对他人的商标权还是有所顾忌的，更多是一种试图搭便车的主观心理。第二，从行为结果来看，此类行为结果的危害性较小。在这种情况下，商品上有两个商标，一个是行为人贴附的新商标，另外一个是原来商品或者外包装上真实的他人注册商标。对于消费者来说，当看到商品上有两个不同的商标时，大部分人不会认为该商品就是注册商标权人生产的原商品，可能会想到该商品被贴附了新商标，或者认为该商品与原商标具有一定的关联性，不会直接对商品的来源造成混淆。因此，此类未去除原有商标而加贴自己新商标的行为无论是在主观恶意上还是在客观造成的结果上都低于直接积极的使用行为。在认定商标的“使用”

时应当坚持谦抑原则，对于这种社会危害性较小的行为不宜纳入刑法的规制范围，可以采用民事、行政等手段对该行为进行评价。

### （三）反向假冒行为

所谓反向假冒行为，指的是行为人未经过明确许可或合法授权，擅自剥离商品上原有的注册商标，并替换为自身的新商标，随后将经过改动的商品再次投放至市场进行销售的行为；即反向假冒是将自己的商标标识擅自用于他人生产的产品上。

我国比较有名的一起反向假冒商标案例是“枫叶”与“鳄鱼”西裤案。某知名服装公司经过市场调研后决定以较低的价格购入北京某服装厂生产的已贴有“枫叶”商标的成品西装裤，随后该公司擅自移除了原有的“枫叶”商标并更换为自己公司的“鳄鱼”商标，再以更高的价格重新投入市场，以赚取高额利润差。[①]该案在当时引起国内学者关于反向假冒商标行为的广泛讨论。

我国《商标法》已经明确认定反向假冒行为属于商标侵权行为。但是，在是否应当将反向假冒行为纳入刑法框架进行评估与规范的问题上，学术界与实务界之间仍存在着多样化的观点，尚未形成统一共识。一种观点认为反向假冒商标与直接的假冒行为本质上都是对注册商标权的一种侵害，因此若反向假冒行为满足假冒注册商标罪的其他法定要素，则应当将该行为视为假冒注册商标罪的一种表现形态。[②]另一种观点认为反向假冒行为与直接的假冒行为差异太大，虽然社会危害性较大，但是不属于假冒注册商标行为，应该认定为其他罪名。本文认为第二种观点更为合理。

反向假冒与假冒注册商标行为在对于商标的“使用”上存在显著区别。假冒注册商标属于在制造的商品上直接贴上他人注册商标，而反向假冒商标则是将他人生产的商品上原有的商标去除，替换为自己的商标再重新投入市

---

① 北京市第一中级人民法院（1994）中经知初字第566号民事判决书。

② 王作富主编：《刑法分则实务研究（中）》，中国方正出版社2013年版，第593页。

场，这两种行为在商标“使用”上呈现出截然相反的特征。反向假冒行为中行为人去除他人注册商标后，仅仅是使用了他人的商品，而非直接展示原商标，如果直接将假冒注册商标罪中的“使用”概念机械地套用于反向假冒行为的判定中，则有可能引发“类推解释”，从而与罪刑法定这一刑法基本原则产生冲突。所以不宜直接将反向假冒行为定性为假冒注册商标罪。如果这种行为导致他人商业、商品的声誉遭受损害从而导致他人遭受严重损失，可能构成损害商业信誉、商品声誉罪。如果该行为以假充真、以次充好、以不合格冒充合格并且满足其他犯罪构成，则可能构成生产、销售伪劣产品罪。

### （四）无实际假冒对象

无实际假冒对象的行为在本质上与常规的“使用”行为并无显著区别，但是这种行为的特殊之处即在于，注册商标权人并未将该商标实际应用于此类商品之上。实践中对于无实际假冒对象的行为存在争议。一种观点认为，无实际假冒对象的行为应当受到刑法规制。因为注册商标权人在进行商标登记时已经登记了该种类商品，法律应当确保这些商品上的商标权益不受侵犯。另一种观点认为，无实际假冒对象的行为不应当受到刑事处罚，想要达到规制该行为的效果，对其运用民事或者行政法律进行评价即可。本文支持第二种观点，理由如下。

首先，从行为人的主观心理上看，无实际假冒对象行为的主观恶性程度较低。鉴于注册商标权人在市场流通中并未实际生产被假冒的特定商品，行为人的主观动机实际上是想利用已经在市场上建立起来的该注册商标的声誉对消费者造成间接的混乱，是一种搭便车的主观心理。其次，从行为人造成的结果看，此类行为并不会直接造成注册商标权人的经济损失，并不会像假冒注册商标行为一样侵占注册商标权人生产该类商品在市场中的份额。所以，不论是从主观心理还是从客观后果的角度讨论，无实际假冒对象行为带来的社会危害均比一般的假冒注册商标行为小。根据刑法的谦抑性原则，只有相对严重的商标侵权行为才能使用刑法进行评价，所以无实际假冒对象的行为不应该受到刑法的规制。

## 五、结语

近年来，知识产权越来越受到重视，在市场经济中有着举足轻重的地位，但随之而来的是知识产权犯罪的频发。再加上互联网信息技术的快速发展，知识产权犯罪中出现了前所未有的新情况，如本文引入的罗某洲等假冒注册商标案，就属于是以无线通信技术展示商标的行为。但是，不管情况多么复杂，本质上都需要符合假冒注册商标罪的犯罪构成才能认定为本罪，而本案中最重要的认定则是在连接其他电子设备后弹窗展示“Airpods”等商标的行为能够起到识别商品来源的作用，因此属于假冒注册商标罪的“使用”行为。又因为能够满足其他犯罪构成，本案中的罗某洲等人最终被判处假冒注册商标罪。

无论行为人的使用多么特殊，在认定时都应该坚持刑法的谦抑性，同时把握只要在商业活动中用于识别商品来源的行为都属于假冒注册商标罪中的“使用”行为这一基本标准，再根据罪责刑相适应的原则，考虑该行为是否应该由刑法规制、具体应用哪一罪名的问题。

# 风险社会下污染环境罪的保护法益研究

## ——以某科技公司等污染环境案为例

李其熹*

**摘　要**：理论界对于污染环境罪的保护法益存在着三种基本立场：纯粹人类中心法益论、纯粹生态学法益论和生态学的人类中心法益论，本文赞同第三种立场。应当从风险刑法观的角度出发界定污染环境罪的保护法益。污染环境罪的设立与修订均体现了风险社会背景下积极运用刑法力量进行规制的取向。固守谦抑性原则而反对刑法的积极介入不仅没有看到刑法在参与社会治理中所具有的潜力，无视了风险社会新的发展趋势，而且与刑法保卫社会的目标背道而驰。采取生态学的人类中心的法益论体现了污染环境罪领域内的法益保护提前化。应当进一步地强化刑法在整个环境保护法治框架之中的权重，与其他部门法一同构建起完善的污染环境行为的规制模式。

**关键词**：污染环境罪；风险社会；积极主义刑法观

## 一、前言——案例争议之引入

自从《中华人民共和国刑法修正案（八）》设立了污染环境罪以来，围绕着该罪的理论争议就一直没有停歇，早期研究关于罪过形式产生了故意说与过失说，后来争议焦点逐渐转向行为犯与结果犯之争，以及与之相关的法益

---

* 李其熹，北京师范大学法学院2023级刑法学专业硕士研究生，研究方向为刑法学。

之争。虽然已有研究似乎已覆盖了该领域的各种问题，但是大多却拘泥于法条解释与逻辑推演。应当看到，环境污染问题或者说生态环境保护议题不仅是一个法学上的理论问题，更是一个关乎人类命运的治理难题，因此近年来关于本罪构成要件与保护法益本身的争论稍止，已有学者试图站在生态环境保护的层面，探讨刑法规制模式的构建问题，提出了预防型刑法规制模式与修复司法等理论概念。本文秉持着这一问题意识，在2023年《最高人民法院、最高人民检察院关于办理环境污染刑事案件适用法律若干问题的解释》（法释〔2023〕7号）出台的背景下，从具体案例出发，试图站在风险刑法观的角度界定污染环境罪的保护法益，并由此提出生态保护的刑法规制模式设想，以期进一步推进对污染环境罪的深入研究。

在司法实践中，关于是否应当认定为污染环境罪，控辩双方的争议焦点往往聚焦于被告人行为是否符合刑法条文及相关司法解释的具体规定，如是否属于“排放”、“倾倒”或者“处置”行为。然而，这样的争论往往由于文义的多样性而使法官陷入两难，仅从文义解释的角度出发，则容易导致实务中对污染环境罪的认定要么失之过宽，要么失之过严。理想的方法应当是在最大文义可能性内寻求最符合刑法目的的解释，而刑法目的集中体现于某一犯罪所侵害的法益，因此，司法上对是否构成犯罪的争论，从表面上看是行为样态的分歧，背后却是对是否侵害法益的判断。

本文所欲引以为例的案件集中体现了上述观点，在某科技公司等污染环境案[①]中，被告单位从事生产、销售农药杀菌剂的产业，为了节省经营成本，该公司在厂区内设置了露天堆场堆放产后废料。后该公司因为这一在露天场所堆放废料的行为被以污染环境罪提起公诉，对该行为之性质，辩护人和公诉机关产生了巨大的分歧，公诉机关认为其在露天场所堆放废料的行为构成刑法所规定的“处置”行为，而辩护人则认为其行为并不是刑法所规定的“处置”行为，因为堆放本身并不属于通常意义上的积极处置行为，而仅仅是对于该产后废料不予处理。从文义角度来看，很难说控辩双方孰是孰非，要

---

① 江苏省南京市中级人民法院（2020）苏01刑终525号刑事裁定书。

想准确地认定行为性质，就需要跳出行为样态的表面争议，从污染环境罪保护法益的深度，对该行为的法益侵害性作出认定。

## 二、污染环境罪保护法益的一般视角——案例争议之本质

### （一）污染环境罪的性质与保护法益

污染环境罪究竟是危险犯还是实害犯，这是与其保护法益缠绕在一起的问题，对此，理论上一直存在着争议。危险犯与实害犯区分的标准在于犯罪行为对于法益的侵害需要达到何种程度才构成犯罪。如果只需要对法益造成一定的危险即成立犯罪既遂，那么可认为该犯罪是行为犯和危险犯；如果除此以外还需要造成有形的、物质性的损害后果的发生，那么往往认为该罪是结果犯和实害犯。对于污染环境罪的性质，可能的观点是：既然刑法条文要求污染环境罪需满足“严重污染环境”的条件，那么可以认为该罪既遂不仅需要对刑法所保护的法益造成危险，还需要对该法益造成实际的损害，也即“严重污染环境”，因此应当认为本罪属于实害犯。然而，这种观点在逻辑上存在着重大缺陷，那就是越过了对法益的说明和论证，直接将“严重污染环境”的表述等同为对法益的损害，并在此基础上得出本罪为实害犯的结论。然而，“严重污染环境”仅仅是行为造成的直接损害结果，不能不加论证直接从中提炼出法益，如在污染环境罪中，虽然直接受到损害的是环境本身，但是理论上完全可以认为本罪的法益是个人的健康权，即本罪所要保护的利益是由于环境污染所可能遭受到损害的个人的健康权，如此则应当将“严重污染环境”看作一种对个人健康造成损害的危险，进而认为本罪属于危险犯。

问题在于，“严重污染环境”是否属于刑法意义上的结果，也可能存在争议。这是因为，该表述本身可以解释为条文中“违反国家规定，排放、倾倒或者处置有放射性的废物、含传染病病原体的废物、有毒物质或者其他有害物质”的总括性表达，如此则属于一种行为样态。所谓“严重污染环境”则意味着污染环境的行为达到了严重程度。这样的理解也与我国刑法定性与定

量相结合的立法模式相契合。如果上述观点成立，那么对于污染环境罪属于行为犯还是结果犯也产生了争议。在这一争议中，不同的法益论立场将导向不同观点，如果认为污染环境罪的保护法益是生态环境利益，那么将“严重污染环境”解释为一种危害结果则更为恰当；如果认为污染环境罪的保护法益是个人的健康权利，那么将“严重污染环境”解释为行为的定量因素则完全不存在障碍。

如果不能够明确本罪究竟属于行为犯还是结果犯、危险犯还是实害犯，那么对于司法实践中本罪的认定将带来极大的困惑。综上所述，准确认定本罪的关键乃在于保护法益之确定。

### （二）关于污染环境罪保护法益的三种立场

目前理论界对于污染环境罪的保护法益存在着三种基本立场，纯粹人类中心的法益论、纯粹生态学的法益论和生态学的人类中心的法益论。[①]

纯粹人类中心的法益论大致可以分出两个分支，一个分支强调人类社会管理秩序而走向环境秩序说，另一个分支则保护个人法益出发走向个人法益保护说。前者认为污染环境罪既然规定在我国刑法第六章“妨害社会管理秩序罪”中，其保护法益就应当是环境管理秩序或环境保护制度。[②]此说可能面临两种批评：一是仅仅根据刑法条文所处的体系位置直接得出保护法益是某种社会管理秩序，有过于简单化之嫌。因为环境秩序本身并无实质内涵，其所推动达成的某种目标才是要求公民服从的理由，无视这一点而将环境管理秩序本身作为刑法所保护的法益略显粗糙，存在说理不足的弊病。二是该观点实际上暗示着该罪属于法定犯。但是污染环境罪的条文除了“违反国家规定”之外仍明确规定了“严重污染环境”的要件，这使得本罪完全可以被认定为行政违反加重犯，也就是说成立本罪不仅要求违反有关国家规定还要求造成“严重污染环境”的后果。由此观之，该罪也完全有可能属于自然犯，

---

① 张明楷：《染环境罪的争议问题》，载《法学评论》2018年第2期。

② 高铭暄、马克昌主编：《刑法学》，北京大学出版社、高等教育出版社2016年版，第149页。

如交通肇事罪固然要求行为人违反交通管理法规，但同时亦要求造成人身或财产损害后果，此时就应当将其视为自然犯并将人身和财产利益作为本罪的保护法益。同理，在污染环境罪中，也应当进一步探究“严重污染环境”要件的背后所保护的法益，而不能将环境秩序直接作为保护法益。①

个人法益保护说认为刑法禁止污染环境的行为是为了保护个人与环境相关的利益，如有学者指出：“即使将环境媒介直接作为保护的对象，也不意味着它们与人的生存和发展无关，相反恰恰是对人的生存和发展极为重要，与人类的生产生活关系紧密，因而，对它们的保护并没有优于人类的生产生活。”②该观点强调保护环境是保护个人利益的手段。还有论者指出：“生态法益并非生态环境作为主体的法益类型，生态环境作为非人类存在物，不可能也没有必要成为法益主体。人作为法益主体的观念应得到坚持。”该观点从法益主体的角度诠释了纯粹人类中心主义的法益观。问题是，对于污染了环境但没有对个人的生命健康权利造成任何损失时，个人法益保护论无法提供充分的定罪依据，如发生在大洋中心的海洋油污污染很难认为会影响到沿海地区居民的日常生活与身体健康，如果严格依照上述观点，该行为可能成为刑事处罚上的一个严重漏洞。对此，有学者指出：“这种环境与人的关联，意味着环境作为全体国民的‘公共财产’意义上的有用性，笔者将此称为‘环境效用’……法益的客体突破传统局限，扩大至生态，主体仍然是人。”③这种观点可以看作修正的人类中心法益论，“环境效用”的提出既坚持了个人法益保护立场，又将上述并不直接损害个人生命健康的行为纳入污染环境罪的规制范围。

纯粹生态学的法益论与上述立场正好相反，认为“在环境本位的立法理念之下，立法者不再把人作为万物的主宰，因此在制定法律的时候……环境

① 石亚淙：《污染环境罪中的“违反国家规定”的分类解读——以法定犯与自然犯的混同规定为核心》，载《政治与法律》2017年第10期。

② 刘艳红：《环境犯罪刑事治理早期化之反对》，载《政治与法律》2015年第7期。

③ 石亚淙：《污染环境罪中的“违反国家规定”的分类解读——以法定犯与自然犯的混同规定为核心》，载《政治与法律》2017年第10期。

资源本身成为刑法所要保护的对象……之所以设立环境犯罪，在于保护环境本身，而不在于惩罚通过环境对于人的生命、健康和财产的侵害”[①]。该观点体现了生态文明观念，其先进性是毋庸置疑的，而且，从司法解释的沿革来看，司法实务上似乎也从重视个人法益与社会秩序转向聚焦生态环境污染本身。例如，在2016年12月23日公布的《最高人民法院、最高人民检察院关于办理环境污染刑事案件适用法律若干问题的解释》、2013年6月17日公布的《最高人民法院、最高人民检察院关于办理环境污染刑事案件适用法律若干问题的解释》中，对于应当认定为“严重污染环境”的情形中均有“致使疏散、转移群众五千人以上”的规定，而在最新的司法解释中，该种情形已被删除，可能的原因即在于疏散转移群众是一种行政应急措施，可能由于多方面原因而被作出，而这些原因并不必然体现环境污染的程度，可能仅与公众恐慌程度相关[②]。因此，疏散转移群众可被看作对社会秩序造成破坏的表征，而非环境污染程度的表征。该情形在最新的司法解释中的废除意味着司法机关对于本罪保护法益的态度的转向。不过，仍然应当看到，对于本罪法益作纯粹的生态学上的解释可能会导致法益的过度抽象化，从而使得本罪的明确性受到损害，有违背罪刑法定原则之虞。

第三种观点其实是一种折中的观点，其基本立场是：“只有当环境作为人的基本的生活基础而发挥机能时，才值得刑法保护”。[③]周光权教授指出：“关于环境犯罪的保护法益，刑法学通说并不认可纯粹的生态中心论或人类中心论的主张，而是肯定折中意义上的生态学的人类中心论，即自然环境本身当然值得保护，其具有独立性，但其也只是同时作为人类的生存条件才值得被保护。”[④]可以认为，该观点一方面坚持了将生态环境本身作为保护的法益，更加符合环境保护的发展趋势，另一方面又使用个人利益对法益保护范围予以适当的限制，防止环境利益成为一个无边无际的抽象概念。这样，如果污染

---

① 王勇：《环境犯罪立法：理念转换与趋势前瞻》，载《当代法学》2014年第3期。

② 刘伟琦：《污染环境罪司法解释与刑法原理的背离及其矫正》，载《河北法学》2019年第7期。

③ 张明楷：《污染环境罪的争议问题》，载《法学评论》2018年第2期。

④ 周光权：《污染环境罪的关键问题》，载《政治与法律》2024年第1期。

环境的行为同时也严重侵犯了个人的利益，当然构成污染环境罪，而如果没有给个人利益造成实际损害，但是对于环境的污染已经使得个人利益蒙受遭受损害的风险，该行为仍然可以构成污染环境罪。

当然，对于如何理解生态学的人类中心论，见仁见智。有学者认为只要生态学的法益与人类中心的法益不相抵触，就存在需要保护的生态学的法益。也有学者认为应理解为生态环境法益与人的利益“有关联”，即涉及人。本文在后一种理解的立场上赞成第三种观点，即在法益论上赞成生态学的人类中心论，同时对于生态学的人类中心论的具体理解采用“有关联”的观点。

### （三）案例中辩方意见与司法判决的法益观立场

在某科技公司等污染环境案中，辩方认为被告行为不属于积极处置行为，同时认为该行为未污染环境，而法院裁判认为被告“放任有毒有害物质流失、泄漏、挥发，应当认定为非法处置危险废物”。双方分歧的外观是处置行为的有无，实质则在于行为本身是否污染了环境，而辩护人与法院均从笼统意义上使用“污染环境”这一概念，这使得被告是否污染了环境似乎成了一个事实问题，然而双方对于被告行为事实特征本身却并无争议，对此合理的解释应当是，辩护人和法院在被告行为的法益侵害性，也即法律评价问题上产生了分歧，原因则是双方不同的法益观。

在本案中，被告的行为具有以下特征：（1）放置废料的区域在工厂内而非居民区，（2）并非填埋、焚烧等积极处理行为而是单纯堆放于露天场所。上述特征决定了该行为本身不具有刑法规制意义上的典型性，一方面工业废料对生态的负面影响不容否认，该行为确实破坏了生态环境；另一方面却很难说该行为直接影响到了人类生存生活，因为其既未堆放于居民区，也未予填埋或焚烧，很难认为直接影响了当地居民或与人类生存密切相关的土壤、水质或大气等。

本案中，辩护人和法院并未清晰阐明各自的法益观立场，但这并不妨碍我们对其进行分析揭示。综合案情可以认为，辩护人更倾向于纯粹人类中心主义的法益论，因此认为被告行为尽管对生态环境本身有一定的破坏，但是并不会直接导致人类利益受损，因此不属于犯罪。相反，法院和公诉机关则更倾向于生态学的人类中心论，因此认为尽管被告行为没有对人类利益造成实际损害，但是也会导致“有毒有害物质流失、泄漏、挥发”，可能对人类利益造成损害，因此具有法益侵害性，构成污染环境罪。

## 三、污染环境罪保护法益的风险刑法视角——案例争议之解决

对生态学的人类中心论的证成可以从污染环境行为刑法规制的理论根基角度切入。本文认为，污染环境罪的设立与修订均体现了风险社会背景下积极运用刑法力量进行规制的取向，而生态学的人类中心的法益论正是与风险社会的一种呼应，体现了法益保护提前化的趋势。

### （一）污染环境罪的历史沿革

我国1979年刑法中并没有关于环境污染的犯罪，这是因为改革开放伊始，经济发展程度不高，对生态环境损害较小，社会上尚未树立起普遍的环保观念，因此并没有采用刑法规制方法，而是通过其他部门法予以宣示。例如，1979年颁布的《中华人民共和国环境保护法（试行）》、1984年制定的《中华人民共和国水污染防治法》、1987年制定的《中华人民共和国大气污染防治法》以及1989年颁布的《中华人民共和国环境保护法》。这些法律虽然都提到行为人的刑事责任，但是由于所指向的刑法本身并没有具体规定而成为一种宣示性立法。1997年《中华人民共和国刑法》第338条首次规定了污染环境犯罪，后来《中华人民共和国刑法修正案（八）》将“重大环境污染事故罪”修改为“污染环境罪”，使得本罪所保护的生态环境的范围从“土地、水体、大气”扩展为整个“环境”本身，同时，兜底规定也从“其他危险废物”变为“其他有害物质”，不局限于危险废物，本罪结果要件也从“造成重大环境污染事故，致使公私财产遭受重大损失或者人身伤亡的严重后果”变为“严重污染环境”。对此，立法机关工作人员的解释是：“为保障人民群众的生命健康安全……本条对重大环境污染事故罪的犯罪构成作了修

改，降低了犯罪构成的门槛……从而将虽未造成重大环境污染事故，但长期违反国家规定，超标准排放、倾倒、处置有害物质，严重污染环境的行为规定为犯罪”①。可以认为，该次修订直接导致本罪的保护法益从个人法益转向了环境法益，入罪门槛进一步降低。《中华人民共和国刑法修正案（十一）》又增设了七年以上有期徒刑的量刑档次，并增加了四种加重处罚情形。

综上，污染环境罪的发展历程是从无到有并且越来越严厉的过程，这反映了在环保意识逐渐树立、污染问题日益严重的背景下，刑法更多地参与到生态治理中来。

### （二）风险社会背景下法益保护的提前化

污染环境行为的犯罪化体现了利用刑法的严厉性和强制性来参与治理的理念，其理论根基是风险社会理论以及刑法的积极预防主义：在现代风险社会中，很多危害行为一旦发生，往往会造成无法弥补的重大损害，为了预防此类行为的发生，有必要借助刑法的力量，主要通过诸如犯罪前置化、法益抽象化、主观要素分离化等方法②来加强事前预防。

然而，风险刑法理论本身却饱受争议，主要在于风险刑法和谦抑主义存在着一定的冲突。例如，有学者指出：“无限制扩充国家权力来抵御社会风险就是最大的风险。刑法应对风险绝对不是通过确立风险刑法的模式来强调刑法的恐吓性。”③甚至有论者认为风险刑法是反法治的，动摇了谦抑主义的基本精神。④然而，当前社会的发展程度已经与谦抑精神提出时不可同日而语，人类文明的发展已经达到了足以严重破坏生态环境的水平，环境领域的犯罪体现出空间上的延展性、后果上的不可控性以及应对方法上的局限性三个新特点（环境犯罪在空间上的影响不局限于某一地区，而是具有蔓延性，甚至发

---

① 全国人大常委会法制工作委员会刑法室编：《中华人民共和国刑法修正案（八）：条文说明、立法理由及相关规定》，北京大学出版社2011年版，第179页。

② 齐文远：《刑法应对社会风险之有所为与有所不为》，载《法商研究》2011年第4期。

③ 孙万怀：《风险刑法的现实风险与控制》，载《法律科学》2013年第6期。

④ 刘艳红：《“风险刑法”理论不能动摇刑法谦抑主义》，载《法商研究》2011年第4期。

展为全球性公害；其损害后果一旦发生，将会给全人类造成无可挽回的损失；针对环境损害的修复与预防，当前技术与制度均无法提供良好效果），诸如美国洛杉矶光化学烟雾事件、日本水俣病事件以及近年来的核泄漏事件，排放核污水事件等环境公害屡屡发生。在风险社会的背景下，固守谦抑性原则而反对刑法的积极介入不仅没有看到刑法在参与社会治理中所具有的潜力，无视了风险社会新的发展趋势，而且与刑法保卫社会的目标背道而驰。对此有论者指出，“刑法谦抑性精神的核心依据是主张刑罚的有效性以及刑法的局限性……并非一味反对必要的犯罪化与刑罚化，也并不本质上排斥刑法参与社会治理”，应当“树立刑法应当积极干预社会的治理思维，释放积极刑罚观的潜能”。①

积极刑法观应用到环境刑法中，将会在犯罪圈的范围、刑罚结构以及刑法规制背后的司法理念上都有一定的体现。首先，犯罪圈的范围会进一步扩大，环境保护领域应当设定更多的轻罪，法网进一步严密。例如，在《德国刑法典》中，关于环境犯罪的规定的具体条文是从第324条至第330条，每一条中还可能包括a、b、c、d等数个条文。又如，在域外环境刑法规制中存在着水污染罪、土地污染罪以及大气污染罪等。其次，在刑罚结构层面则进一步体现刑罚的轻缓化，使得“积极刑法观‘翘起的秤砣’以宽缓刑罚的方式压下去”②。犯罪圈的扩大与刑罚的轻缓化则共同指向环境刑法领域的轻罪化，最终有利于实现“严而不厉”的刑法治理结构。最后，在司法理念上，倡导恢复性司法理念，相比于传统刑法理念关注刑罚的报应功能，责任刑侧面，积极刑法观所倡导的恢复性司法理念更加注重预防犯罪与恢复损害的面向，更加注重消除犯罪对于社会的负面影响。

综上，如果将污染环境罪放置于整个风险社会的大背景之下，以积极预防主义的刑法观为导向，该罪法益的确定必然要抛弃纯粹人类中心主义的法益论，否则不仅会人为地拉高本罪的入罪门槛，还会导致严重污染环境但没

---

① 高铭暄、孙道萃：《预防性刑法观及其教义学思考》，载《中国法学》2018年第1期。

② 邹子铭：《刑罚轻缓化的价值、困境与出路》，载《常州工学院学报（社科版）》2022年第6期。

有对个人法益造成实际损害的行为逃脱刑法的制裁，造成处罚的漏洞，最终使得整个刑法立法修法的目的落空。

## 四、代结论：生态环境保护刑法规制模式的构建

如上所述，在积极预防主义刑法观的理论观照下，本文在污染环境罪的法益论上采取生态学的人类中心的法益论，认为本罪的保护法益并非个人利益，而是生态环境本身，但同时还需要以个人利益对其进行一定的限制，只有污染环境的行为至少给个人利益带来了遭受侵害的风险时，才能够认为某一行为侵犯了本罪的保护法益。在此基础上，应当认为污染环境罪是结果犯和实害犯，因为当某一行为造成了严重污染环境的结果时，就已经侵犯了本罪的保护法益，且对于法益的侵害方式是造成实际损害，而非带来遭受损害的风险。

当然，肯定积极预防主义的刑法观并不意味着在具体的刑事规制模式的构建上完全依赖严刑峻法处罚污染环境犯罪行为。一方面，尽管从刑法规制的基本方向上应当肯定积极预防主义，但也必须看到，在刑法规制的具体落实层面，积极预防主义往往导向刑法保护的提前介入，也即法益保护的提前化。具体的立法技术则表现为预备行为的实行化或帮助行为的正犯化等，最终的结果便是整个犯罪圈的扩张。对此，即使运用前述“必要处罚理念”予以限制，仍不免引起人们对于刑法过分扩张的担忧。另一方面，正如有的学者指出的那样：“依靠严刑峻法处罚污染环境犯罪行为，在一定程度上固然可以达到遏制环境污染事故的目的，但是修复遭受污染的生态环境，以实现人和自然的和谐共生，实现人类的永续发展，才应是惩治污染环境罪的最终旨归”①。因此，构建污染环境的刑法规制模式时，应当注重刑法谦抑与积极预防相结合、事前预防与事后修复相结合。

在当今社会，很多重大环境污染行为都是由单位作出，严重的污染环境

① 房慧颖：《污染环境罪预防型规制模式的省察与革新》，载《宁夏社会科学》2022年第4期。

犯罪往往也是单位犯罪，因此，单位犯污染环境罪的预防当然构成整个刑法规制体系的重要组成部分。在这个问题上，应当指出，近年来由检察院在全国推进的刑事合规制度的构建体现了刑法谦抑精神和预防性刑法观的统一。传统的积极预防主义的刑法规制思路着眼于犯罪化，意图通过严厉的刑罚处罚对于相关犯罪行为予以威慑。在这种规制思路下，对一旦发生即容易造成不可挽回之危害后果的行为则需进一步加强威慑，这就自然导向了处罚节点的进一步提前。可以认为，这种思路自觉或不自觉地将刑法的谦抑性与积极预防放在了绝对对立的地位上，这就忽视了谦抑性与积极预防暗合的一面，即刑法不仅可以通过威慑的方式实现社会治理目标，还可以通过激励的方式，也即附条件的出罪方式，达至同样的目标。从这个意义上来说，刑事合规制度的构建或许提出了一种刑法规制的新思路，那就是多元主体参与的犯罪预防机制。简单来说，刑事合规制度就是对构成单位犯罪的相关单位起诉和审判时进行一定的审查，相关单位也可自行提出一定的抗辩，如果存在事先制订并实施了合规计划的事由，则可酌情对于该单位从轻或减轻处罚甚至直接作出不起诉的处理。可以认为，刑事合规制度显然具有事前预防主义的导向，并且单位本身成为预防犯罪的关键主体，单位合规计划的建立、实施均由单位自身主导。在整个刑事合规制度的运行中，刑法直接介入的节点依然在规定的犯罪行为发生以后，准确来说即刑事诉讼程序启动以后，并不存在所谓的“犯罪前置化”“法益抽象化”“主观要素分离化”①等情形，也即刑法规定的具体犯罪体系本身没有发生变化。在合规制度中，刑法并不对未实施合规计划的单位加重惩罚，而是对于实施了相关合规计划的单位予以宽宥，通过刑法上的激励推动单位制订并实施合规计划。可以看到，刑事合规制度虽然也体现了积极预防主义的导向，但是并没有导致犯罪圈的扩张，从某种意义上来说，刑事合规甚至可以看作一种出罪事由。但恰恰是通过增设这种出罪事由，反而导向了对于犯罪的积极预防。这背后的原因实则在于犯罪预防模式的根本转变，有学者将这种转变称为“冲突模式”向“合作模式”的

---

① 齐文远：《刑法应对社会风险之有所为与有所不为》，载《法商研究》2011年第4期。

转变[①]。

环境治理关乎国家兴亡、民族存亡，当前，生态保护意识的建立尤为可贵。一味拒绝任何刑法的积极干预与介入的观点严重脱离了实际需求，也没有看到刑法在参与社会治理中所能够发挥的作用与贡献。正确的做法应当是积极却谨慎地将刑法纳入整个环境保护法治框架之中，突破传统的思维定式，着眼于事前预防与事后修复，使得刑法与其他部门法一同构建起完善的污染环境行为的规制模式。

① 周振杰：《单位贿赂犯罪预防模式研究》，中国政法大学出版社2020年版，第156页。

# 特殊正当防卫限度问题探析

## ——从特殊正当防卫与一般正当防卫的关系谈起

管宛婷*

**摘　要：**特殊正当防卫与一般正当防卫是例外规定与一般规定的关系。特殊正当防卫的本质即为无限度防卫，这可以从价值取向、实践维度和理论基础方面得到佐证。特殊防卫行为可能演化为犯罪，对于这种犯罪可以考虑被害人有严重过错而对防卫人从宽处罚。

**关键词：**例外规定；无限度防卫；被害人过错；从宽处罚

《中华人民共和国刑法》（以下简称《刑法》）第20条第3款是关于特殊正当防卫的规定，这一点已经成为学界共识，但是，一般正当防卫与特殊正当防卫的关系、特殊正当防卫有无限度、特殊正当防卫能否转化为犯罪等问题，仍然是尚待明确的理论问题，也是直接影响正当防卫认定，进而影响公民切身权益的重大现实问题，因而有必要进一步对这些问题进行思考与追问。

### 一、特殊正当防卫与一般正当防卫的关系

厘清特殊正当防卫与一般正当防卫的关系是认识正当防卫本质的前提，也是开展特殊正当防卫限度问题研究的基础。

---

*　管宛婷，南京师范大学法学院2024级经济法学专业研究生，研究方向为竞争法。

## （一）学界主要观点

### 1.否定说

否定说从特殊正当防卫与一般正当防卫的功能出发认为，《刑法》第20条第3款的出现导致第20条第1款和第2款在司法适用中被虚置，一般正当防卫制度发挥的作用微乎其微。例如，陈兴良教授指出，正当防卫在绝大多数情况下，都发生在人身安全受到不法侵害的严重威胁之时。虽然修订后的《刑法》第20条第3款关于无过当之防卫的规定是第2款防卫过当之例外，但由于这种“例外”情况涵括了95%左右的正当防卫场合，无过当之防卫的规定实际上在相当程度上否定了防卫过当之规定，从而使得我国刑法中的正当防卫都成为无过当之防卫[①]，他认为这种情况是不妥当的。

### 2.提示（注意规定）说

张明楷教授认为《刑法》第20条第1款规定了正当防卫，第2款规定了防卫过当的一般判断标准与处罚原则，第3款提示性地规定什么样的防卫行为没有过当。[②]其理由如下：（1）从字面含义来看，第3款就是对第1款与第2款的进一步说明，既进一步说明了防卫行为必须针对正在进行的不法侵害，也进一步说明了何谓防卫限度，亦即在什么情况下不属于防卫过当。（2）将第3款理解为注意规定就不需要将第3款的防卫对象与其他防卫对象进行区分，避免因此而产生分歧。（3）有利于使之与第1款的规定相协调、相一致，即第3款当中规定的“造成不法侵害人伤亡”也属于第1款规定的“对不法侵害人造成损害”。（4）有利于正确处理大量的防卫过当的案件，即指超越正当防卫的时间界限，因而导致超过必要限度造成重大损害的情形[③]。

全国检察业务专家李勇也持类似观点，他认为：“我国《刑法》第20条第3款规定的特殊正当防卫依然是正当防卫，相对于《刑法》第20条第1款

---

① 陈兴良：《论无过当之防卫》，载《法学》1998年第6期。

② 张明楷：《刑法学（上）》（第六版），法律出版社2021年版，第278页。

③ 张明楷：《刑法学（上）》（第六版），法律出版社2021年版，第279页。

和第2款来说，是一种提示性规定、注意规定；相对于《刑法》第20条第1款来说，是一种补充性规定"[①]。他认为，第3款和第1款是特殊与一般的关系，即使没有第3款特殊防卫的规定，对防卫人同样不应以防卫过当追究其刑事责任。他引用当时全国人大常委会副委员长的话指出，考虑到法条比较笼统，在实际执行中随意性较大，导致防卫过当被不当扩大。为了解决这些问题，才列举了特殊防卫的情形，提示司法人员注意对于类似问题不要认定为防卫过当。[②]

### （二）本文观点

#### 1.不是否定关系

陈兴良教授认为特殊正当防卫的存在否定了一般正当防卫的规定，一个重要的依据在于现实生活中大量存在的防卫都是特殊正当防卫，大概占了95%以上，因此，司法机关大量适用的将是《刑法》第20条第3款，第20条第1款会形同虚设。这个理由难以成立。第一，从司法裁判数据来看，截至2024年9月21日，在中国裁判文书网上，以"《刑法》第二十条"为关键词，搜得裁判文书1343篇（含判决书和裁定书），以"《刑法》第二十条第三款"为关键词，搜得裁判文书96篇。可见，司法实践当中，涉正当防卫的认定并非以特殊防卫为主，相反，一般正当防卫的案件占绝大多数，因此，认为因适用特殊正当防卫条款否定一般正当防卫条款的说法缺乏事实依据。第二，即使司法机关认定一般正当防卫的案件数量少，其原因与案情客观事实有关，与司法人员主观上对"非严重危及人身安全的暴力犯罪"的防卫行为不敢认定为正当防卫也不无关系，并不能说明司法机关过分依赖《刑法》第20条第3款，而忽略、否定了第1款与第2款的适用。综上，认为《刑法》第20条第3款与该条第1款和第2款是否定关系在论据上是站不住脚的。

---

① 李勇：《互殴与防卫：优越利益原理下实体与程序规则重构》，法律出版社2023年版，第256—257页。

② 李勇：《互殴与防卫：优越利益原理下实体与程序规则重构》，法律出版社2023年版，第256页。

### 2.不是提示性规定

综观“提示说”的观点，其核心在于主张《刑法》第20条第3款只是为了提醒和补充，说明在什么情况下，不属于防卫过当。即使没有第3款，对严重危及人身安全暴力犯罪实施防卫行为，造成对方死伤的，司法机关同样可以依据第1款的规定，将防卫行为认定为正当防卫。提示说存在明显的不合理之处。张明楷教授所提出的《刑法》第20条第3款是注意性规定的四个论据不能令人信服。

首先，从字面含义看，《刑法》第20条第2款已经明确了什么是防卫过当，其条件是防卫行为明显超过必要限度造成重大损害，那么，什么样的行为不过当，从第2款的规定中完全可以推导出来，即既没有明显超过必要限度也没有造成重大损害；或者明显超过必要限度，但没有造成重大损害；或者没有明显超过必要限度，但造成重大损害。可见，防卫不过当根据法条规定已经非常明确，没必要再用第3款规定什么是防卫不过当。

其次，张明楷教授认为，将《刑法》第20条第3款理解为提示性规定，对于任何涉及正当防卫的案件，都可以按照统一的方法与标准进行判断，就无须对第1款和第3款中的对象进行区分，因为二者的区分并不容易。诚然，对于行凶、杀人、抢劫等严重危及人身安全的暴力犯罪进行界定确实存在分歧，将其从“不法侵害”的范围内区分出来也有一定难度，但并不能因此对行凶、杀人、抢劫等严重危及人身安全的暴力犯罪就不作界定，更不能对其与非严重危及人身安全的暴力犯罪就不作区分。实际上，司法机关一直在试图解决这个问题，2020年印发的《最高人民法院、最高人民检察院、公安部关于依法适用正当防卫制度的指导意见》（以下简称《正当防卫指导意见》）对行凶、杀人、抢劫、强奸、绑架、其他严重危及人身安全的暴力犯罪都作出了界定。这也说明，对“行凶”等严重危及人身安全的暴力犯罪的含义可以通过司法文件加以明确，而不是通过将《刑法》第20条第3款简单理解为提示性条款来解决。

再次，《刑法》第20条第3款中“造成不法侵害人伤亡”和第1款规定的“对不法侵害人造成损害”，是小概念与大概念的问题，或者说前者包含在后者的范围内，这是毋庸置疑的，但概念之间的包含与第3款是不是提示性条款没有关系。

最后，张明楷教授认为将《刑法》第20条第3款理解为提示性规定，有利于处理不具备时间条件的所谓的量的过当问题。他认为防卫过当可以分为质的过当和量的过当两种，前者指限度规定，后者指时间过当。但事实上，无论《刑法》第20条第3款是不是提示性规定都不影响防卫不适时案件的处理。可见，张明楷教授认为《刑法》第20条第3款是提示性规定的论证并不充分，该论证与《刑法》第20条第3款是不是提示性条款之间的关系并不密切，有隔靴搔痒之感。

就李勇的观点而言，他认为《刑法》第20条第3款与第1款和第2款不可分割，本来已经没有必要规定第3款，增加该款的理由只是为了提示和提醒司法人员，他引用立法说明印证自己的观点，这种说法有断章取义之嫌疑。因为立法说明明确指出，当时的立法规定太笼统，司法适用随意，正当防卫经常被作为犯罪追究刑事责任，因而要增加规定第3款，强化保护防卫人的利益。[①]可见，《刑法》第20条第3款不是可有可无的提示性规定，而是在为正当防卫确定更加宽松、更有利于防卫人的新标准，这正是设置该款的目的与用意所在。

### 3.是例外规定与一般规定的关系

"例外"即在一般的规律、规定之外的情况。法律条文需要确立基本制度或者一般性原则，但是可能出于其他价值考虑或者特殊原因，存在不适用一般原则的情形，这时候就需要作出例外规定。一般规定与例外规定的关系在于：适用例外规定时，排斥一般规定的适用，不能适用例外规定时，可以适用一般规定。《刑法》第20条第3款与第1款和第2款的关系即属于例外规定与一般规定的关系。《刑法》第20条第1款和第2款规定的是正当防卫的基本制度，确立了正当防卫的一般条件，体现的是原则性，第3款规定的是不适用

① 王汉斌：《关于〈中华人民共和国刑法〉（修订草案）的说明》，载《人大工作通信》1997年第Z1期。

第1款和第2款的情形，即例外规定，体现的是灵活性。它们之间既有联系也有区别。

首先，内容上的共通性，它们在防卫对象、防卫时间和防卫目的方面的要求是一致的，且第3款中的“行凶、杀人、抢劫、强奸、绑架以及其他严重危及人身安全的暴力犯罪”属于第1款中的“不法侵害”类型；第3款中的“造成不法侵害人伤亡”属于第1款中“对不法侵害人造成损害的”。“不法侵害”和“对不法侵害人造成损害”是抽象规定，“严重危及人身安全的暴力犯罪”和“造成不法侵害人伤亡”是具体类型。

其次，功能上的互补性。《刑法》第20条第2款与第3款形成了分工协作的不同进路。[①]对于严重危及人身安全的暴力犯罪的防卫按照《刑法》第20条第3款认定正当防卫，对于非严重危及人身安全的违法或者犯罪行为，则按照《刑法》第20条第1款和第2款认定。这一点在《正当防卫指导意见》当中有明确的表述，其中第18条在准确把握一般防卫与特殊防卫的关系中指出，对于不符合特殊防卫起因条件的防卫行为，致不法侵害人伤亡的，如果没有明显超过必要限度，也应当认定为正当防卫，不负刑事责任。对不符合特殊防卫起因条件的不法侵害实施防卫行为，显然不能成立特殊正当防卫，但可以构成一般正当防卫，可见，《刑法》第20条的第1款、第2款和第3款在功能上相互补充，形成完备的正当防卫制度。

但是，特殊正当防卫与一般正当防卫的区别也很明显。其一，二者的成立条件不兼容。《刑法》第20条第2款为一般正当防卫设置了限度，即造成不法侵害者伤亡的，有可能成立防卫过当，而第3款直接规定，造成不法侵害人伤亡的，不构成防卫过当。可见，二者在是否需要考虑防卫限度的问题上不兼容。其二，特殊正当防卫只适用于特定犯罪行为，即行凶、杀人、抢劫、强奸、绑架以及其他严重危及人身安全的暴力犯罪，对除此之外的不法侵害行为不能适用，而一般正当防卫中的“不法侵害”则包括违法行为与犯罪行为，

---

① 车浩：《“特殊防卫权”拟制是中国刑法总则的创举和特色》，载《检察日报》2021年5月19日，第3版。

其中的犯罪行为是指《刑法》第20条第3款规定以外的非严重危及人身安全的暴力犯罪行为。比如，朱凤山案中的齐某徒手与朱凤山撕扯、盛春平案中传销人员非法限制其人身自由、于欢案中的追债者阻止于欢离开房间等都属于《刑法》第20条第1款中规定的不法侵害行为，但不属于第3款中规定的严重危及人身安全的暴力犯罪。其三，《刑法》第20条第3款完整地规定了特殊正当防卫必须具备的起因、对象、时间、主观条件，无须依赖前两款即可完成特殊正当防卫的认定，能够独立发挥出罪的功能。

综上，特殊正当防卫与一般正当防卫在内容上有共通性，在功能上有互补性，但其具有自洽的构成条件和独立的出罪功能，其作用与价值是不可替代的。进言之，《刑法》第20条第3款不是对前两款的否定，也不是无关痛痒的提示，而是因不法侵害性质和程度严重，对防卫条件作出的修正和例外考虑。该款和《刑法》第20条第1款、第2款相辅相成，共同构成我国的正当防卫制度，并使该制度更加科学与完备。

## 二、特殊正当防卫的本质——无限度防卫

从前文论述可知，《刑法》第20条第3款与前两款是例外规定与一般规定之间的关系，例外就体现在当防卫人遭受正在进行的行凶、杀人等严重危及人身安全的暴力犯罪时，即使造成不法侵害人伤亡，也不属于防卫过当。据此，学界多将第20条第3款称为无限度防卫。[①]但是，也有学者指出，特殊防卫不是无限度防卫，这种称谓是不恰当的，特殊正当防卫依然是有限度的正当防卫，其限度就是《刑法》第20条第2款规定的限度条件，即《刑法》第20条第2款规定的行为的必要性和结果的相当性。[②]按照该观点，在对严重危及人身安全的暴力犯罪进行防卫时，还是要遵循《刑法》第20条第2款规定

---

① 卢勤忠:《无限防卫权与刑事立法思想的误区》，载《法学评论》1998年第4期；陈兴良:《论无过当之防卫》，载《法学》1998年第6期。

② 李勇:《互殴与防卫：优越利益原理下实体与程序规则重构》，法律出版社2023年版，第254页、第256页。

的“明显超过必要限度造成重大损害”的标准去判断。这种说法是不合理的，也会给司法实践带来困扰与误判。特殊正当防卫的成立不需要考虑限度条件，或者说，特殊正当防卫的本质即在于它是无限度防卫。

## （一）特殊正当防卫是无限度防卫的价值维度证成

任何法律条文的设置都不是随意的，通过该法律所要实现的目标与追求，即价值，是设计法条的出发点与最终指引。从《刑法》第20条第3款的立法本意和价值追求出发，可以洞见特殊正当防卫是无限度防卫。

### 1.符合立法价值取向

《刑法》第20条第3款是1997年《刑法》修订时增加的条款，为什么在规定一般正当防卫制度后，还规定了特殊的正当防卫？正如《关于〈中华人民共和国刑法〉（修订草案）的说明》中所言：“由于对正当防卫超过必要限度的规定太笼统，在实际执行中随意性较大，出现了不少问题。比如，受害人在受到不法侵害时把歹徒打伤了，不仅得不到保护，反而被以防卫过当追究刑事责任。为了保护被害人，鼓励见义勇为，草案增加规定：‘对正在进行行凶、杀人、抢劫、强奸、绑架以及其他严重危及人身安全的暴力犯罪，采取防卫行为，不负刑事责任’。”[①]可见，立法者的用意很明显，就是去除针对严重危及人身安全暴力犯罪防卫时的限度条件，为防卫人解绑，保护防卫人的合法权利。如果针对这些严重危及人身安全的暴力犯罪设置限度，动辄将防卫人的行为认定为防卫过当，势必会束缚住防卫人的手脚，不利于保护防卫人，也违背正当防卫制度设置的初衷。

### 2.体现平等的价值观

平等是法律的灵魂，法律应该无歧视、平等无偏见地对待每一个人。《刑法》第20条第3款规定的不法侵害类型是行凶、杀人、抢劫、强奸、绑架等严重危及人身安全的暴力犯罪，这些行为一旦实施，即会给他人造成致命的

---

① 王汉斌：《关于〈中华人民共和国刑法〉（修订草案）的说明》，载《人大工作通信》1997年第Z1期。

损害，或者对性自由权利的严重侵犯，其暴力程度深、危害性大，因此对于这些行为给予的反击力度也应该更大，否则无法压制不法侵害人的暴力侵害。易言之，防卫人如果想幸免于难，就需要采取高强度的防卫行为，结果很容易造成不法侵害人的死亡或者重伤，即造成不法侵害人重大损害。从双方行为的程度和后果看，不法侵害人可能给他人造成重伤或死亡，而防卫人也应该有致不法侵害人重伤或死亡的权利，否则法律的天平就会倾向不法侵害人。那样的话，本是保护公民权利的正当防卫制度，反倒沦为助纣为虐的帮凶，这无疑违背了平等原则，与法治精神背道而驰。

**3.契合公平正义的价值追求**

公正是法律的永恒价值。所谓公正，按照美国著名法理学家博登海默的观点，即给予每个人以其应得的东西的意愿乃是正义概念的一个重要的和普遍的有效组成部分，没有这个要素，公正就不可能在社会中盛兴。[①]这也就意味着“得其应得”是公正的本质要义。在特殊正当防卫中，不法侵害人无端向他人实施行凶、杀人、抢劫、强奸、绑架等严重危及人身安全的暴力犯罪，其具有严重过错，而每个人都应该为自己过错行为付出代价。国家对犯罪人施以刑罚就是使其为自己的错误行为付出代价。正当防卫是法律赋予公民的权利，是国家对公民私力救济行为的允许和鼓励，因此，针对严重危及人身安全的暴力犯罪，防卫人取得了惩罚不法侵害人的权利，对其进行高强度的反击，导致不法侵害人伤亡，这是不法侵害人应承受的代价，是其因严重过错行为应得的后果。防卫人是在捍卫自己的权利，其并无过错，当然不应承担刑事责任，这也是防卫人的“应得”，双方“得其应得”，契合了公平正义的价值追求。

### （二）特殊正当防卫是无限度防卫的实践证成

法律的生命在于实践，正当防卫的立法与司法实践都表明《刑法》第20条第3款是无限度防卫。

---

① ［美］埃德加·博登海默：《法理学：法律哲学与法律方法》，邓正来译，中国政法大学出版社2004年版，第277页。

### 1.立法规定表明特殊正当防卫无限度

《刑法》第20条第1款和第2款规定了包括限度条件在内的正当防卫条件，其中第2款明确了防卫行为的最大限度，即防卫行为不能明显超过必要限度且造成重大损害（死亡或者重伤）。这个限度已经达到了无法再放宽的程度，无论是第3款还是任何条款，都已经没有再突破的可能。可见，即使是对一般正当防卫，刑法规定的限度条件也已经放松到最大阈值，不可能有比“明显超过必要限度造成重大损害”更宽松的限度条件。如果说特殊正当防卫有限度，从科学立法的要求出发，对于行凶、杀人等严重危及人身安全的暴力犯罪，应规定更宽松的限度条件，可是，这个限度该如何规定？因为无论怎样的规定都无法超越《刑法》第20条第2款规定的限度。那么，对于严重危及人身安全的暴力犯罪实施防卫是否可以适用《刑法》第20条第2款规定的限度条件？答案是否定的，因为如前所述，第3款明确规定，防卫人造成不法侵害人伤亡的，不属于防卫过当，而第2款中，造成不法侵害者伤亡的，可能成立防卫过当，如果依照第2款的规定处理第3款中的防卫人，明显违背第3款的规定，必然造成同一个条文中不同条款之间在正当防卫认定上出现矛盾与冲突，这么浅显的道理立法者不可能不懂，他们也不会犯如此低级的错误。因此，只有将《刑法》第20条第3款认定为无限度防卫，不受第2款中防卫过当条件的限制，这些问题才能迎刃而解。

### 2.司法案件裁断表明特殊正当防卫无限度

在最高人民法院和最高人民检察院发布的涉正当防卫的指导性案例当中，在认定防卫人构成特殊正当防卫时，均没有提及防卫限度问题。例如，最高人民法院发布的陈某浮正当防卫案、陈某杰正当防卫案，最高人民检察院发布的陈某正当防卫案、周某某正当防卫案、丁某明正当防卫案、侯某秋正当防卫案，这些案件中的防卫人均被认定为特殊正当防卫，这些案例裁判均没有考虑限度条件，也没有对防卫行为是否明显超过必要限度加以解释或者说明。这并不是最高司法机关的疏忽，而是考虑到特殊正当防卫没有限度，所以没有必要阐释防卫人的行为是否符合限度条件。另外，在裁判文书网中以“《刑法》第二十条第三款”为关键词搜索，截至2024年9月21日，共搜裁判文书96份，在作出正当防卫认定的文书[①]中，法院都是在认定防卫人的行为符合《刑法》第20条第3款规定的起因、对象、时间和主观条件之后，直接将行为人的行为认定为正当防卫，而没有解释防卫行为是否符合限度条件。而在否定行为成立特殊正当防卫的理由当中[②]，司法机关主要是阐述防卫人的行为不符合《刑法》第20条第3款规定的起因条件，即不法侵害不属于行凶、杀人、抢劫、强奸、绑架等严重危及人身安全的暴力犯罪，进而否定行为人成立特殊正当防卫，防卫行为是否超过必要限度并不在法官的考虑之内。

### （三）特殊正当防卫是无限度防卫的理论证成

法学理论是对法律规范进行深度思考的成果，刑法理论同样能为《刑法》第20条第3款是无限度防卫的结论提供依据。

#### 1.优越利益理论

优越利益理论的基本内涵就是在法律利益发生冲突的情况下，保护法益优越于侵害法益，进而阻却违法。不法侵害在质上属于“不正”的、“恶”的行为，正当防卫是为了排除自己权利和自由被侵害的反击行为，在质上属于“正”的、“善”的行为。二者的内在规定性不同，即“质”不同，“正”和“善”的行为优越于“不正”和“恶”的行为[③]。易言之，在正义与邪恶的较量中，邪不能压正，善行应该优先得到保护。基于该理论，防卫人在受到危及人身安全的暴力犯罪时，即使将不法侵害人打死或者打伤，其在法律上的利益应该优越于不法侵害人的利益，更应该受到法律的保护，其行为不应被认定为违法。

#### 2.自甘风险原理

自甘风险理论认为，若某人是在对风险有确切认知和实际支配的情况下

---

① 例如，山东省青岛市中级人民法院（2018）鲁02刑终288号刑事裁定书、海南省高级人民法院（2018）琼刑终160号刑事裁定书。

② 例如，云南省丽江市中级人民法院（2016）云07刑终41号刑事判决书、湖南省娄底市中级人民法院（2017）湘13刑终195号刑事裁定书、辽宁省高级人民法院（2021）辽刑终35号刑事裁定书。

③ 李勇：《互殴与防卫：优越利益原理下实体与程序规则重构》，法律出版社2023年版，第116页。

自愿置身于险境之中，那么他因此所遭受的损害就不能归责于其他第三人，而只能由自陷风险者自行承担。[①]在特殊正当防卫案件当中，从日常生活经验出发，不法侵害人对自己侵害别人可能引发对方反抗，进而导致自己遭受不利的后果有明确的认知，但其为了满足自身不正当需求，主动向他人发动攻击，这便将自己陷于被防卫人打死或者打伤的风险当中，其最终遭受到伤亡的后果，当然应该由其自己承担，是自负其责，咎由自取，而不能让防卫人承担受到刑罚处罚的风险。

3.刑法谦抑原则

当防卫人面临行凶、杀人、抢劫、强奸、绑架等严重危及人身安全的暴力犯罪时，情绪高度紧张，辨别和控制能力明显减弱，在这种情形下，实施的防卫行为很容易造成不法侵害者伤亡，易言之，造成不法侵害者伤亡是特殊防卫时常发生的后果，二者之间是高伴随、高概率的关联关系，如果因不法侵害者伤亡，就将防卫行为认定为防卫过当，定罪处罚，势必造成打击面过大，有违刑法的谦抑性原则。

综上可见，《刑法》第20条第3款规定的是无限度防卫，该规定是科学立法的体现，是价值衡量和优越利益选择的结果，也是司法机关的实践做法。

## 三、特殊防卫行为可能演化为犯罪

如前所述，《刑法》第20条第3款是无限度防卫权的依据，但这并不意味着特殊防卫在任何情况下都不构成犯罪。相反，特殊防卫行为有演化为犯罪的可能。

### （一）特殊正当防卫的成立条件

特殊正当防卫没有限度，但特殊正当防卫的成立同样需要条件，这些条件在《刑法》第20条第3款当中已经作出了明确的规定。第一，起因条件或

---

① 陈璇：《紧急权：体系建构与基本原理》，北京大学出版社2021年版，第92页。

称为前提条件，存在行凶、杀人、抢劫、强奸、绑架等严重危及人身安全的暴力犯罪。第二，时间条件，即严重危及人身安全的暴力犯罪正在进行。第三，主观条件，出于防卫的目的，实施反击行为。第四，对象条件，防卫对象是不法侵害人。不具备上述任何一个条件的，均不属于特殊正当防卫。

### （二）特殊防卫行为演化为犯罪的情形

特殊防卫行为有没有可能演化为犯罪呢？答案是肯定的。比如，甲看见乙正在强奸自己的妻子，怒不可遏，遂冲上前去对着乙就是一刀，乙背部中刀后倒地痛苦呻吟。甲不解恨，继续对乙的腹部、胸部捅刺，致其死亡。甲是否属于正当防卫应做具体分析。首先，当甲看见乙正在强奸妻子时，对乙背部砍一刀，该行为属于特殊正当防卫。从起因条件看，乙实施的是强奸行为；从主观条件上看，甲捅刺乙是为了保护妻子合法的性自由权；从时间条件看，甲针对的是正在进行的强奸行为；从对象上看，甲针对的是不法侵害者乙。甲的行为完全符合特殊正当防卫的四个条件，属于正当防卫。其次，在乙倒地后，甲继续对其进行捅刺，不属于正当防卫。因为甲主观上已经不是为了保护妻子的合法权益，而是为了泄恨，是出于伤害乙的故意，对乙实施的进攻行为，这是一个由甲发起的侵害乙法益的行为，因而不具备正当防卫的主观条件。在乙中第一刀倒地无法站立后，可以认定强奸行为已经结束，甲还对乙实施捅刺不符合正当防卫的时间条件。虽然我们要站在防卫人的立场，考虑当时甲的紧张情绪，但从社会一般人的经验判断，一个人中刀倒在地上痛苦地呻吟，肯定不能说其还具有继续侵害的能力。对一个不具备侵害能力的人实施所谓的防卫行为，失去了防卫的必要性。因此从整体上判断，甲的行为已经不属于特殊正当防卫，而是故意伤害，构成犯罪。综上可见，在对严重危及人身安全的暴力犯罪进行防卫时，同样需要把握正当防卫的其他条件，尤其是时间条件和主观条件，否则其防卫行为很可能演化为犯罪行为。

### （三）特殊防卫演化型犯罪可以从宽处罚

对于特殊防卫行为演化成的犯罪行为，能否适用防卫过当给予从宽处罚？答案是否定的。首先，根据《刑法》第20条第1款和第2款的规定，防卫过当是在防卫行为符合正当防卫的起因条件、时间条件、主观条件、对象条件基础之上，明显超过必要限度，造成重大损害的情形。特殊防卫行为演化成的犯罪不同时符合前述四个条件，因而不具有防卫性质，不能成立防卫过当。其次，如前所述，特殊正当防卫本质上是无限度防卫，从逻辑上说，也就不可能成立防卫过当。进言之，因特殊防卫行为演化的犯罪，行为人无法因防卫过当这一法定情节得到从宽处罚。但是，因特殊防卫演化的犯罪行为毕竟是由不法侵害人实施严重危及他人人身安全的暴力犯罪引发的，与蓄意侵害或者无端实施侵害他人的行为相比，防卫人主观恶性相对较小，防卫行为虽然造成了不法侵害人伤亡的重大损害，但在道义上仍情有可原，对其从宽处罚符合人情事理和社会公众朴素正义观。至于对其从宽处罚的理由，可以考虑被害人本身存在重大过错，对引发自身被害负有不可推卸的责任这一酌定情节。其实，被害人过错是正当防卫制度确立的伦理基础，是情理与法理的链接点，在因特殊防卫演化而成的犯罪案件中理应得到重视与运用。

## 四、结语

特殊正当防卫与一般正当防卫是例外规定与一般规定的关系。特殊正当防卫的本质就在于：它是刑法赋予公民在遭受严重危及人身安全暴力犯罪的情况下，实施的无限度防卫。特殊正当防卫无限度的理解具有理论基础、符合立法价值取向，也是司法实践中的一贯主张，能更加鲜明地彰显“正义不能向邪恶低头”的法治理念和刑法保护公民权利的基本立场。

# 网络合同格式条款说明义务的履行困境与纾解

## ——从“温某诉百某人寿保险合同纠纷案”展开

南嘉奥*

**摘　要**：《中华人民共和国民法典》（以下简称《民法典》）第496条第2款和《最高人民法院关于适用〈中华人民共和国民法典〉合同编通则若干问题的解释》（以下简称《合同编通则司法解释》）第10条第2款、第3款对合同格式条款的说明义务履行规则作出了细化规定，但是在实践中其并不能为网络合同格式条款的说明义务履行提供充分、有效的指引。网络格式条款说明义务的履行也暴露出以概括说明获取整体同意、以形式同意取代实质同意、以不当履行替代积极履行等现实困境。根本原因在于，《合同编通则司法解释》无法全面应对特殊领域的个性化问题，专门法律在特殊领域无法作出有效规制，格式条款提供者亦怠于履行说明义务。因此，有必要明确说明对象，提高说明主动性，优化说明方式，同时注意防范义务人可能遭受的风险，从而有效应对网络合同格式条款说明义务的履行困境。

**关键词**：网络合同；合同格式条款；说明义务；《合同编通则司法解释》

网络合同是伴随互联网经济发展而产生的新型电子合同，但与仅仅通过网络形式传递和协商的一般电子合同不同。[①]一般的电子合同在订立模式上与

* 南嘉奥，上海海事大学法学院2023级经济法学专业硕士研究生，研究方向为金融法和竞争法。

① 齐爱民：《电子合同典型法律规则研究》，载《武汉大学学报（社会科学版）》2002年第2期。

纸质合同更为相似，显著的区别在于一般的电子合同载体为电子形态，而纸质合同的载体为纸张。网络合同则是一整套由合同提供方单独拟定的格式条款的集合，合同接收方出于订立合同的需要借助互联网获取合同内容，通过点击或在线签名等方式表示同意从而达成合意的合同类型。《淘宝平台服务协议》《腾讯微信软件许可及服务协议》等都是常见的网络合同。“网络合同格式条款是指由网络公司向用户发送固定内容，用户通过点击等行为确认同意并发生法律效力的合同条款[①]。”

《民法典》第496条第2款承袭了《中华人民共和国合同法》（以下简称《合同法》）第39条第1款，规定格式条款使用人在提示格式条款后，应相对人的要求而加以说明，若条款提供方未履行说明义务，条款接收方“可以主张该条款不成为合同的内容”。《中华人民共和国消费者权益保护法》第26条、《中华人民共和国电子商务法》第17条、《中华人民共和国保险法》（以下简称《保险法》）第17条等“特别法”亦有类似规定。《合同编通则司法解释》的出台为格式条款提供方说明义务的履行作出了更加细致的规定——第10条第2款、第3款就格式条款说明义务的启动、内容、形式、标准以及电子合同说明义务履行的相关问题作出了细化，但上述规定较实践需求而言仍过于概括，所以在面对诸如说明义务履行的应然路径等问题时仍显乏力。本文则将从网络合同订立中关于格式条款说明义务的履行困境出发，剖析其中症结所在，探求具有针对性的优化方案。

## 一、问题的提出：网络合同格式条款说明义务履行存在现实困境

在数字经济背景之下，格式条款早已司空见惯，也为经济发展的活力作出了重要贡献。但是，不可否认的是，网络合同中的格式条款也极可能为合同相对方合法权益的实现埋下更多的隐患。早有学者指出，“格式合同的当事人地位往往不平等（经济地位、信息不对称等），其内容大多有违公正原则或

---

① 夏庆锋：《网络合同格式条款提示说明义务的履行瑕疵与完善措施》，载《清华法学》2022年第6期。

诚实信用原则，故被称为‘契约自由之癌’”[①]。不过，此说法也有些夸张的成分。格式条款所带来的危害并非不可控、不可利用的，恰恰相反，对其进行有效限制后，格式条款所带来的效益是巨大的。尽管随着《合同编通则司法解释》的出台，格式条款的实施问题逐渐得到解决，但是合同提供方说明义务的履行问题仍存在一些不可忽视的瑕疵。

例如，在“温某诉百某人寿保险广东分公司人身保险合同纠纷案”[②]中，法院认为，案涉保险条款将“增殖性视网膜病变或并发心脏病且必须植入心脏起搏器进行治疗，或至少一个脚趾发生坏疽并达到手术切除指征作为一型糖尿病的判断标准，显然不符合一型糖尿病的医学诊断标准以及一般人对一型糖尿病的认知”，“免除或减轻了应负担的保险责任，应视为免责条款”。正如有学者所言，“保险消费者因欠缺必要的保险知识可能对购买的保险产品产生认识错误，导致保险事故发生后无法获得预期的保险保障”[③]。鉴于保险的专业性和特殊性，公司可能会作出一些不同于常识的规定，这时则需要对该规定进行提示并根据投保人的要求进行说明。该条款对一型糖尿病患者温某而言，属于与其有重大利害关系的异常条款，倘若未尽到提示、说明义务，温某则可依《保险法》第17条主张该条款对其不发生效力。本案中，将疾病释义条款作为普通条款订立于合同中，未突出显示，不足以引起投保人注意，而公司提供的证据亦无法证明保险公司尽到说明义务，故二审判决保险公司败诉。

一般来说，为了使投保人对享有的权利及承担的义务有较为清晰的了解，能够在结合自身情况的基础上订立保险，保险人应在合同订立前以一定的方式向投保人提供作出决定所需的信息，使投保人对保险的承保条件和保障范围有充分的认知，从而矫正双方当事人的信息不平等的地位。[④]从纸质保险合同的订立过程来看，这一要求似乎在面对面的协商中更容易达成。但实际上，

---

① 谢鸿飞：《合同法学的新发展》，中国社会科学出版社2014年版，第156页。

② 广东省广州市中级人民法院（2023）粤01民终17734号民事判决书。

③ 沈小军：《从明确说明义务到信息提供义务——保险消费者自主决定权保障制度再造》，载《法商研究》2021年第2期。

④ 王静：《保险案件裁判精要》，法律出版社2019年版，第187页。

我们在本案中发现，尽管双方系通过互联网订立电子合同的方式达成协议，但双方在合同订立过程中能否全程保持交流都未可知，保险人对说明义务的履行则更加困难。而本案的焦点亦恰是合同提供方是否尽到说明义务。可见，网络合同订立过程中有关格式条款说明义务的履行面临着较纸质合同订立而言更大的挑战。

将视角跳出本案，其实以互联网为平台而订立的网络合同并不仅限于保险领域，“温某诉百某人寿保险广东分公司人身保险合同纠纷案”中的格式条款说明问题也普遍存在于各种网络合同中。合同的订立应当是在双方平等、自愿的基础上，在意思表示达成一致的情况下完成的，“一方只有符合另一方的意志，就是说每一方只有通过双方共同一致的意志行为，才能让渡自己的商品，占有别人的商品”[①]。但是，在网络合同订立过程中，特别是在格式条款的理解上，却极易形成合同双方当事人信息上不平等的地位，在提供方追求利益最大化的动机下，这种不平等的地位也在逐渐加剧，格式条款说明义务的履行将面临更大的挑战，合同相对人的各项权益也将面临更多的不确定性风险。故此，有必要走出《保险法》第17条的限制，将目光置于更具有一般法意义的《民法典》第496条第2款和《合同编通则司法解释》第10条第2款、第3款有关格式条款说明义务的规定上，探究在网络合同订立过程中格式条款说明义务的履行困境与破局对策。

不过，《民法典》第496条第2款虽然涉及“说明义务”一词，但并未明确对该义务进行单独规定，在实践中则容易造成提示义务与说明义务的混淆。《合同编通则司法解释》第10条第2款、第3款则就格式条款提供方的“说明义务”作出相对具体的规定，故本文研究重点在于《合同编通则司法解释》第2款、第3款。

---

① 中共中央马克思恩格斯列宁斯大林著作编译局编译：《马克思恩格斯文集（第五卷）》，人民出版社2009年版，第103页。

## 二、履行困境的具体呈现：说明义务的履行缺失

实践中，网络合同格式条款的履行困境相关的问题呈现在多个领域、多个方面。例如，合同相对方对说明义务履行的主张难问题，合同提供方尽到说明义务证明难的问题等。但从履行角度出发，笔者认为，总的来说问题呈现为说明义务的履行缺失，具体又体现在以下三个方面。第一，以概括说明获取整体同意，体现为合同提供方在说明义务的逃避中对相对方完整知情权的剥夺。第二，以形式同意取代实质同意，体现为合同提供方形式上履行说明义务中对相对方合意的诈取。第三，以不当履行替代积极履行，体现为合同提供方以消极履行甚至积极不履行的方式对相对方信息获取的误导。

### （一）以概括说明获取整体同意

在通过网络平台获取服务的过程中，往往需要通过对《隐私政策》等文件的勾选完成对网络平台的授权，而后方能享受平台所提供的服务。《隐私政策》（或类似文件）往往仅向用户提供一次性的、概括说明式的文件以获取用户的整体授权，用户往往仅能够以“全有或者全无”的方式对平台进行授权，进而获取全部服务或者无法使用全部服务。用户为尽快获取平台的全部服务，往往也会直接或在犹豫后勾选相关条款。

例如，某线上保险平台要求用户仅以点击同意的方式使相对人作出“我已阅读《责任免除》《特别约定》《职业分类表》《投保须知》《药品清单》《费率表》《保险条款》《健康告知》《服务协议》《客户告知书》《隐私政策》《转账授权书》”等12类格式条款，而在后续提供数千字格式条款后仅显示“同意并继续”按键而未对任何格式条款内容作出加粗、画线之类的最简单的提示行为，说明行为的作出更无从谈起。在健康状况的确认中，也并未对条款内容作出详细阐释，如“被保险人过去1年内没有健康检查结果异常（如……病理检查）”，其中“检查结果异常”之描述过于概括而“病理检查”词汇亦过于专业，但合同提供方同样仅提供了拒绝或同意的选项，并未对可能引起

疑惑或者歧义的条款内容提供获取说明的便捷方式。[①]显然，该线上保险平台以概括说明的方式获取整体同意，甚至未作出任何有价值的提示，也未提供任何直观的获取详细说明的方式的行为与说明义务履行的应然行为相去甚远。在对网购平台提供的格式条款的评析中，夏庆锋教授也指出，《某宝平台服务协议》中的提示条款规定“通过阻碍或限制当事人之间的谈判以简化合同订立流程，即使用户对某一特定条款并不了解，网络公司也可以依据已经进行说明为由确认合同效力”[②]。

### （二）以形式同意取代实质同意

虽然从理论上看在《合同编通则司法解释》出台后平台的前述观念和行为可能受到较大的冲击——“仅以采取了设置勾选、弹窗等方式为由主张其已经履行提示义务或者说明义务的，人民法院不予支持”，但事实上，在法律没有明确细化规定在各领域应当如何履行说明义务的现状下，仅以上述规定并不能有效控制网络公司对说明义务的充分规避，司法解释的规定对平台行为的指引效果并不显著。网络公司完全可以利用其他方式获得用户的整体同意。毕竟其目的仅在于通过概括说明的方式、利用用户“无意视盲”的错误感知获得授权，具体采用何种方式获取同意则相对次要。例如，在大量增加格式条款进入合同的过程中，也不可避免地会增加晦涩难懂的专业词汇与逻辑复杂的要求规定，用户可能更加难以理解格式条款的真实内容。但是，用户或出于对权威的默认信服，或出于点击“同意”的习惯养成，往往仅快速浏览甚至直接略过格式合同而点击同意。此时，网络合同中错误感知在“合意”的表面达成下恰好更容易出现，这也为网络公司对说明义务的回避提供了温床。

从本质上看，无论是以概括说明方式获得用户同意，还是利用用户心理获得表面同意的行为，都是希望以“形式同意”的面具掩盖未取得“实质同

---

① “水某保平台”微信公众号中“水某保险经纪平台”提供的保单中的《隐私条款》。

② 夏庆锋：《网络合同格式条款提示说明义务的履行瑕疵与完善措施》，载《清华法学》2022年第6期。

意”的面庞，进而在外观上体现已经充分履行说明义务的效果。不过，表面同意与法律所要求的生效法律行为需意思表示真实且一致并不相符①，透过面具我们仍应当认识到，“形式同意”与“实质同意”存在本质区别——网络公司仅以概括说明的方式获得用户的同意，实际上并没有充分尽到说明义务的实际要求，违背了格式条款的立法目的②，所以对是否履行说明义务应当进行实质性的审查而非形式上的判断。

### （三）以不当履行替代积极履行

网络合同提供方说明义务的履行行为一般包括在平台上对产品作出介绍和说明，但这往往会导致提供方借履行说明义务之名进行不规范的广告宣传，通过故意夸大产品优势、模糊处理不利条款等方式诱导相对方在非理性的状态下作出抉择。至此，说明义务的形式上履行沦为掩护实质上不履行行为的屏障，导致相对方“很容易简单通过直觉思维系统，在信息不充分或未经深思熟虑的情形下即仓促缔结与自身利益不符”③的合同。例如，在最高人民法院发布的典型案例“邬某诉某旅游App经营公司网络服务合同纠纷案”④中，平台将对消费者有利的“到店支付”的支付方式进行充分提示，却未对与其对应的部分酒店会“预先收取全额预定费用”的例外情形进行充分说明，没有充分尽到说明义务。该案中，虽然平台对消费者有利的格式条款进行了显著提示说明，却对与之相应的对消费者无利甚至不利的条款不作任何处理，“以此达到既能吸引消费者参与交易，又能最大限度免责减责的商业目的”⑤，实质上是对不利于平台的格式条款的模糊与弱化。此种说明义务的履行方式

---

① 孙宪忠：《法律行为理论纲要》，载《法治社会》2022年第6期。

② 殷秋实：《〈民法典〉第496条（格式条款的定义与订入控制）评注》，载《中国应用法学》2022年第4期。

③ 胡安琪、李明发：《互联网保险合同双向信息流动与平衡机制研究》，载《商业研究》2021年第6期。

④ 《最高人民法院发布消费者权益保护典型案例》，载中国法院网，https://www.chinacourt.org/article/detail/2022/03/id/6575927.shtml，最后访问时间：2024年12月31日。

⑤ 周恒宇：《民法典格式条款规定适用规则探析》，载《法律适用》2022年第9期。

显然不符合诚信原则的要求，亦即不能依此认定平台履行了说明义务。

## 三、履行困境的根源分析：特殊领域的规范缺陷

从根源上看，说明义务的履行困境也是由多方因素引起的。首先，网络合同是不同于纸质合同和一般意义上的电子合同的一种极具特殊性的合同。载体的特殊性也决定着地位的不平等，同时诱发了多样化风险。而作为特殊合同类型的格式条款与一般的格式条款亦有所差异，可见而不可读、充分而不具体的问题更容易凸显。从制度基础上看，尽管《民法典》及《合同编通则司法解释》对格式条款说明义务的履行作出相应规定，却无法指引实践中的具体行为；从主体上看，合同提供方肩负着提示说明的重任，总因利益的追求而规避说明义务的履行；从方式上看，说明义务的被动履行方式不仅限制了合同相对方的正当诉求，更为义务的履行困境设置了屏障。特殊领域下，说明义务履行困境的根源自然也应从特殊性入手。

### （一）网络合同的特殊性

#### 1.载体的特殊性

网络合同的签订以电子合同为载体。根据《电子合同订立流程规范》，电子合同是指“平等主体的自然人、法人或其他组织之间以数据电文为载体，并利用电子通信手段设立、变更、终止民事权利义务关系的协议”。以电子通信手段为依托，则意味着合同双方当事人不必进行面对面的磋商，这便为提供方与接受方之间的交流设置了屏障；以数据电文为载体，则意味着电子合同将不必担心篇幅的限制，可以尽可能多地纳入格式条款的内容以充分满足提供方的各种目的。

与一般电子合同或者纸质合同相比，一方面，网络合同中往往存在数量更多、更加复杂且冗长的格式条款，使得用户更加难以理解。网络介质下，平台能够更加轻易地堆砌大量看似无害的格式条款以混淆视听，从而使用户更加难以掌握合同中存在的各种限制以及剥夺其权利的格式条款，在不真实的同意中

将自身权益置于更大的风险下。因此，特殊的载体更容易滋生网络平台对说明义务消极履行的违法行为。另一方面，相较于纸质合同、一般电子合同或高铁票、汽车票等，即使在订立时未履行说明义务也不会造成难以挽回的损害的合同而言，网络合同的格式条款在设置中更容易以相对隐蔽的方式对相对方权益造成侵害。此外，与借助纸媒的阅读相比，借助屏幕的阅读也更容易使相对方在视觉上产生疲劳并忽视合同中于己有重大利害关系的格式条款。

2.地位的不平等

在网络空间中，用户与平台之间的不平等地位加剧，用户所处地位更加劣势，在合同订立过程中主动权的丧失更为明显。不可否认的是，为在形式上体现说明义务的履行，合同提供方往往通过加粗、画线等方式对条款内容作出强调，并以弹窗、勾选的方式进行提示，但该行为实质上更偏向对提示义务的履行，在说明义务的履行上体现甚少——合同相对方不可能仅因加粗、画线、弹窗等方式的出现就对本无法了解的词汇豁然开朗。从效果上看，我国法律要求的说明标准下，应能详细阐述该条款的含义，使对方清晰地理解该条款。《国际商事合同通则》第2条、第19条，《德国民法典》第305c条以及《奥地利普通民法典》第864a条也作出了类似规定。由此可见，国内外相关法律对以上述方式尽到说明义务的主张均不大可能作出支持判决。然而，实践中的网络合同往往仅通过加粗、画线或其他类似的方式对部分格式条款进行处理，并据此主张尽到了提示说明义务。这实际上是在利用缔约过程中的主动权，以模糊提示、说明义务边界的方式对合同相对方要求其解释说明的权利的侵犯。在双方不平等的缔约地位下，加之合同相对方对条款内容的不敏感性与对服务获取的迫切性，合同相对方可能在多种不利因素的影响下，对合同提供方说明义务履行的主张欲望逐渐减弱，最终导致在无法充分理解合同格式条款内容的情形下接受该格式条款所规定的内容。

3.风险的多样性

与传统合同相比，网络合同的信息传递更加便捷化、交流磋商更加简约化、条款内容更加全面化、订约地点更加灵活化，合同相对方也享有了更大的自主权，但是上述趋势不仅呈现了网络合同的优势，同样也为合同的签订埋下了更多潜在的危机。

第一，信息传递的便捷与全面，将导致相对方接收到更多的合同条款。磋商的简约化进一步放大了相对方的自主权，在对产品迫切需求以及对平台高度信任等心理的作用下，往往会导致相对方较线下而言更易在没有完全了解与自己有利害关系的重大条款时便草草签订合同。需要注意的是，简化的只不过是合同订立的流程而已，但就合同的具体内容而言，往往并没有减少，甚至会因摆脱了打印成本的困扰而增加所容纳的信息。第二，这种合同磋商方式的简化，在表面上提高效率的同时，也极大增加了说明义务履行不当的风险。第三，内容的增加提高了阅读和理解的难度，而网络合同相对方仅能通过自行阅读的方式搜寻并理解与自身利益相关的内容，这一过程是枯燥的，往往也是容易放弃的，这也为合同提供者的消极履行或者不履行提供了机会。即使在实践中部分合同提供方会以弹窗、勾选、视频、语音等方式提醒用户注意格式条款的内容，但这往往是概括式地对“隐私条款”等合同文件的提醒，而非对具体的应被提示说明的条款的提醒，此类提醒方式显然不如面对面的提示和说明便捷。退一步说，即使商家充分提醒到用户应当注意哪些条款，但这仅能完成对提示义务的履行，在交流较为不便的线上平台中，说明义务的履行实则更加难以实现。第四，订约地点的灵活化对合同相对方了解合同内容似乎并不存在直接的有利影响，但并非所有合同相对方都能像线下签订合同一般表现出足够的认真态度，倘若处在相对舒适的环境下阅读合同，同样可能因放松警惕而带来风险。

### （二）合同格式条款的特殊性

其一，可见而不可读。在“李某诉某电商平台网络购物合同纠纷案”中，法院认为平台公司提供查看协议的超链接系以相当不明显的方式展示于手机界面，极易被用户忽略，认定该服务协议中约定的管辖权条款对李某无法律约束力。[①]该案中，尽管平台公司将服务协议放置于网页中，但置于网页最

---

① 《网购，也能“退一赔三：涉互联网商事典型案例》，载海淀法院网，http://bjhdfy.bjcourt.gov.cn/artick/detail/2018/04/id/4017362.shtml，最后访问时间：2024年12月31日。

下方并不能保障用户接受该格式条款的便利性，也就难以说明该格式条款具有可读性，进而亦无法说明双方就此达成意思一致，也就更无法说明平台在履行提示义务后有效履行了说明义务。总之，尽管一些格式条款在理论上具有可见性，但在实践中却难以具有可读性，当格式条款被关注而后被读完都成为奢望时，更遑论将其作为充分尽到说明义务的依托。虽然我国《民法典》和《合同编通则司法解释》以及其他相关法律都通过规定义务等方式或多或少地体现出对格式条款非提供方的倾斜保护，但仍需认识到，对格式条款提供方的规范不仅是法律问题也是社会问题，欲仅通过法律手段来实现格式条款可见性与可读性之间的平衡是不切实际的。

其二，充分但不具体。例如，在爱某艺超前点播案中，协议共有9000余字，而以加粗、画线等方式提示的条款就有6000余字，充分地展现了“显著提醒非显著”的满篇飘红现象。[①]又如，有调查显示，被调查的App平均需要用户“阅读并同意”的内容约2.7万字，逼近硕士研究生学位论文篇幅[②]，在此情形下要求用户仅因需要获取平台的使用资格而耗费大量时间去阅读格式合同是不现实的，对社会的发展所造成的严重后果也是难以想象的。此外，在不考虑印刷成本的情况下，通过加粗、画线等方式对格式条款作出提示的行为在电子合同中是司空见惯的，在实践中，合同提供者甚至会无节制地对合同内容进行加粗、画线、调色、放大，提示内容多于非提示内容的情况也时有发生。因此，在纸质合同中常被用作提示的方式便不再能够满足电子合同的需要。问题的核心在于，格式条款提供方并未积极履行提示义务，进而导致应被解释说明的对象模糊不清，表面上看似乎解释充分，但实际上表达并不清晰。正如有学者在评论网络保险格式条款时所说，“即使进行说明也会通过最苍白、晦涩、枯燥的语言进行陈述，且会以网络投保人难以真正理解具体含义甚至误解的措辞予以表达”[③]，不能切中要害的解释说明，再多也是徒劳

---

① 北京第四中级人民法院（2020）京04民终359号民事判决书。

② 王井怀、刘惟真：《“我已阅读并同意”？你没读过的App用户协议有哪些“坑”？》，载人民网，http://finance.people.com.cn/n1/2022/0315/c1004-32375044.html，最后访问时间：2024年12月31日。

③ 胡安琪、李明发：《互联网保险合同双向信息流动与平衡机制研究》，载《商业研究》2021年第6期。

无功，甚至适得其反。因此，在网络合同的订立中应防范提供者插入过多冗长或重复的条款内容来掩饰格式条款真实目的、混淆格式条款实质含义的行为，使格式条款的呈现更加明确、解释更加易懂。

## （三）相关法律规定的不完善

《民法典》对格式条款提供方如何具体履行说明义务这一问题并未作出明确的回应。“一般认为，格式条款提供方应对方要求进行说明的内容至少应包括相关条款的基本含义、对双方当事人责任的影响，并以对方能够理解和接受的方式进行。”[①]《合同编通则司法解释》第10条第2款进一步将说明义务的履行效果解释为“就与对方有重大利害关系的异常条款的概念、内容及其法律后果以书面或者口头形式向对方作出通常能够理解的解释说明”，这在提示义务都难以企及的情况下，显得更加遥不可及。此外，《合同编通则司法解释》虽然作出了仅以设置“勾选、弹窗”等方式为由主张已经履行说明义务的情形不被支持的规定，但对于说明义务的应然履行方式却并未作出具体的规定。纵览我国其他法律规范，同样难以寻得能够与说明义务履行要求相应的、能够满足各领域说明义务履行的规定，而仅有消费者、金融、保险等领域作出相比于《合同编通则司法解释》而言更加细致的规定——在现有法律架构之下，对说明义务履行方式的规定零散且不足。故而，创设更多能够保障与实现合同相对方知情权的、为说明义务的履行提供较为明确的方向的规则制度具有一定意义。不过，“法律规制方案通常以现有经济活动的典型组织形式为蓝本，这导致网络合同中涉及的某些权利义务关系难以在现行法律架构中找到准确的定位”[②]。当网络格式条款说明义务履行的标准模式或通用模式在实践中仍不明朗之时，相关法律规定的不完善便显得情有可原。

---

① 周恒宇：《民法典格式条款规定适用规则探析》，载《法律适用》2022年第9期。

② 赵鹏：《平台、信息和个体：共享经济的特征及其法律意涵》，载《环球法律评论》2018年第4期。

### （四）合同提供方的逐利心理

标准化格式条款是保持信息交流成本较低的较优方式，尤其在网络空间中的适用，使其效率价值更为凸显。[①]网络合同订立中，合同提供方能够将各种格式条款纳入合同之中，并通过或形式上或实质上对提示、说明等义务的履行，使相关格式条款具有法律效力，从而在效率的提升中实现对规模利益的获取。

有学者认为，从效率的角度看，在保险领域由保险人拟定格式条款、投保人作出“点菜式”决定的说明义务履行方式具有一定的合理性。[②]从效率的追求上来看，这无可厚非。但在实践中，合同提供者提供的往往是“片面性菜单”（突出有利于相对方的条款但同时对与之相应的可能不利于相对方的条款避而不谈）、“看不懂的菜单”（条款晦涩难懂、过于概况等），甚至不提供“菜单”（仅提供格式条款而不提供便捷的获取说明解释的途径）。合同相对方则可能因受制于提供方在逐利心理驱使下的种种“不友好”的行为，而或主动或被动地放弃主张要求对方履行说明义务的权利。从形式上看，平台的确能够达到逐利的目的，但这种效益的获取却很难说没有造成对相对方合法权利的侵蚀。

### （五）说明义务履行的被动性

《民法典》第496条第2款规定，“并采取合理的方式提示对方注意免除或者减轻其责任等与对方有重大利害关系的条款，按照对方的要求，对该条款予以说明”。有学者解释道，“格式条款提供方对异常条款进行提示之后，还应当按照对方的要求，对该条款予以说明，以满足相对方的知情权并获得其同意，从而使异常条款获得法律效力”[③]。也即，我们可以理解为，说明义务

① 王利明：《合同法研究（第一卷）》（第三版），中国人民大学出版社2015年版，第405页。

② 张晗庆：《关于保险合同格式条款的裁判思维》，载《法律适用》2020年第10期。

③ 孟强：《合同格式条款效力的法律控制——以〈民法典〉合同编及其司法解释为中心》，载《广东社会科学》2024年第1期。

的履行是被动的，也往往是后置的。详言之，说明义务的启动须合同相对方向合同提供方提出要求，而说明义务的对象——“与对方有重大利害关系的异常条款”往往是相对方难以发现、提供方需要履行提示义务的。当相对方注意到异常条款并要求解释说明时，条款提供方则需要按照对方的要求进行解释说明，达到相对方对条款内容无异议的程度后，该条款才能成为合同的内容。故而对格式条款的说明又呈现出一定程度上的被动性。倘若相对方不提出异议，则意味着其认同了该异常条款。但问题在于，网络合同签订的过程中，合同提供方与接受方本就难以同线下签订一般建立起频繁的交流关系，在对话的状态下也便无法对条款内容提出异议。此时，在合同提供方看来，对方并未提出异议便视为对合同内容的接受，进而认为该异常条款成为合同的内容，这显然是不公平的。正如殷秋实所说，“由于说明义务后于提示义务，在知晓异常条款的存在后，相对人是自己是否理解相应条款的最佳判断者，由其决定是否要求说明也就理所应当”[①]。但是，网络合同的签订中这种要求提供说明的途径往往是不具备的，仅宣示权利而不提供权利行使的有效途径，只会将本可行使的权利束之高阁。所以，纸质合同订立中的格式条款被动说明规则在网络合同格式条款中已面临实施困境，为实现格式条款说明义务在网络合同中的有效履行，有必要在网络合同领域对说明义务的被动性作出更加主动化的调整。

## 四、履行困境的突破路径：提高说明义务履行的积极性

结合上述分析，若在网络合同格式条款中说明义务的履行规则作出改变，导致对用户知情权的侵害、对说明义务的违反似乎难以避免，而这也不符合《民法典》规定的公平、诚信等基本原则的要求。“契约自由要求当事人依据自由意思确定合同内容，合意和选择是契约的内化因素和本质属性，构成契

① 殷秋实：《〈民法典〉第496条（格式条款的定义与订入控制）评注》，载《中国应用法学》2022年第4期。

约自由的核心，而契约正义作为契约法的最高价值目标，往往通过契约自由实现。”[①]也就是合同的订立应当建立在意思表示自由且一致的基础上。“合同之所以具有拘束力，除了因为它建立在当事人的自由合意之上，至少还部分地因为它能够实现给付均衡意义上的合同正义”[②]。说明义务的被动履行模式下，双方之间权利义务上的平等是很难实现的。因此，有必要对说明义务履行的积极性加以提高。

提高说明义务履行的积极性，首先应当明确说明义务所指向的对象，也即合同提供方应对哪些条款尽到说明义务。其次要打破说明义务履行的被动僵局，调动义务人的积极性，这不仅有助于提高说明义务的履行效果，也能够为义务人的免责提供有力支撑。再次义务人所提供的说明材料应当使相对方通常能够理解，可以充分利用网络媒介以多种形式作出便于理解的解释。最后虽然合同双方地位不平等，但诚实信用的民法基本原则是不能打破的，无论是提供方还是接受方都应诚实守信，积极防范信用风险的发生。

### （一）明确说明对象

《民法典》将说明义务对象限制为“免除或者减轻其责任等与对方有重大利害关系的条款”，但在实践中可能会因要求的范围过于宽泛而导致说明义务的履行流于形式。在《保险法》等法律的实施过程中，实际上也呈现了“义务内容的泛化+法律效果的欠缺”导致说明义务条款沦为宣示性、倡导性规定的尴尬局面[③]。因此，有学者主张应将说明义务的范围限制为与对方有重大利害关系的“异常条款”[④]，而这一理解也契合了《合同编通则司法解释》的规定。根据《合同编通则司法解释》第10条，“异常条款”是“与对方有重大利

---

① 晏芳：《格式合同的司法规制研究》，中国政法大学出版社2019年版，第26页、第68—69页。

② 解亘：《格式条款内容规制的规范体系》，载《法学研究》2013年第2期。

③ 李玉泉：《〈民法典〉与保险人的说明义务》，载《保险研究》2020年第10期。

④ 宁红丽：《平台格式条款的强制披露规制完善研究》，载《暨南学报（哲学社会科学版）》2020年第2期。

害关系”的限定词，且指向的是对对方不利的条款[①]。同时需要注意的是，根据体系解释，该异常条款的认定应与《民法典》第497条所规定的绝对无效的格式条款进行区分。异常条款的“异常”不能达到“不合理”的程度，否则就将被认定为绝对无效的格式条款。故而，“与对方有重大利害关系”的格式条款只能是程度比较轻微的、没有达到不合理程度的，对于对方权利的排除范围也应被限定在主要权利之外。此外，倘若未尽到说明义务而致使对方无法理解该条款的，对方可主张该条款不成为合同的内容。

### （二）主动解释说明

有学者主张，在《保险法》领域以说明启动方式之分替代说明程度之分，从而将保险人信息提供义务强度区分为提示义务、提示+被动说明义务、提示+主动说明义务三个层次，旨在根据条款的不同类型以不同的启动方式课以条款提供者不同的说明义务[②]。《保险法》第17条第2款也对“免除保险人责任的条款”作出主动说明的规定。这一思路为网络合同格式条款中说明义务的履行提供了一定的参考意义。

第一，充分体现提示义务与说明义务的区分。正如前文所说，无论是加粗、画线还是弹窗、勾选，只能起到对相对人的提示作用，而并不能因此使合同内容更易理解。合同提供方需通过进一步解释达成说明的目的。在合同的拟定过程中，提供方可根据经验对与对方有重大利害关系的格式条款作出更易被常人所理解的解释，并通过插链接等方式主动为合同相对方进一步获取详细解释提供便利。同时，合同相对方编纂详细解释时应有意识地将其与格式条款的表述方式进行区分，使解释内容符合“通常能够理解”的标准。

第二，主动履行说明义务具有优势。在网络合同中，作为相对弱势方和合同接受方，相对人往往难以通过便捷、高效的方式对希望被解释的条款获

① 孟强：《合同格式条款效力的法律控制——以〈民法典〉合同编及其司法解释为中心》，载《广东社会科学》2024年第1期。

② 刘竞、骆小春：《民法典背景下保险人信息提供义务的完善》，载《南京师大学报（社会科学版）》2023年第5期。

得进一步解释，这便将削减一部分用户获取进一步解释的欲望，也变相纵容了合同提供方对说明义务的不履行。然而，作为合同的制作方和提供方，其对合同中异常条款的内容理应更加熟悉。因此，对与对方有重大利害关系的异常条款而言，合同提供者的主动说明似乎是说明义务履行的更便捷方式。合同提供方可提前制作各项应尽说明义务的条款的详细、通俗的说明，将说明通过插链接等方式附于该格式条款中。从方式上看，主动提供详细说明的说明方式显然更优于仅设置勾选、弹窗的方式，如此，既能满足用户的进一步阅读的需求，也能够为提供方的义务履行提供有力证据，从而减轻可能发生的诉讼过程中的举证压力。

第三，分行业分领域细化履行标准。数字经济时代各行各业都可能利用网络平台作为格式合同提供方与他人订立合同，网络合同的类型也因此更加纷繁复杂。为更加有效地履行说明义务，需要抓住不同类型合同的侧重点，对“有重大利害关系的条款”的认定亦应视格式条款的具体情况而定。[①]不同领域的具体情况各异，说明义务的履行要求也应有所差别，但总体而言均应符合《民法典》与《合同编通则司法解释》或者相关专门法律的规定。例如，有学者从网络服务平台单方变更权的法律规制这一特殊角度展开，从说明的时间、范围、方式、程度和理由等方面阐述在特定情形下判断合同提供方已经履行说明义务的标准，认为平台就变更条款履行显著提示说明义务，既能使消费者了解变更情况，也符合形成权生效的一般要求[②]。又如，《中国人民银行金融消费者权益保护实施办法》第31条第2款规定了在金融行业中特定情况下格式条款提供者说明义务履行的要求——“应当在格式条款中明确收集消费者金融信息的目的、方式、内容和使用范围，并在协议中以显著方式尽可能通俗易懂地向金融消费者提示该同意的可能后果”。金融行业面向社会大众，格式条款应用比较频繁，有关说明义务的规定也更加细化，更加强化

① 石宏：《〈合同编通则司法解释〉对合同订立制度的发展》，载《上海政法学院学报（法治论丛）》2024年第2期。

② 陈玉梅、杜政辰：《网络服务平台单方变更权的法律规制——以爱奇艺超前点播案为例》，载《湖南科技大学学报（社会科学版）》2022年第1期。

格式条款提供方的说明义务[1]。以此类推，在其他领域也应依据现有法律规定，结合各行业实况细化说明义务履行的具体要求。

### （三）优化说明方式

有学者指出，“对网络公司的义务要求不应局限于字体大小或是否对特殊条款进行加黑、下划线等内容，应当在既有法律的基础之上增加规则对其提示说明义务进行规范”[2]。通过前述分析，我们也认识到一味地增加格式条款的内容在说明义务的履行方面往往会适得其反，注重信息提供的实质内容更有利于说明义务的履行。所以，在满足用户获取条款内容详细说明的同时，应当使说明的形式更易于理解，而不能仅在形式上进行说明但实质上仍是对文字的简单堆砌，至于说明的形式也可不局限于书面形式。

其一，使信息更加通俗化。相较于枯燥晦涩的专业术语而言，平实有趣的语言更能被人们理解，故而平台可以在阐释条款内容时改变严肃的风格，采用案例分析、漫画等形式进行说明。其二，使信息更加形象化。相较于文字而言，动画的方式显得更具有普遍适用性，能够大大降低对用户文化水平、读写能力等方面的要求，进而满足更多主体的需求。其三，使信息更具体系性。对同一份合同的不同方式的表达可能将引起相对方不同的阅读欲望和能力，也进而影响其找寻说明信息、全面了解有关信息的效果。以《民法典》为例，相较于借助目录检索目标条文而言，不借助目录而直接逐条翻阅显然更为不便；相较于借助“章标题”检索而言，借助“节标题”的检索显得更加精确；在网络媒介下，以链接跳转的方式查阅比滑动阅读更加高效。所以，在对应进行说明的格式条款内容添加说明后，更加体系化、便捷化的格式条款排版则更有助于用户获取希望获取的说明内容，从而也更加便于相对方理解。反之，相对方可能在产生希望得到详细说明但看到杂乱的合同文本时就已经望而却步了。总之，说明义务的履行应当充分考虑不同主体的认知能力，

---

① 周恒宇：《民法典格式条款规定适用规则探析》，载《法律适用》2022年第9期。

② 夏庆锋：《网络合同格式条款提示说明义务的履行瑕疵与完善措施》，载《清华法学》2022年第6期。

也应充分考虑特殊群体的特殊需求，特别是在涉及与特殊群体有关的异常条款时，更应采取便于被特殊群体接受和理解的方式进行说明。

至于在说明义务应达到的要求上，有观点认为可以类比欧盟法上的透明度原则。例如，欧盟《消费者合同不公平条款指令》第5条前段规定：如果向消费者发出要约的所有或部分合同条款是书面的，则必须总是使用浅显易懂的用语。与我国《合同编通则司法解释》规定的“通常能够理解的解释说明”相比，“浅显易懂的用语”对合同提供方提出了更高的要求，也更为直接地表达了对在解释说明中利用晦涩难懂、拖沓冗余的表示行为的否定态度。[①]需要注意的是，在以互联网为依托的电子合同中，说明义务的履行可不局限于文字。《合同编通则司法解释》第10条第3款仅对主张已经履行说明义务的抗辩理由作出否定性规定，而对于电子合同究竟应以何种方式履行说明义务却并未作出规定，网络合同作为电子合同的一种，当然适用此规定。此时说明义务的履行更侧重于“通常能够理解”的程度，而对具体的形式并未作出实质性干涉，这一标准的实施空间远大于“浅显易懂的用语”之规定。所以，与具体说明的方式相比，更重要的是需要达到法律规定的效果，至于具体条款应当以何种方式进行解释说明，则无过多限制。这也就意味着，在缔约过程中，合同提供方亦可通过提供人工智能对话框等数字化方式对合同相对方提出的个性化说明要求作出回应。

### （四）防范履行风险

《合同编通则司法解释》第10条规定，在说明义务的履行中，不仅需要考量合同提供方是否履行义务，还应将用户通常能够理解作为尽到履行义务的判断标准之一。例如，亚马逊公司为了详细说明需要用户授权的内容和可能承担的责任，要求用户在每一个承诺事项之后点击同意[②]，虽然亚马逊公司提供的

---

① 王天凡：《〈民法典〉第496条（格式条款的定义及使用人义务）评注》，载《南京大学学报（哲学·人文科学·社会科学）》2020年第6期。

② See Nancy S.Kim, Wrap Contracts, “Foundations and Ramifications”, Oxford University Press, 2013.

方案或许不是最佳方案，但的确体现出对用户认真对待每一次行为的要求。合同提供方的审慎尽责并不能作为接受方随意对待自身利益的理由，当双方都能以真实的意思表示缔约之时，说明义务的履行才更有意义。此外，在格式条款提供的同时明晰条款含义，同样也体现出对合同提供方的保护，即若合同提供方所提供的说明内容足以使一般人理解，那么也就能在一定程度上防范用户为一己私利随意主张合同提供方对说明义务的不履行或履行不当。总之，“在线订立格式条款的生效应当以自由真实的当事人意愿为前提，也应以公平正义为基本原则，既要防止网络用户被束缚在压迫性格式条款之上，也不能放纵其对网络服务提供者的正当利益进行侵害”①，格式条款说明义务规定的完善也应以此为基础，在规则的不断完善中实现各方之间的平衡。

## 五、结语

作为一种极具特殊性的合同类型，网络合同中格式条款说明义务的履行也充满了个性。但是，在我国《民法典》体系下，这种极具时代特色的格式条款的说明义务却显得无处安放。只有完善与网络合同格式条款的实践需求相适应的法律政策，方能充分实现立法目的并发挥其应有的调整作用。不过，立足实践不必完全照搬现有的制度或经验，而更应注重着眼于网络合同格式条款中说明义务的实际履行困境对症下药，通过法律规范的完善，指引网络合同格式条款提供者提高说明义务履行的实效，从而真正实现网络合同格式条款说明义务履行困境的纾解。

---

① 夏庆锋：《在线订立格式条款的效力分析》，载《环球法律评论》2023年第3期。

# 绿色原则司法适用的实践误区与优化路径

陈旻媛*

**摘　要**：作为《中华人民共和国民法典》（以下简称《民法典》）的有机组成部分，绿色原则条款应当得到有效实施。通过对相关裁判文书进行实证研究，可以发现绿色原则司法适用的主要类型有三种，分别是补强法律规则的说理，填补法律规则的漏洞，以及实现司法个案的正义。裁判者在适用绿色原则时不免存在一些误区，表现为补强说理时未阐述具体关联，填补漏洞未能穷尽法律规则，以及实现个案正义欠缺更强理由。为了使绿色原则得到更好的适用，首先要解决适用前提的问题，即阐明绿色原则的内涵；其次健全适用程序，即明确法律规则要得到优先适用；最后确定适用方式，即绿色原则的适用应以补强说理为主。

**关键词**：民法典；绿色原则；司法适用；实践误区；优化路径

## 一、问题的提出

《民法典》第1章规定了民法基本原则，其中颇具创新的当属绿色原则，即第9条规定的“民事主体从事民事活动，应当有利于节约资源、保护生态环境”。作为《民法典》的重要组成部分，绿色原则条款理应得到充分实施，但与其他条款相比，绿色原则的实施有两个方面的特别之处：一方面，法律规范可分为原则与规则，《民法典》条款以规则居多，而绿色原则是法律原则，

*　陈旻媛，湖南金州律师事务所律师。

其在适用上有别于法律规则。另一方面，相较于平等、意思自治和公序良俗等原则，绿色原则虽是我国民法基本原则之一，但其进入法律的时间较晚。换言之，就民法其他基本原则来说，无论是司法适用还是法学研究都比较充分，而绿色原则的司法适用和研究仍处起步阶段。诚如有学者指出的，“绿色原则作为崭新的民法基本原则，如何在民事法律活动中予以具体适用，还有待进一步的司法实践和学理研究加以明确”①。正是缘于此，本文对《民法典》绿色原则司法适用问题进行研究，既可从司法的角度观察绿色原则条款的实施情况，亦可从实证的角度丰富绿色原则的理论研究。

## 二、绿色原则司法适用的主要类型

绿色原则哪怕是“新”的，但其仍摆脱不了法律原则的身份属性。为此，那些法律原则的司法适用方式，会在很大程度上影响乃至决定绿色原则的司法适用。通常情况下，法律原则获得司法适用的路径不外乎三种，分别是有相应的法律规则存在，将法律原则作为法律规则的指引；当法律规则缺失时，用法律原则作为漏洞之补充；以及当法律原则与规则发生冲突时，“跳过”法律规则去适用法律原则②。相应地，绿色原则司法适用的主要类型同样有三种。

### （一）绿色原则补强法律规则的说理

裁判者在适用《民法典》等法律中的具体规则时，援引绿色原则作为相关法律规则的说理依据，是比较典型的适用类型。特别是在我国《民法典》中，有相当多的规则是对绿色原则的具体化。对于这些规则的适用，更是可以把绿色原则作为说理依据。申言之，这些法律规则是对法律原则的具体化，那想要更好地理解和适用这些规则，就需要把法律原则“请出来”，用来指导

① 刘锐、黄福宁、席志国：《民法总则八讲》，人民出版社2017年版，第50页。

② 林来梵、张卓明：《论法律原则的司法适用——从规范性法学方法论角度的一个分析》，载《中国法学》2006年第2期。

人们去理解和适用相关的规则。通过梳理现有的裁判文书，绿色原则补强民法规则说理的案例有以下特征。

第一，在法律规则的适用存在多种可能性时，以绿色原则指引法律规则的选择。在既往的实践中，最为常见的便是根据法律规则，当事人承担违约责任的方式有多种，那究竟应以何种形式来承担违约责任？此时绿色原则可发挥其独特作用。例如，在张某明、张某兴租赁合同纠纷一案中，裁判者认为，“尽管亿某公司拒绝支付案涉土地租金的行为构成违约，张某兴、张某明有权依据约定解除土地租赁合同，但因亿某公司在案涉土地上进行了较大的投入，现在如果解除合同，将不仅导致亿某公司投入设备的浪费，而且导致亿某公司投入无法收回”，这样做不符合绿色原则。[①]在该案中，尽管根据当时有效的《合同法》规定，可适用解除合同的违约责任承担方式，但裁判者认为解除合同不符合绿色原则，故未支持原告解除合同的诉讼请求。

第二，在法律规则的适用结论比较明确时，援引绿色原则宣示某种价值理念。若想更好地理解法律规则的内涵及其所欲追求的社会效果，其实需要借助法律规则背后的法律原则。“依靠法律原则引入某种价值判断，使得司法过程和结果与法律明文、法律目的相契合”[②]。此时，与其说是在适用绿色原则，不如说是在借助绿色原则来宣扬特定的价值、精神和理念。例如，在赵某权、胜某房地产公司商品房销售合同纠纷一案中，赵某权作为购房者，因被告延期交房诉至法院。裁判者认为，“民事主体从事民事活动，应当有利于节约资源、保护生态环境。为改善空气质量、维护公众利益，胜某公司作为施工单位根据政府发布的指令停工或限产属于工期合理顺延情形，故对上诉人的该项主张不予支持”。[③]事实上，根据当时有效的《合同法》规定，因政府禁止施工的原因延期交房进而导致违约，这其实属于情势变更的范畴。因此，法院据此裁判即可，没必要去援引一个相对抽象的法律原则。但此时的

① 湖北省黄石市中级人民法院（2019）鄂02民终2084号民事判决书。

② 庞凌：《法律原则的识别和适用》，载《法学》2004年第10期。

③ 河北省廊坊市中级人民法院（2019）冀10民终3681号民事判决书。

裁判者之所以选择援引绿色原则，主要是为了宣扬绿色环保的理念。

第三，在当事人约定不明的情况下，借绿色原则明确约定事项。无论是《合同法》还是《民法典》，都规定了当事人在约定不明时确定合同事项的方式。其中《民法典》第510条规定，对于合同相关事项约定不明，可补充协议，或按合同相关条款、交易习惯等来确定。既然如此，约定不明情况下释明的方式很多，那究竟应采用何种方式？绿色原则此时便可“出场”发挥作用。例如，在四某湖北分公司、王某社区合同纠纷一案中，被告四某湖北分公司租赁原告王某社区的一处荒地用作弃土场，但双方未约定租赁期限和违约责任，以致发生纠纷并诉至法院。裁判者援引绿色原则的规定，认为“虽然没有约定用地期限和履行合同义务的期限”，但“工程已于2013年5月28日竣工”，自此以后被告“就未再使用该租赁的荒地堆放弃土”，于是判定“从其不再堆放弃土时起就应视为履行期限已至”。①

第四，运用绿色原则指引案件事实的认定。通常情况下，事实认定与法律适用是两个过程，法律是如何规定的，并不会影响客观存在的事实，但依然存在一定的例外。因为无论是违约责任还是侵权责任，过错程度均可影响责任的承担比例。例如，在浙江润某公司、山东某公司买卖合同纠纷一案中，两当事人签订工业产品买卖合同，标的名称为锅炉烟气SNCR脱硝、脱硫及锅炉炉内喷钙脱硫设备各一套。但在投入生产后，该设备没有发挥预期作用，排放的二氧化硫浓度依然超标。裁判者援引绿色原则的规定，认为作为专门从事环境污染防治设备的公司，“润洁公司应全面地了解掌握环保方面的信息，其在合同中关于二氧化硫排放浓度的约定，超出山东省的标准，在合同签订时存在较大过错”。②在该案中，绿色原则中蕴含的环境保护因素，成为评判案件事实的依据，即当事人了解掌握环保方面的相关信息，进而影响到对过错程度的判断。

---

① 湖北省黄石市中级人民法院（2017）鄂02民终1417号民事判决书。

② 山东省莱芜市中级人民法院（2018）鲁12民终27号民事判决书。

## （二）绿色原则填补法律规则的漏洞

法律原则具有法律漏洞填补之功能。绿色原则同样具有填补法律漏洞的功能，裁判者对此有明确意识，如裁判者明确表示，“绿色原则为司法实践中进行法律适用、法律解释、法律漏洞填补以及在利益冲突时的价值判断和选择，提供了法律适用指引”。①

在华某物业厦门公司、曾某山物业服务合同纠纷一案中，原告曾某山购买插电式混合动力多用途乘用车后，向电网厦门公司申请安装充电桩，被告知申请材料中应有物业允许施工的证明。曾某山遂要求被告华某物业厦门公司出具，遭拒绝后诉至法院。裁判者认为，“民事主体从事民事活动，应当有利于节约资源、保护生态环境。大力发展电动汽车，对保障能源安全、促进节能减排、防治大气污染等具有重要意义，从上述原则出发，安装充电桩系电动汽车实现使用目的不可或缺的设备，曾某山有权在其使用的车位上安装与其汽车配套的充电桩。充电设施建设，是电动汽车应用推广的重要举措，国家部委、福建省、厦门市发布的相关部门规章、行政规章等均要求物业服务企业在充电设施建设时发挥积极作用，予以配合、提供便利”。②

可以发现在该案中，裁判者首先表明的是，规划车位的用途是“停放汽车”，而原告希望在该规划车位安装车用的充电桩。但无论是法律规定还是物业合同约定，均未涉及用于停车的车位可否安装充电桩的问题。于是，裁判者认为这“属于科技进步带来的新领域和法律空白点”，亦即出现了一个所谓的法律漏洞。此时，裁判者想到的方法是“法律空白可通过法律原则进行填补，应根据民法原则对车位用途进行理解”。为此，裁判者援引了绿色原则的规定，认为“大力发展电动汽车，对保障能源安全、促进节能减排、防治大气污染等具有重要意义”，而“安装充电桩系电动汽车实现使用目的不可或缺的设备”，基于这样的理由，裁判者最终支持了原告的上述诉讼请求。当该案二审

① 广东省深圳市中级人民法院（2019）粤03民初3509号民事判决书。

② 福建省厦门市湖里区人民法院（2020）闽0206民初5844号民事判决书。

时，上诉审法院则表示，“原审判决已对此作了充分阐述，本院同意原审判决意见”[①]。即，二审法院认可了一审法院援引绿色原则填补法律漏洞的做法。

### （三）绿色原则实现司法个案的正义

法律规则的适用通常要优先于法律原则，以此确保法律适用的安定性。不过，法律规则的优先适用并不是绝对的，法律原则在某些特定情况下亦可优先于法律规则得到适用。或者说，“法律原则的适用可以排斥规则的适用”，这主要是“在法律规则与个案相连接产生与法的精神不一致的结果，即发生个案不公正的时候”[②]。于绿色原则而言，其所体现的生态文明价值理念已在《民法典》各分编中得到比较好的贯彻，因此在一般情况下，应适用《民法典》分编中的法律规则，除非为实现个案正义才允许“绕道”适用绿色原则。由于有“禁止向一般条款逃逸”的要求，在现有的裁判文书中，适用绿色原则实现个案正义的案例相对较少。

在梁某儿与石某县林业局恢复原状纠纷一案中，原告梁某儿自1999年起承包了一片“四荒地”并栽植杏树。2003年，被告石某县林业局以实施三北防护林项目工程为由，把原告栽种的数亩杏树毁掉。2009年，被告再次在原告承包的土地上实施“新炭林工程”。该案应被适用的法律规则很明确，即当时有效的《物权法》第35条规定的“妨害物权或者可能妨害物权的，权利人可以请求排除妨害或者消除危险”。此时，如果裁判者适用上述法律规则，便是支持原告的诉讼请求。可法院并未适用法律规则而是适用绿色原则，进而驳回了原告的请求。事实上，在有法律规则的情况下，除非为了实现个案才能“跳过”规则，且需给出一个“更强理由”。在该案中，裁判者肯定了原告的权利，即“原告梁某儿取得了土地承包经营权，任何单位和个人不得侵犯”，也认为被告的行为“侵犯了原告梁某儿的合法权益”。但随即给出了一个“最强理由”，即被告“植树造林工程为国家在本区域内生态建设整体规划

① 福建省厦门市中级人民法院（2020）闽02民终5732号民事判决书。

② 庞凌：《法律原则的识别和适用》，载《法学》2004年第10期。

的一部分”，所以原告的诉讼请求“与节约资源，保护生态环境的民法原则相悖，不宜再恢复原状”。[①]

## 三、绿色原则司法适用的实践误区

因绿色原则是《民法典》的重大创新之一，所以在司法审判活动中，该原则受到了诸多裁判者的关注。加之“生态文明建设”被纳入“五位一体”总体布局，而我国法院具有执行公共政策的优良传统，这使得裁判者更倾向于在相关案件中适用绿色原则，以便更好地贯彻和执行生态文明建设的政策。绿色原则的司法适用无疑是值得肯定的，但依然存在很多实践误区有待纠正。

### （一）补强说理时未阐述具体关联

考虑到法律规则是在法律原则的指引下拟定的，因此若欲理解法律规则的内涵，进而在具体案件中准确适用法律规则，自然不应忽视法律原则。这也是裁判者在适用法律规则时，将绿色原则等法律原则“请出来”的重要缘由。但应予注意的是，并不是说所有的法律规则都可用绿色原则发挥补强说理的功能，只有存在关联性的时候，裁判者才可以这样去做。所谓的关联性有两个方面：一是法律原则要与待适用的法律规则存在关联。这是因为“法律原则作为法律规则背后的理由”[②]，只有“站在”这个法律规则背后的法律原则，才能用来阐释相应的法律规则。二是法律原则要与待决案件存在关联。比如，意思自治原则是民法上的一项基本原则，可待决的案件却是一个行政处罚案件，行政主体对行政相对人进行行政处罚，是由不得行政相对人的意思自治的，那自然不能把意思自治原则作为说理依据。在现有的裁判文书中，仍有部分未经得起补强说理的关联性检验。

---

① 山西省石楼县人民法院（2017）晋1126民初188号民事判决书。

② 胡君：《原则裁判论——基于当代中国司法实践的理论反思》，中国政法大学出版社2012年版，第157页。

一方面，把绿色原则误用于公法领域。尽管从实质内涵来看，绿色原则指向领域非常多元，可以说跨越了公私法界限。但不容否认，绿色原则规定在《民法典》中，以“民法基本原则”的形式呈现。换言之，绿色原则尽管具有公法功能，但本质上是一项私法原则。这样一来，绿色原则自然是“不能用于公法事物和隐含公法效力的评价”。[①]可从现有的裁判文书来看，绿色原则大有进入公法领域的趋势。例如，在宏某公司与衢某供电公司合同纠纷一案中，原告宏某公司与被告衢某供电公司签订供用电合同，但被告根据当地政府的环境整治方案不再向原告供电，是一种违约行为。而法院认为，政府出台方案是“进一步改善生态环境这一绿色原则而作出的工作部署”，进而认为被告的行为“并不构成违约”。[②]还有法院直言，绿色原则“对‘私权利’进行了一定限制。按照该原则的规定，将公法支配和公法义务纳入民事权利体系”[③]。可以发现，上述做法忽略了绿色原则作为民法基本原则的属性，从而将其不当关联到公法领域。

另一方面，把绿色原则误用于人身关系领域。民法调整的人身和财产关系尽管都存在于平等主体之间，但二者的特征各有不同。[④]如果从绿色原则的具体指向来看，即《民法典》第9条规定的“节约资源、保护生态环境”，可认为该原则主要适用于财产领域的活动，即主要用来调整财产关系。如果梳理一下《民法典》各个分编，也可以发现绿色原则所追求的理念，主要在物权和合同两编中得到体现，[⑤]这更说明绿色原则与财产关系更近。然而在实践中，有些裁判者把绿色原则误用于人身关系领域。例如，在杨某红、银某村委会生命健康身体权纠纷一案中，被告的施工行为导致原告杨某红受伤，但裁判者在说理时援引了绿色原则，认为“被告银某村委会组织实施有计划的

---

① 巩固：《〈民法典〉绿色原则司法适用初探》，载《法律适用》2020年第23期。

② 浙江省衢州市衢江区人民法院（2017）浙0803民初2807号民事判决书。

③ 山东省聊城市中级人民法院（2021）鲁15民再3号民事判决书。

④ 王利明：《民法总则研究》，中国人民大学出版社2003年版，第26—39页。

⑤ 吕忠梅课题组：《“绿色原则”在民法典中的贯彻论纲》，载《中国法学》2018年第1期。

环境整治行动，符合生态发展的时代要求”，[①]从而减轻了被告的人身损害赔偿责任。

### （二）填补漏洞未能穷尽法律规则

裁判者径直适用法律原则应以“规则缺失”为前提。这样一来，裁判者在审理具体案件的过程中，一方面，对于当事人提出的适用法律原则的主张，其应当考察是否有具体的法律规则可适用；另一方面，裁判者决定把法律原则作为裁判依据，必须在说理部分充分阐明理由，即因法律规则缺失，从而不得不适用法律原则。绿色原则自然属于《民法典》确立的一项民法基本原则，其适用也须以“穷尽法律规则”为前提。这是考虑到裁判者不是立法者，如果在有法律规则的时候，裁判者却适用抽象的法律原则，从而得出了一个有异于具体规则适用的结果，这无异于是用裁判者的想法去取代立法者的立法。

可在现有的裁判文书中，依然有一些裁判者没有严格遵循这一要求，即在有法律规则的情况下，仍“跳过”规则去适用抽象的法律原则，甚至把法律原则作为裁判依据。比如，在周某华、何某良等房屋租赁合同纠纷一案中，被告何某良承租了原告周某华的房屋用作生产经营，并在房屋内安装了空调，后因纠纷诉至法院。对于屋内空调的处置问题，法院认为，“虽双方未就其拆除或留存达成合意，但空调系商业经营必需品且案涉商铺空调安装费用高昂，根据《民法典》第9条的规定，案涉空调当折价归属反诉被告”。并以绿色原则条款作为裁判依据，判决“留存于商铺的空调归周某华所有”。[②]在该案中，裁判者直接适用了绿色原则这一法律原则，但果真没有具体的规则吗？其实是有的，即根据《最高人民法院关于审理城镇房屋租赁合同纠纷案件具体应用法律若干问题的解释》第7条第1款的规定，未形成附合的装饰装修物原则上由承租人拆除。但本案裁判者并没有适用该司法解释的规定，而径直适用

---

① 江苏省泰兴市人民法院（2020）苏1283民初4754号民事判决书。

② 广西壮族自治区桂林市秀峰区人民法院（2021）桂0302民初2137号民事判决书。

绿色原则。

值得庆幸的是，对于有些法院“跳过”法律规则去适用绿色原则的错误做法，在后续二审时得到了纠正。例如，在某指挥学院、众某祥公司房屋租赁合同纠纷一案中，一审原告、二审上诉人某指挥学院，把体育馆交付给一审被告、二审被上诉人众某祥公司经营管理。众某祥公司在经营管理期间，为体育馆增添了不少物资。后因纠纷诉至法院。对于增添的这些物资，一审法院认为，“可移动物品属于未形成附合的装饰装修物，现某指挥学院明确表示不同意利用，但考虑到某指挥学院收回涉案体育馆后仍然保持体育馆的原有使用功能，民事主体从事民事活动，应当遵守有利于节约资源、保护生态环境的原则，案涉体院馆内可移动物品归某指挥学院所有为宜”。[①]这显然是直接适用了绿色原则。在二审过程中，法院不再适用《民法典》中的绿色原则，而是适用了司法解释中的具体法律规则，认为“某指挥学院不同意利用的余下物品，众某祥文化体育产业公司可自行处理”。[②]

### （三）实现个案正义欠缺更强理由

在有法律规则的情况下，裁判者不适用规则而适用法律原则，且该法律原则适用的结果是在个案中变更了规则，此时的裁判在形式上是接近于“违法”裁判的，那必须有一个“更强理由”才能补强裁判的正当性与合法性。简言之，“若无更强理由，不适用法律原则”[③]。可以说，“欲破除规则而适用原则，需要负担强论证责任”[④]。就目前适用绿色原则的裁判文书来看，直接适用绿色原则以突破法律规则的案件相对较少，即便有的话，绝大多数还是给出了一个“更强理由”。当然，也不排除少数裁判文书或是没有阐明“更强理由”，或是给出的“更强理由”不够充分。

一方面，裁判者未能在裁判文书中阐明“更强理由”。于裁判者而言，如

① 湖北省武汉市江岸区人民法院（2018）鄂0102民初1457号民事判决书。

② 湖北省武汉市中级人民法院（2018）鄂01民终6431号民事判决书。

③ 舒国滢：《法律原则适用中的难题何在》，载《苏州大学学报（哲学社会科学版）》2004年第6期。

④ 庞正、杨建：《法律原则核心问题论辩》，载《南京师大学报（社会科学版）》2010年第1期。

果无法出示“更强理由”则将承担不利的论证后果，即承受无法为规则创制例外的结果。可在现有的裁判文书中，仍有少数未能给出“更强理由”。例如，在陈某、花某建设公司、三某村委会等租赁合同纠纷一案中，被告陈某承租了原告花某建设公司与三某村委会的商铺，并在商铺中安装了监控设备，后因纠纷诉至法院。在诉讼过程中，对于安装的监控设备归属问题产生疑问。一审法院在裁判理由中指出，“该监控设备属于已形成附合的装饰装修，且至本案法庭辩论终结仍在案涉场地内，由花某建设公司、三某村委会实际使用，故监控设备损失应适用已形成附合装饰装修损失的处理规则，由出租人折价赔偿”。①待到二审时，法院在说理时援引了绿色原则，认为“一审判决认为监控设备由出租人折价赔偿后继续使用合理，本院予以认可”②。可在全案的裁判文书中，裁判者均未说明为何要适用绿色原则。

另一方面，裁判者在裁判文书中阐明的“更强理由”不充分。裁判者给出的“更强理由”要真正做到“更强”，不过该要求在实践中并未得到完全践行。“以绿色原则突破已有民事规范的必要性，判断较为随意”，甚至“偏离正义、公平的个案常有出现”③。例如，在黄某梅、建某新房地产公司商品房预售合同纠纷一案中，根据商品房买卖合同约定，“外门窗”配置标准为“断桥铝合金门窗”，但被告安装的却是普通门窗，显然不符合约定。既然如此，根据《民法典》第577条规定，被告应承担“继续履行、采取补救措施或者赔偿损失等违约责任”，原告的诉讼请求同样如此。可裁判者援引绿色原则，认为“虽然被告在阳台上安装的是普通门窗，但已达到稳固的安全防护效果，更换断桥铝合金门窗既不能发挥其功能，更会造成资源浪费，不符合绿色原则”。④最终以《民法典》第9条等为依据，驳回了原告的诉讼请求。当然，“更强理由”不可能千篇一律，对于有哪些“更强理由”的问题，必须具体问题具体分析。

---

① 广东省广州市花都区人民法院（2021）粤0114民初3835号民事判决书。

② 广东省广州市中级人民法院（2022）粤01民终13226号民事判决书。

③ 竺效：《论绿色原则的规范解释司法适用》，载《中国法学》2021年第4期。

④ 重庆市巴南区人民法院（2021）渝0113民初22929号民事判决书。

## 四、绿色原则司法适用的优化路径

绿色原则已是《民法典》确立的一项法定基本原则，其获得司法适用可以说是一种必然。诚如上述，绿色原则在以往的司法实践中得到了较好适用，在司法裁判中的适用方式也是比较多元的。当然，绿色原则的司法适用也存在各种各样的问题，在实践中有着不少误区。为使《民法典》中的绿色原则得到更好适用，有必要改善其适用路径。

### （一）适用前提：绿色原则内涵的明确

裁判者在适用绿色原则时，如果不知道该原则的内涵，不清楚该原则所指向的内容为何，很难期待其适用效果是合理合法的。这是因为法律原则具有高度概括性的特征，而原则的适用意味着要把原则作为评判具体个案的标准，此时必须明确法律原则的内涵，否则就无法用其涵摄至具体的案件。更为关键的是，如果法律原则的内容不得到阐明，意味着法官可以凭借抽象的法律原则，使其具有极大的自由裁量空间。

可实践中的问题是，裁判者在适用绿色原则时，似乎推定当事人知晓该原则的内涵，极少有去阐释该原则内涵的裁判文书。再者，即便有些裁判文书略有涉及，但对绿色原则内涵的阐释其实也是“若隐若现”。例如，在崔某、道某家居建材经营部买卖合同纠纷一案中，裁判者认为，《民法典》中的绿色原则体现了“现代人类中心主义”的环境伦理观，要求“人民法院在司法裁判中应当准确适用该原则，确立节约资源、保护生态的价值导向”。[①]那么，绿色原则的内涵到底是什么？其实，对于任何一项法定原则来说，明确其内涵必须对法律条文进行解释，不可能脱离法律规范去探讨法律的内涵。申言之，绿色原则规定在现行《民法典》第9条，条文的表述是“民事主体从事民事活动，应当有利于节约资源、保护生态环境”。为此，需要围绕该条文

---

① 陕西省汉中市中级人民法院（2022）陕07民终1292号民事判决书。

的文义，来明确绿色原则的内涵。

第一，绿色原则拘束的是“民事主体从事民事活动”。这一规定表明，绿色原则虽与宪法、行政法等公法，以及与环境保护法等社会法有千丝万缕的联系，但绿色原则本质上依旧是一项民法基本原则，如此一来，该原则拘束的是民事主体从事的民事活动。具体包括两个方面的内容：一是拘束的主体是自然人、法人、非法人组织等平等主体，至于行政机关与行政相对人的关系，自然是不受绿色原则拘束的。二是拘束的客体是民事活动。所谓“民事活动”，指的是“一种‘民事’的法律活动”①，在外观上表现为与财产权和人身权相关的活动。易言之，那些非“民事”的活动，如行政法律活动和刑事司法活动，自然不受绿色原则拘束。事实上，现有适用绿色原则的裁判文书，绝大多数集中在民事案由领域，即便有少数是刑事案由，那也是刑事附带民事诉讼。②由此可见，在绿色原则拘束的对象这一问题上，现有的实践还没有出现误用或误读的。

第二，绿色原则其实包括“节约资源”和“保护生态环境”这两个方面的内容。申言之，一方面是“节约资源”，那这里的“资源”到底是指什么？这就需要运用到法律解释的方法。一般来说，“典型的解释方法，是先依文义解释”③。对绿色原则条款中“资源”一词的理解，同样需运用到文义解释的方法。对此，在《现代汉语词典》中，“资源”一词是指“生产资料或生活资料的来源”，又“包括自然资源和社会资源”。④前者譬如石油天然气等，后者譬如人们常说的“人力资源”等。可以说，《民法典》绿色原则所要求节约的“资源”，既包括自然资源也包括社会资源。另一方面则是“保护生态环境”，对此，在生态学的定义中，“生态环境”是指“对人类生存和发展有影响的

---

① 李建华：《论民事活动——兼论我国未来民法典总则结构的设计》，载《法制与社会发展》2000年第2期。

② 安徽省凤台县人民法院（2021）皖0421刑初101号刑事附带民事判决书。

③ 杨仁寿：《法学方法论》，中国政法大学1999年版，第101页。

④ 中国社会科学院语言研究所词典编辑室编：《现代汉语词典》商务印书馆2016年版，第1732页。

自然因子的综合”[①]。根据这个定义，《民法典》绿色原则所要保护的“生态环境”，其实是从广义上来讲的，既包括生态环境，也包括人类的生活环境。

第三，绿色原则要做到“应当有利于”。如果细心去观察的话，可以发现同样是《民法典》规定的基本原则，《民法典》对绿色原则的规定，在措辞上显然有别于其他民法基本原则。即绿色原则所在的第9条规定的是“应当有利于节约资源、保护生态环境”，而不是其他原则中的“应当遵循”“不得违反”或者“不得违背”。也正是因为存在这种表述上的差别，使得《民法典》规定的绿色原则其实属于“倡导性原则规范，即提倡和引导当事人采用特定行为模式的法律规范”[②]。换句话说，相较于《民法典》确立的其他基本原则，绿色原则的强制性要相对弱些。例如，《民法典》第5条规定的是意思自治原则，即“应当遵循自愿原则”，如果在婚姻关系中违反该原则，如结婚是受胁迫的，那么婚姻将是可撤销的。与此不同的是，违反绿色原则的民事法律行为未必就是绝对的无效或者可撤销。

### （二）适用程序：法律规则的优先适用

包括绿色原则在内的法律原则自然要得到适用，但相较于更具体的法律规则，绿色原则的适用具有“后滞性”，或者说法律规则要得到优先适用。根据《最高人民法院关于加强和规范裁判文书释法说理的指导意见》的规定，裁判者审理案件时首先要选择与案情关系最密切的法律规则；如果法律规则求之不得则要去寻找最相类似的法律规则，这其实就是所谓的“类推适用”；如果还没有找到，才能运用“习惯、法律原则、立法目的”。这样一来，绿色原则的适用也应遵循该先后顺序。事实上，该适用顺序可谓是实践中的基本认识，如陶凯元在谈及绿色原则的司法适用时指出，“存在具体规则时应当优先适用具体规则，绿色原则仅作说理的补充而不应单独作为裁判依据，否则

① 王孟本：《“生态环境”概念的起源与内涵》，载《生态学报》2003年第9期。

② 最高人民法院民法典贯彻实施工作领导小组主编：《中华人民共和国民法典总则编理解与适用（上）》，人民法院出版社2020年版，第79页。

可能会滥用绿色原则”[1]。

在法律原则与法律规则的关系问题上，还有一点需要说明，即法律原则是“对一系列法律规则背后的理由的深刻说明”[2]。也就是说，在一部法律当中，某一项法律原则被很多法律规则具体化了，或者说法律原则彰显的价值理念已融入了具体的法律规则中。这样一来，如果法律原则在法律规则中的具体化更加彻底，那法律原则“出场”得到直接适用的可能性就越低。这样一个相互关系，在理论上应该说是成立的。简单来说，法律原则所蕴含的理念，都已经在法律规则中得到体现了，那么理想的状态就是没必要再去适用法律原则，直接适用法律规则就可以了。这也构成优先适用法律规则的另外一个理由。

绿色原则是我国民法上的一项新的基本原则，其精神内核在《民法典》的具体规则中得到了大量的体现。对此，有学者梳理了绿色原则是如何在《民法典》的各分编展开的，将其概括为“物权制度的绿化”“合同制度的淳化”和“侵权制度的生态化”。[3]例如，《民法典》第346条规定，“设立建设用地使用权，应当符合节约资源、保护生态环境的要求”。在《民法典》编纂过程中，最初是没有这一规定的，而是后来“有意见提出，《民法总则》第9条对绿色原则作出了规定，为进一步体现绿色原则，设立建设用地使用权时，建议增加相关规定”[4]。再如，更加深刻体现绿色原则的是侵权责任编，该编第7章专门规定了“环境污染和生态破坏责任”。除了名称上凸显“绿色”的因素，其中的内容更彰显了绿色原则，如第1232条规定的故意污染环境、破坏生态的惩罚性赔偿，以及第1234条规定的生态环境修复责任。正是借助这些法律规则，绿色原则才能够得到具体化，进而可以更直接地发挥作用。

---

① 陶凯元：《以习近平生态文明思想为指引切实贯彻实施〈民法典〉绿色条款》，载《法律适用》2020年第23期。

② 孔祥俊：《法律规范冲突的选择适用与漏洞填补》，人民法院出版社2004年版，第127页。

③ 侯国跃、刘玖林：《民法典绿色原则：何以可能以及如何展开》，载《求是学刊》2019年第1期。

④ 中共中央宣传部宣传教育局、全国人大常委会法制工作委员会民法室、司法部普法与依法治理局编著：《〈中华人民共和国民法典〉物权编学习读本》，中国民主法制出版社2021年版，第305页。

诚如上述，包括绿色原则在内的法律原则之所以能够得到适用，是因为没有直接或者间接相关的法律规则，法官于是选择适用相对抽象点的法律原则。由上述探讨可知，绿色原则在《民法典》各分编中得到了极大的贯彻落实。事实上，除了《民法典》中的具体规则，其他相关的法律、法规和规章也有大量彰显绿色原则的法律规则，如有学者讨论了绿色原则对环境犯罪立法和环境犯罪认定的影响。[①]由此可见，有关绿色原则的规定虽然位于《民法典》总则编，但该原则的作用力却不限于此，不仅影响到了《民法典》各分编，还对其他领域的法律产生了影响。因此，彰显《民法典》绿色原则的法律规则可以说是相当多，那么裁判者在遇到纠纷时，理应优先适用《民法典》各分编，以及其他法律法规当中的法律规则。

### （三）适用方式：以补强说理为主要方式

上文梳理了绿色原则在司法适用中的四种主要类型，分别是补强法律规则的说理，填补法律规则的漏洞，实现司法个案的正义，以及宣扬特定的政策理念。就此而言，第一种方式应成为适用绿色原则最主要的方式。这既是由绿色原则的法律原则身份决定的，也受制于绿色原则的一些独特之处。

诚如上述，适用绿色原则的前提是明确该原则的内涵，而在一个制定法国家，法律原则的内涵又是由法律规定所确定的。有关绿色原则的规定是《民法典》第9条，即“民事主体从事民事活动，应当有利于节约资源、保护生态环境”。民法上的基本原则一般以补强说理的方式得到适用，而绿色原则更加应该以此为主要适用方式，其背后的原因就在于《民法典》对绿色原则的规定有别于其他基本原则。这种不同集中表现为，《民法典》对其他原则的规定，使用的措辞往往是“应当遵循”，如第6条对公平原则的规定是“应当遵循公平原则”；或者是“不得违背”，如第8条规定的公序良俗原则是“不得违背公序良俗”。但是，对绿色原则的规定却是“应当有利于”，理论研究和司法实践尚未深刻认识到这种差异性所带来的影响。那这种影响究竟体现在哪里，

---

① 刘艳红：《民法典绿色原则对刑法环境犯罪认定的影响》，载《中国刑事法杂志》2020年第6期。

以及其对绿色原则的适用方式选择有何影响？

法律规则之所以要得到直接适用，裁判者通常不得拒绝适用法律规则。相较而言，法律原则其实更具“柔性”。概言之，“法律规则构成法律制度的刚性部分，法律原则构成法律制度的柔性部分”[①]。依此逻辑，对一个法律条文，越是“柔性”的话，就越应以补充说理的方式得到适用。而《民法典》第9条对“绿色原则”作出规定时，使用的表述是“应当有利于”，这表明绿色原则条款是一个典型的“倡导性规定”。[②]既然《民法典》第9条对绿色原则的规定是一个“倡导性规定”，而有关其他基本原则的表述是“不得违背”或“应当遵循”，因而更趋向于一个所谓的“强制性规定”。这无疑说明，在《民法典》总则编规定的诸多民法基本原则中，绿色原则的“柔性”要更加明显，这种“更柔性”使得绿色原则更应以补强说理的方式得到适用。例如，根据《民法典》第619条的规定，出卖人交付有包装的标的物时，如果包装方式没有法律规定和约定，也没有通用的方式，那应采用“有利于节约资源、保护生态环境的包装方式”，该法律规则是在绿色原则指引下拟定的。正是因为这样，可在绿色原则的指引下去理解上述法律规则。

尚需说明的是，以补强说理为主要方式，并非意味着绿色原则不能用来填补漏洞或实现个案正义。当然，假如裁判者选择用绿色原则来填补漏洞，其便应尽到法律条文检索的义务，并向当事人说明。在某些具体案件中，当事人质疑绿色原则的直接适用时，如在盘锦易某公司、胡某某买卖合同纠纷案中，胡某某明确提出，“法律原则是法律规则制定的依据和法律规则所维护的对象，法律规则是法律原则的具体体现。所以法院在审理案件中应首先适用具体的法律法规，在没有法律法规的情形下再适用法律中的原则”[③]。此时，裁判者更应说明为何要适用该法律原则。

---

① 雷磊：《规范理论与法律论证》，中国政法大学出版社2012年版，第54—63页。

② 王轶：《民法典的规范类型及其配置关系》，载《清华法学》2014年第6期。

③ 辽宁省盘锦市中级人民法院（2022）辽11民终727号民事判决书。

## 五、结语

习近平总书记指出，“如果有了法律而不实施、束之高阁，或者实施不力、做表面文章，那制定再多法律也无济于事”。[①]法律的实施应当是一种全面的实施，既包括实施法律文本当中的规制，也包括实施法律文本当中的原则。绿色原则作为我国民法的一项基本原则，属于《民法典》的重要组成部分，自然也应当得到实施。本文遵循“从实践中来，到实践中去”的思路，对绿色原则司法适用问题进行研究。既比较系统地总结了司法适用的经验，亦揭示了裁判者在适用绿色原则时的误区，并对如何更好适用绿色原则提出了理论方案。

① 习近平：《论坚持全面依法治国》，中央文献出版社2020年版，第96页。

# 会议综述

# 构建中国法学自主知识体系的路径方法暨法学国家级一流本科专业建设研讨会会议综述

张　磊　李亦心*

2024年11月30日，构建中国法学自主知识体系的路径方法暨法学国家级一流本科专业建设研讨会在安徽省芜湖市铁山宾馆举行。本次研讨会由安徽师范大学法学院、安徽省法学会案例法学研究会主办，安徽师范大学司法案例研究中心、法治中国建设研究院和安徽华人律师事务所协办。来自中国人民大学、中南财经政法大学、北京理工大学、东南大学、南京大学、南京师范大学、应急管理大学（筹）、浙江师范大学、安徽大学、安徽财经大学等高等院校、科研院所，以及蚌埠市禹会区人民法院、蚌埠市禹会区人民检察院、蚌埠市禹会区公安分局、蚌埠市禹会区司法局、芜湖市中级人民法院、芜湖市湾沚区人民法院、芜湖市繁昌区人民法院、芜湖市鸠江区人民法院、芜湖市繁昌区人民检察院、芜湖市弋江区人民检察院、安徽华人律师事务所、广和（武汉）律师事务所、北京盈科（芜湖）律师事务所、安徽承义（芜湖）律师事务所等司法机关、律师事务所的共一百余名代表出席会议。

本次研讨会包括开幕式、主旨演讲、平行论坛讨论、总结与闭幕四个环节，平行论坛讨论围绕“构建中国法学自主知识体系的路径方法”与“法学国家级一流本科专业建设”两个主题同时展开。

* 张磊，安徽师范大学法学院讲师、博士研究生，研究方向为刑事执行法学、教育政策与法学。李亦心，安徽师范大学法学院2022级法学专业本科生。

## 一、开幕式环节

研讨会开幕式由安徽师范大学法学院院长郭泽强教授主持。安徽师范大学党委常委高峰副校长、安徽省法学会案例法学研究会会长周振杰教授和安徽华人律师事务所合伙人杨琳主任在开幕式致辞。高峰介绍安徽师范大学的百年办学历史，以及近年来安师大的建设情况，对法学院的建设和发展给予了高度肯定与赞扬，向与会专家学者对我校的支持表达感谢，预祝会议取得圆满成功。周振杰对安徽省法学会案例法学研究会自成立以来的工作开展情况进行了回顾，对未来做了展望，强调了案例法学研究对中国法学研究和发展的重要性。杨琳主任介绍了安徽华人律师事务所的基本情况及建所以来取得的成就，表达了对实务界与理论界开展深入合作的愿景。

## 二、主旨演讲环节

研讨会主旨演讲环节由应急管理大学（筹）联合党委常委何本华教授主持。

中南财经政法大学教授、中国刑法学研究会原副会长齐文远作题为《法学自主知识体系构建》的主旨演讲。首先，齐文远教授以中国革命取得胜利、拉美陷阱经济发展问题、改革开放后破产法发展导入，分别从政治、经济、制度三个领域阐述为何要构建中国法学自主知识体系，提出不能照抄照搬国外经验，要坚持道路自信、理论自信、制度自信、文化自信，将构建中国法学自主知识体系作为中国法学人的使命。其次，他介绍中国法学自主知识体系的三大特征：一是以马克思主义为基础，是中国法学自主知识体系的理论底色。中国法学自主知识体系不同于外国的法学知识体系，其原因在于世界观与方法论的不同。二是以人民为中心，是中国法学自主知识体系的政治本色。强调江山就是人民，人民就是江山，中国法学自主知识体系必须坚持人民至上。三是以服务于中国式的法治现代化建设为宗旨，是中国法学自主知识体系的时代特色。中国法学自主知识体系，不是无源之水，无本之木，其来源于中国式的法治现代化建设需要。最后，齐文远教授提出构建中国法学自主知识体系的路径方法：第一，坚持实践导向，以人民调解制度为例，从实践中总结升华形成理论；第二，总结吸纳中华优秀传统文化，从传统文化保护中寻求养分，开拓发展中国智慧，以“枫桥经验”为例，运用中国传统文化智慧协商调解，将矛盾大事化小，小事化了；第三，与世界其他国家交流互鉴，不能闭门造车，而是需要走出去请进来，取长补短。

中国人民大学劳动人事学院涂永前教授作题为《法学自主知识体系构建与国际对话交流》的主旨演讲。首先，涂永前教授介绍了1949年以来中国法学教育的发展历程。中华人民共和国成立之初，我国高校中的法学院系仿照苏联法学教育模式，借鉴其人才培养模式。1992年之后，我们开始尝试建立自己的教育模式，开展教育改革。1997年之后，法学教育进入市场化阶段。2011年开始，为全面提高高等教育质量，国家提出“协同创新”优化方案。为了推动一批高水平大学和学科进入世界一流行列，2015年又提出了“双一流”建设计划。其次，涂永前教授阐述了自己对构建中国法学自主知识体系的思考。包括对中国裁判文书网、法治营商环境、同案不同判、讲好中国故事等方面的思考。最后，是从国际交流角度阐述构建法学自主知识体系的路径。在国际出版方面，中文国际出版的出发点非常好，向世界传播中国学问，我们需要进一步加强国际化办刊的理念；在学术传播方面，学术传播应当加强传承性；在交流理念方面，应在建立本国自主知识体系的同时，加强国际交流和对话；在学术研究方面，应加强团队精神、团队合作，全方位开展立法司法等方面的研究；在人才培养方面，打通理论与实践方面的教学，打通专业之间的界限。

同济大学上海国际知识产权学院教授、中国犯罪学学会副会长皮勇作题为《人工智能刑法的理论建构》的主旨演讲。首先，皮勇教授介绍了人工智能发展应用引起的刑法问题，包括人工智能的社会地位问题、人工智能应用所致损害的追责问题以及人工智能相关犯罪问题；其次，面对上述挑战，他提出了对待人工智能需要确立的刑事法治理念，包括维护人工智能的发展目标与实现过程的一致性、平衡人工智能发展与合法权利保护、协调人工智能技术与行为规范的同步发展以及全面规范人工智能产品与服务提供者的活动。再次，他讨论了未来人工智能系统成为犯罪主体的可能性，赋予人工智能系统犯罪主体地位需要与刑法体系相协调：一是要与刑法的目的与任务相协调；二是要与犯罪、刑事责任和刑罚相关规定相协调。他认为未来人工智能系统成为犯罪主体至少要具备三个条件：一是具有与人类社会规范意义上的辨认能力和控制能力；二是法律允许其进入人类社会；三是受到人类社会法律的管理。最后，他介绍了人工智能犯罪的五种类型：一是侵犯人工智能系统安全的犯罪；二是利用人工智能实施的犯罪；三是利用人工智能侵犯个人信息的犯罪；四是独立的外围人工智能犯罪；五是违反人工智能安全管理义务的犯罪。

## 三、平行论坛环节

研讨会第三个环节是平行论坛，共分为两场平行论坛。平行论坛一的主题为构建中国法学自主知识体系的路径方法，平行论坛二的主题为法学国家级一流本科专业建设。

### （一）平行论坛一：构建中国法学自主知识体系的路径方法

平行论坛一的主题为构建中国法学自主知识体系的路径方法，由安徽财经大学法学院党委书记张卫彬教授和江苏省社会科学院法学研究所研究员刘伟共同主持。5位专家学者围绕会议主题分别分享了自己的研究成果。

中南财经政法大学知识产权研究中心戚建刚教授作题为《对知识产权本质属性之新认识》的报告。首先，戚建刚教授介绍知识产权作为“国家发展的战略性资源”的基本含义，知识产权功能决定了它能够成为国家发展的战略性资源，有效市场和有为政府建设是知识产权成为国家发展的战略性资源的基本条件与根本保证，有用社会建设是知识产权成为国家发展的战略性资源的重要支撑。其次，他分析了新概念的提出对知识产权法学研究的重要价值，一方面有助于摆脱关于知识产权本质属性的争论，从而在更加抽象和宏观的视角上来看待知识产权，另一方面有助于更加全面地认识知识产权法的本质、调整对象、功能，推进中国特色自主知识产权法学研究。最后，他提出对知识产权法治建设的新要求，一是需要从积极意义上来合理定位政府职能，增加知识产权领域行政法供给；二是需要制定更多表达国家和社会公共利益的知识产权法；三是需要制定公法意义上的知识产权基础性法律。

南京大学法学院单勇教授作题为《网络犯罪的看门人规制》的报告。首先，单勇教授以公安机关刑事案件立案数的总量数据为例，说明在犯罪下降趋势中，新型网络犯罪的治理能力危机凸显，传统犯罪与网络犯罪此消彼长，新型网络犯罪及网络黑灰产业泛滥。其次，他从方法视角、组织视角、规范视角三个角度理解犯罪治理，认为当前由传统犯罪学向数字犯罪学转型，犯罪学理论在数字化时代获得了全新的发展，犯罪治理最大的发展是看门人规制。再次，他通过介绍相关法律法规，明确看门人的七大义务内容及被提及的频次，认为看门人规制具有权利和义务的二重性特质。最后，他提出当前看门人规则存在的问题，一是对看门人元规制的制度明晰应严格遵循法治原则；二是对看门人自我规制的义务履行标准应作实质性理解，平台履行看门人义务的标准应如何理解合理注意义务；三是看门人与公安机关的技术支持和协助执法的具体程序亟待明确；四是完善平台不当处置用户的申诉和救济程序。

中南财经政法大学刑事司法学院、刑事法律科学研究院教授魏汉涛作题为《中国刑法学自主知识体系构建的路径思考》的报告。首先，魏汉涛教授从中国刑法学的历史发展和研究现状两方面说明中国刑法学需要复兴的原因。其次，他主张中国刑法学实现复兴应当立足本土，第一，立足本土需要立足本土文化，刑法是色彩鲜明的文化现象，中国刑法学有植根本土文化的传统，本土文化是中国刑法学构建自主知识体系的根基，要构建中国刑法学知识体系，必须立足本土、结合中国传统文化深耕细作，汲取中国优秀文化的正能量；第二，立足本土需要立足于中国社会现实，以问题为导向，在法定犯领域要着眼于中国的社会现实发展刑法理论；第三，立足本土需要走实践路线，大兴调查研究之风；第四，立足本土需要处理好与学习西方的关系。最后，他认为应建构起世界的眼光、中国的问题和自己的方案三位一体的研究格局。

阜阳师范大学法学院院长余为青教授作题为《构建部门法学自主知识体系的路径方法问题研究》的报告。首先，余为青教授介绍构建部门法学自主知识体系的原因。其次，他认为当前部门法学自主知识体系的构建存在三重障碍，一是学者的知识局限导致对英美法关注较高，对德国法等其他法律了解较少；二是学界的惰性对构建体系的研究不足；三是国际交流的不足。最后，他主张部门法学自主知识体系构建的七种路径与方法，包括增强立法密度，加强对公权力的约束；严格执法，严格适用法律条款；公正司法；增强守法意识；理论与实务的深度融合，在办学过程中融入当地特色；具有国际视野，加强国际交流；科技赋能。

常州大学史良法学院黄云波副教授作题为《中国刑法中“立法定量模式”的产生、发展与前景》的报告。首先，黄云波副教授介绍了“立法定量”模式的产生。分别介绍了但书规定在苏俄刑法和中国刑法中的产生过程，认为中国刑法中“但书”规定有其独特的形成原因，具有正面意义。其次，他分析了“立法定量”模式的不足，包括入罪门槛过高导致犯罪圈过于狭窄；过于绝对化、细致化的刑法规定限制了司法能动性；以社会危害性程度为区分标准致使刑法的界限不够明确。再次，他提出了“立法定量模式”的发展与完善建议，认为针对犯罪罪名狭窄的问题，应增加轻罪立法；针对司法解释过多和刑法规定过于绝对化的问题，应规定多次犯、数额+情节立法模式，并且引入指导性案例、类案推送；针对刑法的界限不够明确的问题，应强调行政处罚前置和“行刑”双向衔接。最后，他对“立法定量”模式的前景进行展望，认为要以“立法定量”模式为基础构建中国刑法学的自主知识体系，一是以“立法定量”模式为基础构建中国特色轻罪制度；二是以“立法定量”模式为基础构建中国犯罪成立理论；三是以“立法定量”模式为基础构建中国特色的危害行为治理体系。

中南财经政法大学刑事司法学院焦俊峰教授根据上述五位发言人的分享，讲述自己的三点感想：第一，发言主题涵盖的内容非常广泛，突出法学的实践问题和本土性问题；第二，提出如何构建自主体系这样一个宏大的问题是对法律工作者的考验；第三，在构建中国法学自主知识体系的同时需要遵循一般的价值规律。

巢湖学院经法学院副院长施玮教授结合自身专业分享两点见解：第一，中华法系仍存在问题，如中国法制史课程学习是按照西方的部门法来划分；第二，当代中国法学发展可以从中国古代经验中获得启发，将历史和现实创造性发展，重构法制史学科的自主知识体系。

芜湖市湾沚区人民法院院长王昌敏认为无论是法学研究者，还是司法工作人员，既要做中国法学知识体系的创新和创造者，也要做世界法学知识体系的贡献者。需要处理好五对关系，分别是：案例法学研究和司法实践的关系；法院和法学院之间的关系；立法机关、司法机关和行政机关的关系；中国和世界的关系；传统和现代的关系。

中南财经政法大学刑事司法学院讲师刘浩分享自己对构建中国法学自主知识体系的四点理解。他认为，构建中国法学自主知识体系不仅是一种觉醒，更是一种系统意义上的梳理、反思和进步；在不同学科属性的比较中可以反思出新的问题并运用于法学发展；构建中国法学自主知识体系不能仅局限于对概念的讨论；处理好司法实践、传统文化、世界共性规律三个方面，推动法学创新。

### （二）平行论坛二：法学国家级一流本科专业建设

平行论坛二的主题为法学国家级一流本科专业建设，由芜湖市中级人民法院政策研究室主任肖珍和芜湖市繁昌区人民检察院检察长谢谢共同主持。6位专家学者围绕会议主题分别分享了自己的研究成果。

安徽师范大学法学院副院长高永周副教授作题为《推进新时代法学教育，培养德法兼修高素质法治人才》的报告。高永周副教授对安徽师范大学法学院国家一流专业建设的发展做了分享。首先，坚持目标导向，对标一流水平，专业高质量发展有成效。一是求实效，一流专业建设有方，落实新时代人才培养要求。二是重保障，一流课程建设有力，涌现多门精品课程。目前，《刑法总论》获批国家级一流本科课程，《民法总论》《社会学概论》获批省级一流本科课程，《刑法分论》等课程进入学校一流课程培育项目。三是抓重点，建设卓越司法实验班，培养卓越司法人才。从2013年开始，以“2011计划”司法文明协同创新中心全国首个卓越人才培养基地为依托，开设卓越司法实验人才实验班。其次，坚持深化改革，优化课程教育体系，专业内涵建设有提升。一是以课程效果为目标，探索教学改革。瞄准学科前沿，不断更新专业课程知识体系，加强研究性、应用性课程建设，提升课程难度和深度，完善多学科课程模块交融的课程体系建设。二是以课程思政为牵引，涵养学生道德。成立“法学院课程思政建设工作小组”，建立《刑事法学》等6个课程思政团队。再次，坚持固本强基，促进教赛研融通发展，实践育人成绩有亮点。以赛促学成绩斐然、师生教研互促互进、实践教学特色突出。最后，协同育人，全方位护航学生成长，立德树人成效有突破。素质拓展活动丰富有层次、多措并举践行“大学生护航行动计划”。

东南大学法学院院长欧阳本祺教授作题为《完善以实践为导向的法学院教育培养机制》的报告。首先，阐述了以实践为导向的法学院校教育培养机制的现状及存在的问题。一是培养模式和社会实践相脱节，理论课程多，实践课程少，无法实现从理论到实践的跨越。二是专业实习多流于形式。专业实习过程中缺少规范化管理、全过程的监督和科学化的考核。三是协同育人没有落实到位。内外导师协同育人机制没有真正落到实处；在学生联合培养实践教学方面，缺乏联动和有效的激励机制。其次，提出了以实践为导向的法学院校的教育培养机制的改革方向。一是立足新法科教育，把握实践教育导向；二是整合法治实践，协同培育实务型人才；三是优化实践教学体系，推动理论和实践的融合；四是建设实践性师资，实现内外互补、专兼结合；五是聚焦涉外法治人才培养，提高涉外法治人才培养质量。

应急管理大学（筹）文法学院副书记卢芳华教授作题为《战略新疆域国家法自主知识体系构建探析——以南极治理为例》的报告。首先，阐述了南极治理国际法体系的特点。《南极条约》的所有缔约方是南极国际法形成和发展的最重要的国际社会成员；ATCM的治理模式强化了一般国际法在南极区域的地位和作用；国际组织和大型企业在各自专业领域参与南极国际法制定；南极科研和生态环境保护立法政治化趋势日益明显。其次，分析了南极治理国际法面临的挑战。分别阐述了南极条约体系核心法律文件始终面临到期问题、《南极条约》并未在根本上结束南极领土主权争议、南极矿产资源禁令遭遇全球资源能源日益稀缺的现实以及南极旅游活动和产业发展缺乏强制性监管机制等问题。再次，强调了南极国际法自主知识体系建构之必要性。我国进入南极事业发展的战略机遇期，南极条约体系到期前将是一系列南极国际法制定的关键期。最后，提出了南极国际法自主知识体系构建路径。在学术体系上，新疆域治理的基本原则是秉持“和平、主权、普惠、共治原则”；在话语体系上，以“人类命运共同体”理念引领南极立法；在队伍建设上，推动知识的学理性转化，建构有生命力的中国自主的知识体系。

常州大学史良法学院、江苏省法学会案例法学研究会副会长赵赤教授作题为《欧盟国家判例司法的最新发展及其借鉴思考》的报告。首先，赵赤教授以大家对英美法系和大陆法系的传统认知为切入点，阐述大陆法系欧盟国家司法的新特点。传统上认为英美法系注重判例和审判经验，大陆法系欧盟国家不重视判例，但是，其研究表明，最近十几年来，欧盟国家已经前所未有地重视判例司法。在违法犯罪治理的预防转型背景下，欧盟国家的发展进入判例法阶段，司法判例在国家司法当中越来越重要。其中，意大利的司法判例，包括其预防性理念，尤其是反腐的司法判例做得很好，引领整个欧盟国家。其次，欧盟国家判例法系的发展变化，对中国法学自主知识体系的建设具有借鉴意义。在法治转型方面，我们的法治建设也在向预防方向延伸；在制度建设方面，国家推行预防性法则，需要做好相关的制度建设，尤其是行业培训制度方面。最后，重新认识判例司法在国际社会的作用，挖掘审判智慧，重视中国的判例研究。

浙江师范大学社科处副处长李海良作题为《高校法科学生中国刑法学自主知识思维的本土化与现代化培养》的报告。首先，对当前中国刑法教学现状进行反思。他认为，中国刑法理论传授德日化、西洋化现象严重，是中国刑法的日化、西洋化，而不是外国刑法中国化。其次，强调构建中国刑法自主知识体系的紧迫性。再次，提出中国刑法自主知识体系导向的教学方式。应该积极探索，如何建构具有中国刑法学特色、具有中国刑法学符号，具有中国刑法学标志性的中国刑法自主知识体系建构，和如何培养我们中国研究生和大学生的中国刑法学自主知识的本土化和现代化思维，在刑法学思维上去德日化，去西洋化。又次，认为学术自觉是让中国刑法学走向自主的重要方式。中国刑法学者应该着力研究建构具有承继我国优秀法律传统文化基因和根基的刑法文化、刑法理论、刑法语言、刑法话语、刑法体系和中国刑法教义学，要有中国刑法学的学术自觉性和学术自主性。最后，对中国刑法自主知识体系建构作出澄清、予以展望。他认为方向问题与技术问题本质上是不同的，应当在中国刑法学术研究中体现自主性和文化自信。

安徽华人律师事务所合伙人潘天宇主任作题为《培养德法兼修高素质法治实践人才之思考》的报告。潘天宇主任分享了安徽华人律师事务所的发展历程及个人作为本土青年律师的成长经历。在办所理念方面，华人律师事务所在做好传统诉讼业务之外，朝规模化、专业化大所方向发展，近年来还大量涉足破产案件的办理。在青年律师成长方面，华人律师事务所非常重视青年律师的成长，成立了“青年律师领军人才训练营”，并由各业务板块律师牵头成立各专业小组和党员小组，助力青年律师快速成长。在校所合作方面，希望能够在律师事务所与高校之间建立法律人才的双向培养机制，校所各自发挥优势，培养更多优秀的法律人才。

中国行为法学会金融法律行为研究专业委员会副会长田圣斌教授根据上述五位发言人的分享，讲述自己对法学教育和人才培养的三点感想：一是作为高校的教学人员，首先应当是高素质的科研人员，以科研促进教学。法学研究需要解决实践中的难题，为司法实践提供科学的理论供给。二是法学教育的成果应当用于实践。教师要多参与法律实践，站在国内国际的前沿跟同学交流。三是法学教育的人才培养要服务于实践。法学教育要从实践出发，理论联系实际，运用案例教学法加强学生的实践能力。

合肥经济学院文法学院副院长徐和平教授结合民办学校的办学特点，提出了本校的人才培养困惑，并对当前的教学探索进行介绍。对民办本科学校的学生怎样开展法学教育？首先，在绝大部分民办本科学生毕业后会选择就业和法学就业较难的双重背景下，法考成为当前课程教学的重点，目的是让学生能通过法考解决出口和就业问题。其次，完善学生实习实践制度，加大实践课程的安排，提升学生的实践能力。

安徽师范大学法学院余筱兰教授对本平行论坛6位专家的发言做了回顾点评。高永周副院长所讲的安徽师范大学本科教学的特色主要表现为卓越司法班学生培养制度和教师管理制度的建设。欧阳本祺教授所在的东南大学法学院强调理论与实践相结合，运用协同创新理念、新法科概念，进行交叉学科建设，都很有特色。卢芳华教授强调国际法的南极治理跟自主法治体系的结合，观点非常独特。赵赤教授从欧盟判例法尤其是对意大利反腐判例的介绍，对我国判例的指导完善非常具有启发性。李海良副处长的观点非常犀利，他提出刑法去德日化和去西洋化的观点，要构建中国刑法学自主知识体系。潘天宇律师结合他的律所实践，以及对青年律师的大力支持，做了很精彩的陈述。

铜陵学院法学院副院长曹昌伟副教授强调了法学教育的实践化问题，他认为以实践为导向的人才培养机制，需要展开案例教学，加强与法律实务部门的联系，广泛开展团队合作。

蚌埠市禹会区司法局王瑞青主任分享了自己关于法学教育和法治人才培养的观点，一是法学教育要以习近平法治思想为主线，大力弘扬社会主义核心价值观；二是坚持立德树人目标，培养德法兼修人才，要培养学生的忠诚意识和责任意识；三是加强基础学科、新兴学科和交叉学科建设的兼容，促进法学国家一流学科建设；四是案例教学和司法实践教学是法学国家级一流本科专业建设最适宜的途径之一；五是加强非监禁刑研究。

## 四、总结与闭幕环节

研讨会总结与闭幕环节由安徽大学法学院党委副书记翟琰吾主持。

应急管理大学（筹）应急与国家安全法治战略研究中心副主任侯春平教

授对本次会议进行了学术总结，对于构建中国法学自主知识体系的时代背景、指导思想、现存障碍以及路径方法进行总结概述。安徽师范大学法学院党委书记赵红介绍了法学院的办学特色和办学成绩，对本次研讨会的顺利举办表示热烈祝贺，对各位专家学者的大力支持表示感谢，并诚挚邀请各位莅临安徽师范大学法学院加强学术交流。

本次构建中国法学自主知识体系的路径方法暨法学国家级一流本科专业建设研讨会圆满结束。本次大会的成功举办对探讨构建中国法学自主知识体系的路径方法，推动中国法学的创新发展贡献出了一份重要的力量。

# 《案例法学研究》稿约

《案例法学研究》是安徽师范大学司法案例研究中心主办的系列学术出版物，第1辑于2022年在安徽师范大学出版社出版，自第2辑起在中国法治出版社出版，计划每年出版两卷（春季卷、秋季卷）。在此特向法学及相关学科理论研究人员、法律实务工作者及优秀学子约稿，现将有关事宜说明如下：

1.本出版物论文主要以案例法学研究为主题，凡与案例法学相关的法学理论、法学教育类稿件均在征集之列。学术价值是论文录用的唯一标准。

2.本出版物文章主要分法学名家讲坛、传统司法案例、基础理论研究、立法前沿聚焦、典型案例评析、域外判例评析、域外司法文书、法学教育专题、青年法学园地等部分，每卷30万字左右，根据来稿篇幅刊登20篇左右的文章。来稿请注明作者姓名、单位、职称、学位、联系电话、电子邮箱等必要的个人信息。注释请采用Word自动生成的脚注形式，并以必要为限。注释体例请参照已出版论文的注释体例。译文请附原文，并请自行解决版权问题。书评请附所评书籍的详细出版信息。本出版物提倡独立署名，对于多人合署的来稿，需说明论文的具体分工。来稿请以Word电子版发送至邮箱：alfxyj@163.com。限于人力，本编辑部不接受纸质投稿。

3.该系列出版物已被中国知网（CNKI）电子数据库全文收录，为扩大稿件学术影响，本编辑部将继续扩大与各数据库的合作。若来稿无特别说明，视为作者同意本出版物以非专有的方式向第三方授予其论文的电子出版权和汇编、复制权利，以及文摘刊物对论文的转载、摘编等权利。

4.来稿一经刊用，出版后即寄送作者图书1册。同时，本编辑部会将所出版的图书寄送至海内外案例法学主要研究机构与知名学者，并通过“域外司法案例”公众号发布刊载论文，持续扩大刊载论文的学术影响力和论文作者的知名度，并定期邀请作者、译者、编者开展学术交流。

《案例法学研究》编辑部

2025年5月